新时期高校财务治理研究

赵富平 ◎ 著

吉林科学技术出版社

图书在版编目（CIP）数据

新时期高校财务治理研究 / 赵富平著 . -- 长春 ：
吉林科学技术出版社，2021.6
ISBN 978-7-5578-8057-6

Ⅰ．①新… Ⅱ．①赵… Ⅲ．①高等学校－财务管理－
研究－中国 Ⅳ．① G647.5

中国版本图书馆 CIP 数据核字（2021）第 099133 号

新时期高校财务治理研究

著	赵富平
出 版 人	宛 霞
责 任 编 辑	丁 硕
封 面 设 计	舒小波
制 版	舒小波
幅 面 尺 寸	185 mm×260 mm
开 本	16
印 张	10.625
字 数	280 千字
页 数	170
印 数	1-1500 册
版 次	2021 年 6 月第 1 版
印 次	2022 年 1 月第 2 次印刷

出 版	吉林科学技术出版社
发 行	吉林科学技术出版社
地 址	长春市福祉大路 5788 号
邮 编	130118

发行部电话／传真 　0431-81629529　81629530　81629531
　　　　　　　　　　　　　81629532　81629533　81629534

储运部电话 　0431-86059116

编辑部电话 　0431-81629518

印 刷	保定市铭泰达印刷有限公司
书 号	ISBN 978-7-5578-8057-6
定 价	45.00 元

前　言

目前，我国高等教育进入了事业转型期和矛盾凸显期。事业转型期即从外延性扩张向内涵建设转型；矛盾凸显期即事业发展的资金需求与资金供给的矛盾日益显现。与此同时，高校内部的经济行为无论从形式上还是内容上也都发生了巨大的变化，投资主体多元化、法人实体多样化、核算形式复杂化。然而，高校原有的财务治理的惯性思维仍未根本扭转，高等教育经费的筹措机制还不够完善，支出结构还不够优化，新校区建设形成的债务压力仍旧沉重，防范财务风险的能力仍旧薄弱，绩效评价和监督体系仍需完善，各级经济责任的落实还不够到位。

如何适应新的形势，进行合理的财权与事权的配置；如何有效防范债务风险；如何树立成本效益的经营理念；如何建立有效的监管体系；如何建立有效的激励和约束机制，这些都给高校财务治理带来了很多新的课题，这就要求高校必须重新审视原有的财务治理模式，从进一步完善财务治理体系入手，加强对高校各项财经行为的全过程、全方位治理与监督，创新财务管理体制和运行体制，完善财务治理的理论和方法，进而推动我国高等教育事业的可持续发展，不断提升高等学校的规范管理、民主管理、科学管理的档次与水平。《新时期高校财务治理研究》一书分析了传统计划经济管理模式下高校财务管理诸环节的利弊。在此基础上，根据新时期高校财务管理工作的特点，在管理理念、管理体制与运行机制、管理方法与手段等方面提出了财务治理思路和对策。

本书由天水师范学院高级会计师赵富平独立完成。

编者
2020.12

目　录

第一章　导论

第一节　高校财务治理的背景

一、研究背景

目前，我国高等教育进入了事业转型期和矛盾凸显期。事业转型期即从外延性扩张向内涵建设转型；矛盾凸显期即事业发展的资金需求与资金供给的矛盾日益显现。与此同时，高校内部的经济行为无论从形式上还是内容上也都发生了巨大的变化，投资主体多元化、法人实体多样化、核算形式复杂化。然而，高校原有的财务治理的惯性思维仍未根本扭转，高等教育经费的筹措机制还不够完善，支出结构还不够优化，新校区建设形成的债务压力仍旧十分沉重，防范财务风险的能力仍旧薄弱，绩效评价和监督体系仍需完善，各级经济责任的落实还不够到位。

如何适应新的形势，进行合理的财权与事权的配置；如何有效防范债务风险；如何树立成本效益的经营理念；如何建立有效的监管体系；如何建立有效的激励和约束机制，这些都给高校财务治理带来了很多新的课题，这就要求高校必须重新审视原有的财务治理模式，从进一步完善财务治理体系入手，加强对高校各项财经行为的全过程、全方位治理与监督，创新财务管理体制和运行体制，完善财务治理的理论和方法，进而推动我国高等教育事业的可持续发展，不断提升高校的规范管理、民主管理、科学管理的档次与水平。

二、研究意义

目前理论界对于高校治理的研究主要集中在大学综合治理方面，而专门从财务治理的视角来对高校展开研究的极其稀少，而研究高校财务管理的研究则非常之多。从财务二重属性的角度来看，财务治理更偏向宏观制度层面的研究，能够为财务管理的具体运作提供一个框架。因此，对我国高校的财务治理研究能够对高校的财务管理研究有一定意义上的指导作用。本文系统阐述了高校财务治理的各个方面，就其理论意义而言，充实了大学治理理论，弥补了其注重原则性、操作性不强的缺陷；同时也丰富了财务治理理论研究，将其研究视野拓宽到高校这一非营利性组织。

现实层面而言，本文的研究具有三大作用。

（1）对高校开展财务治理方面的研究，可以正确引导与规范高校财权配置，促使高校改善治理水平。同时在对财务治理客观评价的基础上，高校对现存的问题与未来的可能的优化方案做出理性分析，制定合理的发展规划，才有可能使高校积极、稳妥地实现既定目标，从容应对各种挑战和考验。

（2）建立完善的高校财务治理评价体系，能够使得高校清晰地了解当前的财务状况，从而从制度层面加以改进，这有利于提高高校的财务管理第一章　导论水平，提高资金的使用效益。合理的财权配置与完善的财务治理机制是高校实现较高水平财务管理的制度保障。如果没有科学、有效的财务治理机制，很有可能造成"内部人控制"、过度贷款与不良贷款、贪污腐败等寻租行为，这些都将是导致高校财务危机的直接隐患。

（3）建立高校财务治理评价体系，高校管理层能够借此评价体系对自身的财务治理水平做客观的评价与分析，及时发现存在的问题，激励和调动高校相关工作的积极性；同时，兄弟院校之间也可以相互借鉴，通过优化高校的财权配置，明晰财务治理主体的权力、责任和义务，规范财务治理主体的行为等一系列制衡机制，有效预防高校腐败等问题的发生，使资金逐渐步入良性使用的轨道，不断提高高校资金使用效益和财务管理水平。

三、研究综述

1.财务治理研究

就目前的理论综述来看，比较公认的说法是，财务治理理论萌芽源自 Jensen Meckling 的资本结构代理理论。资本结构代理理论首次从公司治理的角度研究资本结构问题，而资本结构理论一向属于财务领域的问题，因此该理论融合了公司治理理论与财务理论。也正因为这一融合，财务治理理论学者以此作为理论溯源。世界第一部公司治理原则文献—"卡德伯里报告"（Cadbury Report，1991），题目是《公司治理的财务方面》（The Financial Aspects of Corporate Governance），体现了公司治理研究中财务理论的影响和作用，对公司财务治理理论建立与发展影响深远。

总体而言，西方学者将公司财务理论与公司治理理论融合研究，产生了财务治理理论的萌芽，对财务治理理论的产生影响深远，为中国财务治理研究奠定了一定的理论基础。然而，国外学者并没有就此明确"财务治理"这一概念，更没有对财务治理做进一步的独立、完整分析或研究。

我国财务学者充分借鉴国外研究成果，并结合我国国情，开创性地明确提出了财务治理概念，并对这一领域进行了独立与专业的研究，使得财务治理理论得以开花结果（衣龙新，2005）。在我国财务理论界，伍中信教授较早提出并系统研究了财务治理结构问题，在其博士后出站报告《现代财务治理结构论》中，初步明确了财务治理内涵，并提出了财务治理体系基本架构。可以认为，该研究是我国财务治理理论专业研究的初始之作，由此掀起了我国财务理论界的财务治理研究热潮。

（1）基础理论研究方面

规范研究一直以来都是我国学者的优势，财务学者不断的努力推进了财务治理基础理论研究的不断深入拓展，取得了丰富的研究成果。

1）财务治理内涵与定义研究方面

不同的研究学者视角不一样，具有代表性的是：伍中信、张敦力的财权配置视角，强调了财权安排机制对于财务治理的重要作用；李心合、姚晓民等、黄菊波的子系统视角，认为财务治理是公司治理的核心组成部分，财务治理结构是公司治理结构的子系统；杨淑娥的财务信息观，认为公司财务治理主要围绕着财务信息的生成和呈报机制，对公司各利益相关者财权的配置和再配置以及激励制度等。

2）财务治理体系研究方面

各研究学者不断补充与完善：衣龙新博士综合运用公司治理理论、本金理论、财权流理论以及财务分层理论等，提出财务治理基本内容体系应包含财务治理结构、治理机制和治理行为三方面。油晓峰博士系统提出，财务治理主体、客体、目标、机制、模式等构成了财务治理框架，并对各部分进行了详细的论证与阐述。伍中信教授建立以财权配置为核心的现代财务治理理论，认为财务治理研究的基本框架是财务治理结构，其核心是财权配置，财务研究的逻辑起点是财权，即"财力+（相应）权力"，财务治理主要处理"财务关系"，即对财权流（权力）的配置。

3）财权配置研究方面

研究学者的认识各不相同，代表性观点如：姚晓民、何存花，认为"企业财务治理权包括财务决策权、财务执行权与财务监督权，其配置是财务治理结构的核心内容。"伍中信进一步阐述，认为财务治理权在"财权"概念框架体系中属于第二层次，介于大"财权"与"财务控制权"之间，包括财务决策权（高层经理及董事会）、财务执行权（财务经理）、财务监督权（监事会）。

（2）**实证研究方面**

近年来，有学者开始关注财务治理效果评价，从一定层面上具有研究的创新性，并完善了财务治理理论体系。

姜启晓认为财务治理评价的内容包括投资治理机制、融资治理机制、审计监督机制、信息披露机制、激励与约束机制等方面，运用层次分析法（AHP）确定企业财务治理水平评价指标体系权重，通过调查和确定个别评价指标的原始值、原始指标的无量纲化、将无量纲化处理后的指标以单指标值线性加权求和的方法，最后汇总计算财务治理水平评分值。姜启晓的企业财务治理水平评价指标体系研究具有一定价值，在方法运用与指标处理等方面都具有一定特色。

高明华等以国际通行的财务治理准则，设计了四个一级指标（即财权配置、财务控制、财务监督和财务激励）、30 个二级指标的指标体系，在此基础上，运用科学的方法，计算2010 年 1722 家上市公司的财务治理指数，并进行评估和排序分析。报告时对中国资本市场开放以来上市公司财务治理的一次全面评估，属于首创性研究，构成了财务治理效率与效果实证研究的重要基础。

衣龙新博士对当前财务治理理论前沿进行梳理、归纳与述评基础上有所发展，提出并构建了财务治理效率评价指标体系，并进行了相应的实证检验，突破了"财务治理行为——经营绩效"研究模式，强调了中间传导机制—财务治理效率的作用，构建了"财务治理行为—财务治理效率—经营绩效"三层次体系。

由上分析课件，财务治理理论从产生直至得到蓬勃发展，我国财务学者功不可没，在财务治理基础理论、内涵研究、财权配置以及财务治理体系框架等方面都已产生较多优质研究成果；经验研究方面的文章虽不多，但也有越来越多的学者尝试构建出公司财务治理的评价体系，方法上也不断创新。然而，由于财务治理理论的研究仍然处于起步阶段，仍然存在问题，这一点不容忽视。

①财务治理理论体系的研究已取得一定成果，但深度不足。学者衣龙新认为，中国财务治理基础理论研究缺乏深度挖掘，尤其对财务治理理论的财务学、经济学根源研究不足。

②经验研究主体狭窄，评价标准不一，多以"档案式"研究为主，重复研究现象严重，实证研究深入拓展不力。

③有关于财务治理的研究目前都集中在针对企业的研究，对非营利性组织，尤其是高

校财务治理的相关研究尤为薄弱。

2.高校财务治理研究

虽然国外理论界对公司财务与公司治理有着融合的趋势，但是直接探讨高校财务治理问题的文献几乎没有，大部分研究都基于组织理论或社会学的角度，围绕着"大学治理"这一主题，特别强调通过制度的设置来协调各利益方的权力和利益，但并没有直接论述高校"财务治理"。根据目前掌握的资料来看，国外直接对高校财务治理研究的成果仅有一项，即《刻不容缓：确保高等教育可持续发展的未来—"高校财务管理与治理"项目成果报告》，该报告认为，扩大高校自主权是高等教育经费来源多样化在高校治理问题上的必然反映，是确保高校财务可持续能力的必然要求。项目成果报告审视了实现财务可持续性发展的条件，所涉及的问题对于中国高等教育发展具有很强的借鉴作用。但是，并没有对高校财务治理进行理论分析或明确财务治理的概念，更没有形成一个完整的财务治理体系。

与此同时，国内一些学者开始把公司理论引入高校并对此展开了研究，以"高校"并含"财务治理"作为关键词在中国知网（CNKI）上能够检索到的文献一共只有9篇，现将相关研究做如下评述：

学者赵建军在其硕士论文《我国高校财务治理问题研究》中，首先阐述了高校财务治理的理论基础，包括委托代理理论、新公共管理理论等，接而探讨高校财务治理体系问题；结合国外大学财务治理实践经验和对我国高校财务治理现状、存在问题，就建立和完善我国高校财务治理体系的相关措施提出若干政策建议。学者杨磊在其硕士论文《我国公立高校财务治理研究》中，在阐述公立高校财务治理的理论基础上，对公立高校财务治理的相关概念进行了界定；随后在借鉴国外公立高校财务治理结构有益经验的基础上尝试构建了我国公立高校治理意义下的以董事会为核心的财务治理结构模式。这两篇文章系统性地论述了财务治理在高校中的应用，并尝试从宏观角度对高校财务治理指出我国高校财务治理中存在的问题并进行建议。但是文章都没有突破制度层面的泛泛而谈，缺乏实际操作的指导意义。

综观其他零散的期刊文章，可以发现都分别从不同的理论视角研究高校财务治理，没有在真正理解什么是"高校财务治理"的前提下去研究，导致提出的建议针对性不强，对于实际的指导意义不大。

由上可知，对高校财务治理的研究是一个崭新的课题，刚刚处于一个起步阶段。虽然已有的研究大多停留在制度层面的讨论，尝试构建的高校财务治理模式也没有严密的理论论证，实证研究更是为零，但从近年来的研究趋势可以看出，一些学者已渐渐认识到了高校财务治理的重要性。本文希望通过完整论述公立高校财务治理理论体系与构建评价我国公立高校财务治理水平的指标体系，尝试解决当前研究所面临的障碍。

第二节　高校财务治理的目标

高校是教育教学的主要方式，以培养高素质人才为目标，与企业不同，高校建设不以营利为目的，财务管理目标也旨在强化管理，实现收支之间的平衡。但是，当前我国高校规模不断扩大，学生人数持续增多，资金来源也较为多样。从某种意义上而言，加大了高校财务管理的难度，也让高校财务工作迎来了新的机遇。对于高校建设而言，它的发展不同于企业建设，管理应该追求多元化，提高内控水平，兼顾效益与公平。

一、高校财务目标管理的理论

*1.*高校财务目标管理的理论依据

目标管理来源于企业行为研究领域，它的指导思想是确定一定时期内的总目标，通过上级和下级协商，决定责任和分目标，再把这些目标作为组织经营、评估和奖励每个单位及个人贡献的标准。按照系统论的观点，"目标决定了该系统应包括哪些要素，它们应如何相互作用以及如何推动整个系统的运行和实现预期目标"。目标既是系统的出发点又是系统的回归点，它决定系统运动的发生、发展、路径的选择和系统的整体效益。为了适应当今高校经济活动的不断发展和对财务管理要求的不断提升，高校财务管理借鉴企业中的目标管理经验，形成高校财务目标管理体系。

高校财务目标管理体系的内容是整合高校财务管理制度，以财务目标为导向，编制具有可操作性、科学合理的财务指标。高校财务目标管理体系包含财务管理的全部活动，这些活动相互连贯，发挥着控制和激励的功能，使得高校财务管理通过确立高校财务目标、资源分配、评价和考核、反馈及修正达到动态循环。

*2.*高校财务目标管理的功能

（1）提供激励与约束相容的机制

高校财务目标管理体系以实现高校发展目标和财务目标为前提，通过一系列规章、制度对财务主体进行激励与约束，调控财务运行，规范财务行为，协调财务关系，对财务活动的效率、效果进行评价。高校财务目标管理切合了高校对于激励和约束的要求。

（2）目标管理的协调功能

目标管理是人们在岗位分工与协作过程中经过多次博弈而达成的一系列契约的总合。高校财务目标管理制度是界定财务权限，组织财务活动，协调各财务层次的权责利关系，选择财务管理政策及工作规则和程序的一整套财务规范。在高校财务目标管理体系中应明确各系部的财务资源管理的职责与权限，协调各财务关系人的财务目标与利益矛盾，提高财务资源的配置效率。

（3）效率与公平的功能

效率是社会从现有资源中取得最大消费者满足的过程。就高校而言，指的是高校财力资源的利用效果，按照投入与产出对比效果的社会经济效益原理，对高校财务运行效率和产出进行综合评价。用以说明的指标有人员支出与公用支出各占事业支出的比重、教师人均科研服务收入、经费自给率、学校自筹经费增长率、科研服务收入增长率、固定资产年增长率、万元财政投入培养学生数等。

公平是人们对社会利益关系的一种价值评价。高校财务目标管理应兼顾各方面的利益，在预算和绩效指标的分配上要公平合理，能充分调动各方面的积极性，这样高校目标管理才能持续稳定地进行下去。财务目标管理可以规范财务活动，促进资源配置优化(效率目标)和经济利益协调(公平目标)。

二、高校财务管理的目标选择

我国高校财务管理目标的选择，不仅要采取多维度视角，着重服务于高校产业多元化发展，还要依托不同高校不同产业发展的总体战略目标，不断动态调整各财务管理的方向，以及寻求实现财务管理目标的最优路径。

1.高校财务管理目标选择的基本要求

（1）财务管理目标要满足高校产业多元化发展的财务需求

资金来源于高校全资企业、控股、参股等所投资企业的对应股权和资金，对不同来源、不同使用用途的资金管理、应收账款和负债等一系列财会工作内容十分丰富。新形势下，的财会工作目标要满足复杂的财务工作需求，因此，高校的财务管理，不能只停留在如何更好地进行记账、算账、报账等目标方面，更重要的是要强调高水平、高效益的财务管理目标和方式。随着高校产业管理体制的不断转型、市场经济进程的不断深入，的财务管理必须深化财务管理目标，加强"经营"环节，在合理运用好所拥有股权和资金，服务于校办企业经营生产的同时，要注重保障资金安全情况下的"效益最大化"。

（2）财务管理目标要以有效的资产监管为核心，规避校办产业的财务风险

是高校按照教育部产业规范化建设的要求，将高校所有经营性资产全部划转到管理，规避学校直接经营企业的经济风险和法律风险，初步建立防火墙的现代企业制度选择。而资产是的核心产品，财务管理目标应以有效的资产监督为核心，通过科学财务决策、计划和控制等手段，有效地规避校办企业财务风险。此外，的经营管理活动存在多层次，经济利益主体多元化、财务关系复杂化等现象，若不加强控制和管理，资产资源的配置难免失调，无法有效提高资产使用效益的最大化，影响校办企业的可持续发展。

一方面要防止所投资企业，通过自立项目、提高标准、私设小金库等多种方式违规占有产业发展资金；另一方面要防止各单位隐瞒截留应当上交的经营性收入等；第三，要防止项目经费没有落实在相应的项目发展上面，防范可能的风险；最后，要对所投资企业的对外投资进行监管，防范对外投资所带来的财务问题和财务风险。

（3）财务管理目标要围绕制定标准化的财务管理制度，科学规范校办企业的发展

的财务管理目标选择，要紧紧围绕为校办企业制定标准化的财务管理制度和流程，要有利于与其他管理主体建立有机联系，科学规范校办企业的长期发展。此外，随着发展的深入，对财务监管的要求也越来越高，传统的企业财务管理模式，已不足以满足对现代财务监管和控制理念的需求。因此，财务管理目标也要探索具有统一核算、统一报告和统一管理特点的财务集中管理模式，进一步规范的财务会计核算，提高财务资源运行效率，促进财务管理的高度集中和共享，提升财务管理水平。

2.高校财务管理目标的深化

当前我国高校成立的时间较短，因此，新形势下，的财务管理目标，要善于根据社会发展的阶段，及高校产业战略发展的部署，不断深化，进行动态调整和管理，主要体现在以下几个方面。

（1）收支平衡是高校财务管理的基本目标

高校处理建设发展的初期，很多高校的资产划转没有完成，现金流与的经营管理需求，在较长一段时间仍将长期存在，因此，追求收支平衡是高校财务管理的基本目标。

所谓收支平衡，是指在一定时期内(通常为一个年度)收入与支出之间的等量对比达到一种均衡的关系。尽管有可能执行结果中收入与支出恰好相等的绝对平衡状态是很少见的(通常不是收大于支，就是支大于收)，但由于超过收入的支出在资金和物资上是没有保证

的，较高程度的负债往往会给校办企业经济发展带来不利影响，所以，为了维护初期的发展，财务管理目标应首先追求收支平衡，避免较大的经济风险。

（2）拓宽多元化渠道的产业资金是高校财务管理的现实目标

高校的主要任务是利用股权的进入和退出，为高校产业发展提供资金。因此，为了满足高校产、学、研事业的不断发展，拓宽多元化渠道的产业资金，是当前高校财务管理的现实目标。

因此，高校要想方设法，通过技术成果转让、股权退出等方式，积极拓宽产业资金来源，不断增强校办企业发展的自我造血功能，促进高校校办企业取得稳定、快速、可持续的发展。

（3）高校财务管理要加强资金管理，提高资金的使用效率

在保证资金安全的前提下，盘活资金，提高资金的使用效率，是高校财务管理的重要目标。一方面，当前形势下经济波动的不确定，社会货币存在一定的贬值风险；另一方面，注入资金，新设项目对外投资的时候，若不加强资金管理，不可避免地会给校办企业发展带来一定的财务风险。

因此，高校的财务管理目标，也要注重国家财政政策和货币政策的调整，根据高校产业战略发展的目标，坚持价值优先原则，不断优化财务政策，优化资金的合理配置，以多种方式避免资金闲置的浪费，提高校办企业资金的使用效率；在确保资金安全的前提下，要考虑资金的机会成本与时间成本，合理评估投资的风险，从总体上对资金进行把握，统筹安排好投资的短期、中期和长期规划，合理选择投资方案。

（4）高校财务管理目标要考虑经济效益和社会效益的最大化共存

作为我国高校事业发展的重要补充，在注重经济效益最大化的同时，也要追求一定的社会效益，其财务管理目标要与高校总体发展目标建立一致性。因此，高校的发展，既然考虑自身发展中经济效益的最大化，同时也不能忽视高校自身声誉的社会效益。两者要相依相存，共同促进。

三、高校财务目标管理体系的构建

随着高校教育大众化与市场化时代的来临，越来越多的高校运用企业的管理方法，以提升大学经营的效率。高校财务目标管理体系包括：财务目标和绩效目标的制定；绩效目标分解成绩效指标，并落实到相关责任人；各院系、部门编制预算与学校预算管理层沟通协调，达成一致意见；财务绩效指标的数据来源于高校会计核算系统，与预算来源渠道相一致；非财务绩效指标是衡量高校财务目标完成情况的必要补充；根据预算和绩效指标的结果进行考核。高校财务目标管理的成效如何，在很大程度上还需要管理制度的健全与完善。高校财务目标管理模型如图1-1所示。

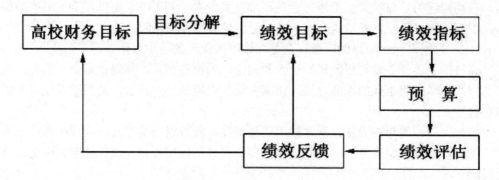

图 1-1 高校财务目标管理模型

1.确定高校财务目标

高校根据对自身情况和所处环境的综合分析，确定战略规划中的长短期财务目标，主要是评价高等教育投入、过程、产出与效果。这是高校财务目标管理的出发点，对财务管理的各项活动具有目标指导性。再把长短期财务目标细化为短期微观的财务绩效目标。高校财务绩效目标要能够客观地反映高校的财务管理状况。为了能够更充分地说明财务目标的完成情况，还需要有非财务绩效目标作为重要衡量因素。综合其他研究成果，非财务绩效目标可以划分为财务综合实力的目标、资金使用效益的目标、业绩成果的目标、发展创新能力的目标以及制度建设的目标。

2.高校财务绩效指标的设定

财务绩效目标设定好后，根据实现目标的关键因素，分解成绩效指标。财务绩效指标以现有的会计数据以及与财务相关的数据为基础，根据会计核算持续经营的假设和会计核算的一贯性原则建立。高校绩效指标在设置过程中要考虑指标的通用性，其计算公式和考核标准可以随着核算科目的变化而变更，以方便考核。根据以上高校绩效目标的划分，高校财务绩效指标相应地分为5类：①反映财务综合实力的指标，说明财务状况及变化趋势、多渠道筹措资金的能力；②反映资金使用效益的指标，用以对高校财务运行效率、效益等多种产出形式进行综合评价；③反映业绩成果的指标，可以通过教学成果和科研成果来反映；④反映发展潜力的指标，包括管理创新、服务创新、观念创新等方面的意识和能力；⑤反映制度建设的指标，体现高校基础管理的水平。

3.高校预算管理高校预算管理

以财务目标为导向，对高校各项收支进行有计划的安排和控制。在高校财务目标管理体系中，预算的设定要以绩效指标为参数，预算结果的评价是绩效考核的依据。为了提高预算的执行效果，高校预算的编制可以实行零基预算、滚动预算和绩效预算相结合的方法。

零基预算从根本上研究、分析和判断每项预算支出的大小及其必要性，是学校各部门及人员挖掘潜力的过程；滚动预算避免预算与实际有较大的出入，有助于提高预算的客观性和准确性；绩效预算为各级预算执行单位提供明确的责任目标，预算结果与绩效考核相结合。

为了确保预算目标的实现，预算必须要有执行的力度。预算管理的内容包括预算编制的方法、编制和审批程序、预算结果的分析和评价。

4.过程的控制和监督

过程的控制和监督是确保高校财务目标管理成功施行的保证。管理人员要对财务目标管理的各个环节的执行情况进行监督，掌握经费的控制是否得到了落实，如遇到问题要采取措施予以纠正。在一定的时间节点，对影响绩效指标和经费开支各因素的执行情况进行分析，与绩效目标相对比，对教职工改进的情况进行评估，让他们看到自己还存在的差距和不足，从而有利于提高工作效率。管理的改进与实施相互穿插，贯穿于高校财务目标管理的全过程。在实施过程中，既要对本阶段目标执行情况进行监督，又要对上一阶段改进情况进行沟通，教职工绩效改进才能更有利于高校财务目标管理的执行。

5.评价与反馈

评价和反馈是高校目标管理制度不断发展、持续改进的关键，其特点应当是公正性、权威性、公开性和独立性。高校目标管理制度将权利和义务、学校绩效目标和责任紧密结合。建立科学的分析评价制度，对年度预算和绩效指标的执行结果进行分析评价和审议，把审议结果和绩效考核相结合，并对绩效目标进行反馈和修正，使目标管理的各个环节不断完善。这些工作都要建立在透明、公正的基础上。

第三节　高校财务治理的必要性

一、相关概念界定

1.财务治理

财务治理作为一个全新的研究领域，明确其内涵非常重要，这是财务治理学科独立发展的需要，也是引领学术研究的要求。

纵观各学者对财务治理的定义，角度各不相同，侧重点也不同，但是本质上区别并不大，并且越来越明晰的是，财务治理的财权配置核心以及财务信息生成、呈报机制等都是有关于财务治理制度安排的重要方面。对财务治理内涵越来越有融合的趋势，从而能够从多个角度来认识财务治理的本质。

财务治理主要处理财务关系，即研究如何通过财权的合理、有效配置，形成各利益相关者相对应的权、责、利的制度安排，从而能够维护各利益相关者利益的根本目的。本质上而言，财务治理的核心是财权配置。同时，值得注意的是，财务治理也必须注重财务信息的生产和呈报机制，通过一系列制度安排，提供真实的财务信息，从而提高治理效率。

2.高校财务治理

高校财务治理是指通过高校财务治理权在利益相关者之间的不同配置，来协调利益相关者在高校财务体制中的地位及影响的一系列制度安排，这些制度安排也包括对财务信息生成程序、生成质量以及呈报机制的规范，从而实现高校内部权力的制衡和效益的提高。

（1）大学治理与高校财务治理

大学治理是形成一套控制和监督的制度安排，处理不同利益主体之间的权力与责任，以提高大学的运作效率。大学治理与高校财务治理存在密切联系，既有交叉，也有不同。

大学治理是高校在决策、激励、监督约束方面的制度，涉及利益相关者之间在权力与责任方面的分配、制衡以及效率运作和科学决策。高校财务治理是通过财权的合理配置，解决各种利益相关者的冲突，以确保大学治理的有效性。大学治理与高校财务治理的共同点是：在目标上具有一致性，即根本目标都是提高高校运作效率，维护各利益相关者的利益；均具有动态性，都随着治理主体的变化而变化。大学治理与高校财务治理的联系：

一方面，大学治理理论是高校财务治理理论的重要理论基础，高校财务治理是在大学治理的整体框架下进行的。大学治理的形式、规则和程序、机制、模式、机构设置、监控体系等对高校财务治理产生重要影响。

另一方面，大学治理中各种权力、责任及激励约束机制的实现终将触及财务关系，资金的分配和运转是高校作为一个"生命体"生存和发展的"血液"，因此，高校的财务治理会反作用于大学治理；高校财务治理是完善大学治理、提高大学治理效率的有效手段。大学治理与高校财务治理的区别在于：高校财务治理是大学治理的重要组成部分，大学治理的内容更为广泛；高校财务治理侧重于财权有关的治理内容。

（2）财务治理与财务管理

现代财务治理理论是在对传统财务管理理论的批判与借鉴中发展起来的，但现代财务治理理论与传统财务管理理论的最大区别在于：它不是对传统财务管理理论的否定，而是抱着补充和发展传统财务管理理论的态度，借助现代企业理论的制度分析模式去观察和研究现代财务问题1现代财务体系包含了财务治理与财务管理两大层面。其中，财务治理是财务管理的制度基础，主要处理财务关系，也就是对财权流的配置；而财务管理主要针对具体的财务运营，主要处理财务活动，及对本金运动或价值的处理（见图1-2）。

由此看来，财务管理的多数模式特征受制于财务治理模式特征。在研究中，虽然两个概念属于财务体系中不同的层次，却不应该将二者理解为对立概念，应该看到彼此联系与影响的特点，财务治理理论的出现时对传统财务管理理论的补充与完善，二者共同构成现代财务理论体系。应用于高校的财务体系中，财务治理是围绕校内外部财权配置这一基本纽带的制度安排，而财务管理则是该制度安排的具体实施与运营，二者共同构成了高校财务体系。

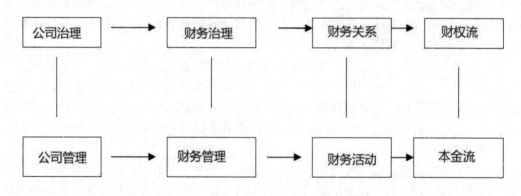

图1-2 财务治理与财务管理

这一研究视角非常具有研究价值，治理层面的财务活动并不直接作用于高校，而是通过治理规则由高校财务管理实现，从这一角度将，财务治理强调关系而不强调活动是能够理解的。由此可见，高校财务治理侧重于财务关系，而财务管理侧重于财务活动。财务治理的本质在于财权配置，而财务管理的本质是资源配置。其中，财务治理权包括财务决策权、财务执行权和财务监督权。

二、我国高校财务治理必要性分析

随着我国社会主义市场经济的不断发展,我国高校在教育方面不断靠拢国际教育水平。然而我国高校在财务制度的建设中还是存在着许多问题,高校的财务制度是每一所高校的核心制度之一,对财务的管理能力直接影响着高校的正常运作和生存发展。因此我国高校财务方面的治理势在必行,只有完善了财务管理制度,提高了财务管理效率,才能更好地为高校开展各种教学事宜打下基础。

1.加强我国高校财务管理的重要性

随着近年来,国家对高校权力的下放,使我国高校在专业设置、资金分配、课程治理、招生计划等方面有了较大的自主权。同时为了在激烈的竞争中立于不败之地,如何提高资金使用效率,加强财政手段都是必须要解决的问题。财务管理是高校管理的基础,是高校内部管理的中枢,财务管理组织资金运动,处理与财政有关的一切事务,是高校开展教学工作的基础;加强财务管理有利于找出高校内部问题的根源,找到解决的方法,财务部门通过对高校财务指标的经常性预算、整理、分析等,能有效地揭露问题、寻找原因,从而提出改进措施,使高校的教学工作不断提高。

2.我国高校目前内部机制方面亟须治理

（1）计划性较弱,盲目使用资金

目前我国高校在财务管理方面缺乏较强的计划性,不能对使用的各项经费进行细致的统筹安排,对各项开支不做具体的规划,导致经费的使用较为盲目,从而导致经费不够、超出预算,或是浪费经费的现象。另外,很多高校在使用经费的过程中流程不严格,只要校长签字就能报销经费的方式给很多浑水摸鱼、意图不轨的人打开了方便之门,领导不经核实,无法知道资金的整体使用情况,容易造成超支或是资金违用的现象。

（2）会计信息不明确

以款项的实际收付为标准来处理经济业务,确定本期的收入和费用,从而计算本期盈亏的会计处理基础叫作收付实现制。这种会计往来和会计核算制度大多运用在我国的事业单位,目前我国的高校也是模仿事业单位的这一会计制度进行会计核算。但是这种制度在高校的财务管理中容易出现会计信息不明确的问题。例如:每年9月是集中收取学费的时间,但是由于部分特殊情况的学生出现了拖交学费的问题,延长至第二年交或是毕业再交的情况。这部分拖欠的学费按照收付实现制的规定,不在当年计入应收账款中,因而造成本年度的资产收入虚减的现象。

（3）银行贷款过多,增加财务风险

几年来由于高等教育的进一步普及,很多高校开始扩建和改进办学条件。但由于拨款数目有限,学校资金不足,只能向银行贷款。另外,高校为了增值保值,进行一些投资活动,例如,发展校办企业,向银行贷款。这些贷款无形中增加了高校的财务风险,容易造成还款能力不足和投资失利后果。

（4）财务监督体制不健全

学校是内部环境相对单纯的地方,经济活动并不复杂,也正因为这一点,很多学校忽视了对高校财务的监管,只是对会计凭证的审核进行把关,缺乏完善的财务监管机制,因而造成对各项投资活动或者学校施工进程缺乏跟踪监督。

另外，在学校的财务管理中，往往流于形式，并没有严格得到执行，这也是财务内部机制不健全导致的一系列后果。

3.我国面临的形势驱使财务治理

（1）高校资金来源渠道多样

过去，我国高校的资金主要来源是国家财政拨款，而随着教育机制的不断深化，我国高校的资金来源已由原来的单一渠道变成今天的财政拨款、银行贷款、其他收入等多渠道来源，并且，目前我国很多高校还在寻求新的资金来源方式。资金来源的多元化以及资金收入数量的变化，一方面为高校的生存和发展提供了有利的条件，另一方面由于资金的周转量增加，加大了高校财务的工作难度和压力。高校的发展前途离不开强大的财务基础。

因此，有效地提高财务的使用效率建立完善的财务管理体系，寻求更多元化的资金来源是我国高校目前亟须考虑的问题，这些问题就驱使着我国高校的财务治理。

（2）高校办学理念发生变革

随着我国经济技术的不断发展，不仅对人才的标准提出了新的要求，也加速了高校的办学理念发生变革。我国高校从单纯的教书育人到现在已经逐渐转变成为培养适应新时代人才而自主办学、自主发展的理念。随着办学理念的不断变革，高校也从过去仅仅追求社会效益转变成提高社会效益和经济效益。因此，我国高校在财务的管理上也要顺应时代发展潮流，不断地进行治理，以适应新时代的高校发展。

（3）竞争环境发生变化

经济全球化和信息一体化不仅仅是经济和科技的一体化发展，也是教育的一体化发展。随着人们生活理念的变化，对教育的认知程度也发生了变化。高校的数量也越来越多，高校的档次也不断变化。如何在高校林立的状况中独树一帜，从众多高校中脱颖而出。我国高校面临的不仅仅是从前的国内环境，而是更为激烈的国际环境，竞争对手已不再是以前的国内高校，而是和世界上其他国家的高校进行竞争。因此，即使财务管理水平在国内位列前茅，也不一定能和国际上的高校财务管理抗衡，只有接轨国际的财务管理方式，才能为我国的高校更好地开展教育工作做后盾，从而保证我国高校在激烈的国际竞争中保持强劲势头。

（4）原有的财务制度存在缺陷

新中国成立之后，我国的高校在教育水平上的发展可谓一日千里。国家对于教育事业的发展不遗余力。但是在高校的财务管理现状中还是存在很多问题亟待解决，这在本文一开始进行了分析探讨。基于我国高校面临的内外形势都发生着巨大变化，我国高校财务治理已是势在必行。

在经济迅速发展的今天，我国高校资本运作规模也不断扩大，高校的经济往来和经济业务也占据着高校财务的重要组成部分，越来越繁多的经济内容都在昭示高校原本的财务管理制度需要进行治理从而好适应新的发展趋势。通过树立新观念拓宽资金来源渠道、对资金进行科学详尽的预算、加强财务监管等手段，对目前我国高校的财务状况进行合理有效的治理，为我国高校在未来的发展中拓宽道路提高核心竞争力做出贡献。

三、高校财务治理的模式分析

高校财务治理是一种有效的制衡机制，它因组织中的委托一代理问题而产生，同时又是为解决组织中的委托—代理问题而服务的。一方面它要成为连接并规范组织内部不同权力主体之间责、权、利关系的制度安排；另一方面，它要形成有效地对组织内部管理者的激励与监督机制，使他们能够以社会公益最大化作为活动原则。

高校财务治理核心问题是财权配置，即通过财权配置与制衡使自身具有独立利益的代理人最大限度地按照委托人的要求行事，对内部的各种财权进行合理安排，以达到权力的相互制衡。财务治理采取集权式、分权式抑或二者的结合，对高校获取和使用资源的经济性、效率和效果产生重要的影响。

1.高校财务治理的经济学分析

高校财务治理的核心理论是委托—代理理论。委托—代理理论实质是一种契约理论，基本内容是规定委托人授权代理人完成某项工作时的委托—代理关系的成立，通过委托人和代理人共同认可契约来确定他们各自的权利和责任。要点是委托人为实现自己的设计目标，如何通过一套激励机制使代理人与委托人的利益尽可能地趋于一致，从而利用代理人的某种优势来弥补委托人的某些不足，以促使代理人会像为自己工作一样地去采取行动，最大限度地增进委托人的利益。

但在实际经济活动中，委托—代理关系仍然存在着四个方面的非均衡性：

（1）利益的非完全一致性，即委托人的主要目标是自身利益的最大化，但代理人的目标是代理利益的最大化，双方存在着潜在的利益冲突。

（2）风险的非完全共同性，即委托人往往是"风险中性"的，代理人往往是"风险厌恶"的，双方对风险一般持有不同的态度。

（3）信息的非对称性，即代理人在订立契约时就已掌握或在订立契约进行工作后才掌握的"私人信息"，而委托人往往不掌握代理人这一私人信息，这就为代理人的"逆向选择"提供了可能。

（4）环境的非确定性，委托人不能直接观察到并证明代理人是否努力与努力的程度，这亦为代理人的"规避责任"提供了方便。在高校的委托—代理关系中，资源提供者可能是最为重要的委托人，因为他们提供了组织赖以存在的经济资源，而董事会和管理者则是代理人。同时，董事会又作为委托人，将一部分控制权转授给管理者。尽管缺少剩余要求权，高校可以避免资源提供者和剩余要求者之间的委托—代理问题，却没有消除其他代理人的机会主义行为。

为了最大限度地克服代理人可能做出的逆向选择和道德风险，委托人必须在授权的同时设置一套有效的制衡机制和控制机制来规范和约束代理人的行为。委托—代理问题，就是解决如何通过财权配置与制衡使自身具有独立利益的代理人最大限度地按照委托人的要求行事的问题。这不仅是公司财务治理所要解决的核心内容，也是高校财务治理的核心问题。

2.高校财务治理的特点

我国财务理论界对财务治理的已有表述是基于所有权和控制权分离的现代企业制度提出的，它们强调应当订立一种恰当的关于财权的财务契约，理顺利益相关者各方的责、权、利关系，实现剩余控制权和剩余要求权之间的合理配置，从而形成良好的激励约束和制衡机制。但是，高校是非营利组织，又有其显著的特点：

（1）高校不存在剩余要求权

由于高校内不存在享有转让净现金权利的代理人，因而也就不存在剩余要求权。这使得改进管理的未来结果不能资本化到股东的现有财富中去，高校将会面临更为严重的偷懒问题。

尽管高校的财务契约是不完备的（剩余要求权缺失），但财权作为一种有价值的稀缺资源也会给其所有者带来诸多好处，虽然这些好处可能不直接反映在工资、奖金等财务账目上。在没有利润分享的条件下，高校财务治理具有明显的特征，例如，在缺乏剩余要求权的条件下，注重对经济资源控制权的扩散、分离；经济资源的使用、分配等可能受到资源提供者施加的更为严格的管制；强调通过代理人自觉履行公共财物受托责任以实现社会公益最大化的宗旨。

（2）高校的委托—代理问题更为严重

与企业相比，高校的委托—代理问题还可能因以下原因变得更为严重：产出没有明确的市场价格，对管理者的约束作用一般不存在；大部分产出具有公共服务的性质，其品质和数量难以低成本的准确测量；在教育、科研等领域，涉及大量的专业知识，产出的社会效果也不能及时体现出来；服务的间接性，即资源提供者通常不是最终的消费者，导致获取信息的高交易费用；缺少可让渡的剩余要求权，致使监督主体的动力不足，偷懒行为较为严重，也使管理者可以免遭外部市场竞争者的驱逐；评价标准不明确，很难以确切的财务指标体系进行量化。

（3）高校在财权上所有权、控制权与受益权"三权分离"

对于高校而言，资源提供者将财产投入组织后，便失去了原有财产的所有权，也不享受对应的权益及其收益权。财产受托人拥有和支配这些财产，但财产处分后或管理中取得的收益应当交付受益人，他只享有支配意义上的控制权。由于社会公益性的存在，高校的受益人尽管不占有组织财产，名义上也不享有其所有权，但财务收益权一般归他享有。这表明，高校在财务权力上存在着更为复杂的所有权、控制权与受益权"三权分离"问题。

高校财务治理的这些特点，使高校财务治理研究成了一个更为棘手的难题，高校财权的配置与制衡较之企业有着更为重要的意义。

3.中国高校财务治理模式

我国《高校财务制度》第五条规定："高校应实行统一领导、集中管理的财务管理体制；规模较大的学校实行统一领导、分级管理的财务管理体制。"这两种财务治理模式有着自身的特点。

（1）"统一领导，集中管理"模式

"统一领导，集中管理"的模式是指要在学校统一领导下，根据事业发展的需要统筹安排和使用学校的各项经费和资源，对财经工作和财务活动进行集中管理。"统一领导，集中管理"的模式，是一种高度集中的财务治理模式，校级财务对二级学院的人、财、物等实行统一核算，统一管理。这种管理体制在学校规模较小时，有利于学校的宏观调控，集中全校财力办大事，便于从全校的角度统筹安排和合理调度资金，促进高校各项事业的发展。但是在市场经济成为主导经济，高校成为自主办学实体及高校办学规模逐年扩大的背景下，"统一领导，集中管理"的模式逐渐凸现其弊端。在此背景下，高校的办学经费来源由政府拨款为主渠道拓宽成财政拨款、科研经费、学费、校办产业收入、社会捐赠、基金收入等的多渠道筹措教育经费的体制，高校内部逐步实行了学院制改革，实行教学、科研等事权的下放，有利于理顺集权和分权的关系。

在这种高度集中的模式下，财权集中校机关，学院无财权，也就不必承担任何经济责任，这就挫伤了二级学院加强财务管理的积极性。由于院长做不到财权与事权的统一，就难以落实院长负责制，学院制的改革也就无实际意义。

（2）"统一领导，分级管理"模式

"统一领导，分级管理"模式是指规模较大、管理水平较高的高校，在建立健全财经制度，明确校内各级、各单位权责关系和学校统一领导的基础上，根据财权划分、事权和财权相结合的原则，由学校和校内各级各单位（即二级单位）进行分级管理。"统一领导，分级管理"模式较充分地照顾到了二级单位的利益，有利于调动下属部门的工作积极性。高校在下放财权中普遍采用的是"包干使用、超支不补、结余留用、自求平衡"的原则，但这种模式不可避免地使高校财力分散，削弱了高校整体财力和竞争力，许多高校的一级财务机构与二级财务机构的行政隶属关系是分开的，二级财务机构在财务实践中具有双重身份，行政管理由其所在的单位负责，财务处只对其进行业务指导，这种双向领导所具有的双重身份，造成二级财务机构工作主要受所属部门左右，弱化了一级财务机构对二级财务机构的监管作用，容易造成分级管理部门各自为政，损害学校整体利益；同时，财权的下放，导致办学经费分散到各级部门，形成"穷学校，富院系"的局面，学校一级财务财力不足，整个学校的财务资源不能做到统一调配，各院系经费使用只考虑本部门的利益，不利于学校的整体发展。由上可见，片面的"集中"或片面的"分级"都会给高校财务活动的开展、财务关系的处理以及正常经济秩序的维持带来一定的影响。高校需要正确界定集中管理与分级管理的概念，处理好集中管理与分级管理的关系。

4.美国高校财务治理模式

美国作为世界上高等教育规模最大的国家，学院是学校的办学实体和管理重心，在财务上是相对独立的核算单位，学院很大程度上具有办学自主权。财务根据学校公立和私立性质的不同分为集中型和分散型两种类型。但从２０世纪８０年代后期以来，越来越多的公立高校开始适度分权。

（1）私立院校的分散型财务治理模式

私立院校实行分散型财务治理模式，实施"集中决策，分散经营"的办学思想。这种分散型财务治理模式的好处是责、权、利分明，有利于激励各方面主动地、富有创造性地开展财务预算管理活动，也有利于学校对各学院及附属单位的考核等。学院有权进行预算管理，取得经费来源、决定经费支出。校级汇总各院的预算，构成学校的总预算，各院（系）按学校规定比例上交学校一部分经费来源，用于学校的人员工资、校舍建设及其他公共财务支出。分散型财务管理模式下有三点是必需的：

①资金必须由学校统一管理。整个学校只在银行设立一个账户，并规定所有收入都必须汇缴人这个账户，所有经费支出也都必须经过学校的财务结算系统支付出去。

②科学先进的学校中央管理电脑系统。

③规范的财务政策。

（2）公立院校集中型财务管理模式

公立院校实行集中型财务管理模式，学校的预算管理、经费来源和支出控制的权限集中在校级，院（系）向学校申请经费，纳入学校经费预算，校级向州政府申请预算拨款，学校的预算须经州政府审批后才能执行。但从２０世纪８０年代后期以来，越来越多的公立高校开始适度分权。

以美国加州伯克利大学为例，来分析美国高校的集中型财务管理模式。美国加州大学（UniversityofCalifornia，简称 UC）是世界著名的多校区公立大学系统，拥有伯克利分校（UC Berkeley）、洛杉矶分校（UCLA））、圣地亚哥分校(UCSD)等世界一流大学在内的 10 所分校与其地位和规模相伴生的是其巨大的财政资源。2017 年，政府拨款占加州大学营业外收入的比例接近 70%。此外，加州大学非常重视捐赠工作，在总校设立了发展政策和行政管理办公室、总校会计办公室，在各分校设发展办公室和私立捐赠和资助办公室以及基金会等。2017 年，加州大学的私人捐赠资金净额接近 11 亿美元，占营业外收入的 22.27%；投资收益超过 3.11 亿美元，占营业外收入的 6.05%，而如此规模巨大的财政资源的有效利用正是依赖于其完善而高效的财务管理运作。

1）加州大学实行事业部制管理，在"集中决策、分权管理"的基本原则下，横向在学校董事会、学术评议会与校长为首的行政机构之间分权，纵向在总校、分校、院、系之间分权。为防止财力分散和出现违法行为，学校不允许各职能部门和院系开设银行账户，同时各职能部门和院系领导对学校分配的资金，在符合规定的情况下拥有绝对使用自主权。基建财务和基金会财务服从于学校财务部门的资金划拨。这种财务管理体制从组织结构上明晰地将预算、科研成本补偿等财经政策的制定与具体政策的执行区分开来，并分别加以强化，有其科学性。

①学校董事会（作为加州大学最高权力机关，可自行决定和管理学校内部事务，在财务上也享有绝对权力，可依法管理和支配大学财产。

②学术评议会

对学术项目、学术人员和教学管理负有主要责任，在财务管理方面的权力实质上也是其学术管理权力的必然延伸。学术评议会的执行机构—学术委员会，分设有计划与预算委员会，其具体职责即是代表教师群体就学校财务预算问题，尤其是学术科研投入方面的预算等问题，向校长提出改进建议。

③校长

作为加州大学最高行政长官，负责学校事务的宏观决策与全面指导，并具体处理一些涉及较广、影响较大的重要财务事项。

④预算办公室直属于校长办公室，对董事会和校长负责，其主要职能涵盖四个方面：

第一，负责预算的编制与协商。

第二，负责在预算实施过程中监控财政资源的分配和使用，并向校长提供相关信息。

第三，负责对财政计划进行决策前分析，并就此向董事会提出咨询建议，以帮助董事会提升决策的科学性。

第四，协助各分校校长及其财务管理人员编制财政预算，使各分校的预算更为符合总校的宏观财政政策与分校的实际。

⑤财务管理处

设于学校事业运行部之下，是加州大学进行具体财务管理的核心机构，其主要职责是：负责制定学校财政方面的计划、政策与战略；就学校财政开展咨询、核算和评价工作并保存相关财务数据；进行物资采购、商业洽谈、捐献管理与风险管理；回应来自部门外部以及学校外部的有关财务管理的反馈；进行学校财务的研究以及财务管理人员管理等方面的工作。

2）分校是加州大学事业部管理体制中最大的事业部，在财务管理上接受总校的业务指导，但在具体工作上则保持相对独立。分校校长拥有分校最高的财务管理权力，其下设主管财务的分校副校长负责指导分校财务管理部门开展具体的财务管理工作。

3）加州大学的财务管理在总体上存在"两个层面"和"三个中心"。"两个层面"，即分为总校财务管理和分校财务管理两个层面；"三个中心"，即以预算为中心的财务政策制定和管理，以财务管理、采购服务、风险控制和外部融资等为中心的财务运作管理与以财务绩效为中心的财务人员管理。

在总校层面，以预算为中心的财务政策制定和管理是贯穿整个总校财务管理流程的主线。其基本流程大致分为五个环节，即预算的编制环节，预算的校董事会审议环节，预算的州议会审议环节，预算的具体实施环节，预算的监督与审计环节。

在分校层面，各分校对本校的财务管理享有高度的自主权。各分校预算管理办公室在其分校长领导下，并基于本校学术评议会和广大师生的意见和建议，编制本校的财政预算草案，然后提交总校预算办公室汇总。总校预算一经获批，各分校即可独立运作，但同时也须受总校相关部门的指导和监督。

5.高校财务治理模式的现实选择

高校由于没有人可以公开宣称享有剩余要求权、委托一代理问题更为严重、在财权上所有权、控制权与受益权"三权分离"，因此，高校财务治理研究成了一个更为棘手的难题，它绝对不能简单地遵循企业财务治理的研究思路和成果，必须在借鉴的基础上有所发展和创新。在美国，即使是分散型财务管理模式，其资金必须由学校统一管理，整个学校只在银行设立一个账户。并规定所有收入都必须汇缴人这个账户，所有经费支出也都必须经过学校的财务结算系统支付出去。集中型财务管理模式，从20世纪80年代后期以来，越来越多的公立高校开始适度分权，实行"集中决策，分权管理"。

我国公立高校收入结构中政府拨款收入占50%～70%，由于最近几年的部门预算改革和国库集中支付改革，部属高校和一些地方院校拨款收入中专项拨款（项目经费）大大高于正常经费拨款。项目经费的主要执行人是项目负责人，而且专款专用，实行国库集中支付。由于高校对这一部分财源的控制权很小，不能对其所有收入进行自由调控，不能将其纳入学校预算中统一调配使用，因此，实现完全集中的财务管理模式也就不太可能了。

因此，随着办学规模的不断扩大，学校经费来源渠道和金额逐年增加，各二级院系可支配的资金不断上升，开支项目不断扩大，高校应根据财务管理的具体情况，在充分考虑内外部各种因素影响的基础上，学习与借鉴美国高校财务治理模式，实行集权与分权均衡结合的"适度分权"模式，是目前高校财务治理模式的现实选择。

第二章　高校办学成本管理

第一节　高校办学成本核算

高校会计制度几经改革，然而，关于高校办学成本问题却始终没有触及，因此，对高校办学成本内涵的研究非常必要。

一、高校办学成本核算的理论基础

办学成本是指一定会计期间内，学校为开展办学业务而支付的直接和间接的活劳动以及物化劳动的总和。通俗地讲，办学成本是学校为实现教育基本职能和完成教学基本目标而发生的直接支出和间接费用的总和。伴随着高等教育由精英教育走向大众化教育和国家对高等教育投入的日益增加，人们对高等教育办学效益的关注程度与日俱增，加强成本核算，提高办学质量和办学效益已成为人们的基本共识。

1.办学成本的内涵

高校办学成本的内涵高校会计制度几经改革，然而，关于高校办学成本问题却始终没有触及，因此，对高校办学成本内涵的研究非常必要。

关于高校成本的概念，理论界主要有二种提法：①教育成本，②培养成本，③办学成本。

（1）**教育成本**

教育成本是指为完成某一教育的学校与学生各种耗费的总和。从严格意义上讲，教育成本也包括三个方面：①学校为培养一定数量和层次的学生所支出的一切开支和耗费；②学生为学习所支付的生活费用；③学生因为学习而未能参加工作带来的机会损失或称教育机会成本。教育成本，对于高等教育来讲，是一种广义上的成本，它凝聚着社会、政府、家庭等各方面的投入，是由于培养学生而耗费的资源，是一种综合性、多样性的高等教育成本。所谓综合性是指教育成本的内涵包括所有的各种有关教育成本概念的总称，能对所有的有关教育成本概念作出解释；所谓多样性是指教育成本根据需要可分为各种类别的教育成本，如社会教育成本、高校教育成本、家庭教育成本、政府教育成本等。

（2）**培养成本**

培养成本可作三个层次的理解：一是社会培养成本，指从社会耗费角度探讨高校学生的成本；二是高校培养成本，指从高校角度确定学生的培养成本，主要考虑政府投入的培养经费并考虑部分社会投入给学校办学的经费，以及学校自筹的办学资金支出；三是人才培养成本，指从个人角度去考察培养成本问题，包括社会、政府、家庭等各种资源为培养学生的投入，也包括学历教育、非学历教育、校外培训、社会锻炼教育等等，是一个全面的培养成本。培养成本与教育成本的概念既有联系又有区别：两者的联系是教育成本包含了高校培养成本。两者的区别在于教育成本仅仅体现了与学校教育有关的成本，而培养成本不仅仅包含与学校教育有关的成本，还包含了与学校教育无关的、为了培养人才而发生的各种费用支出。

（3）办学成本

高校办学成本是指社会、政府在兴办高等教育过程中所耗费的资源的总和。由于兴办者身份的特殊，相似于投资者，因此，高校办学成本可称之为高等教育投资成本。包括投入经费的机会成本以及政府在政策和税收方面的减免优惠。但一般来说，政策优惠只是在办学投资决策时作为参考，办学成本的核算实际上并不包括这部分成本内容。从投资的角度看，对教育的投资包含了社会投资、政府投资、家庭投资等，相应地就有教育的社会投资成本、政府投资成本、家庭投资成本以及相应的机会成本本等，但对一所学校来说，为了实际计算的方便，往往会只从学校的角度去考虑成本的大小，把办学成本看成高校为培养学生所支出的费用，对家庭投资及相应的机会成本则忽略不计，即以高校培养成本代替教育成本。

可见，办学成本只是狭义的教育成本。此外，教育成本与教育经费也并不完全相同。教育经费一般是指国家、政府或社会所支付的教育事业费和教育基本建设投资。这是教育成本的主要构成部分，但不是构成教育成本的全部内容。教育成本指培养学生所支付的全部费用，包括直接费用和间接费用。从教育成本构成要素来看，可分为来自学生的成本和非学生方面的成本；从投资方角度来看，有社会教育成本、政府教育成本和个人教育成本。因此，从高校角度看，高等教育由政府和社会资金直接投入办学所形成的培养成本，以及高校自筹资金投入办学的成本，构成了本文要研究的高校办学成本。

2.办学成本的分类

为了便于高校的成本管理，办学成本可做如下分类：

（1）直接成本与间接成本

1）直接成本

直接成本是指高校直接用于培养学生的培养费用，应直接计入办学成本。在办学成本核算对象单一的情况下，包括教学支出、科研支出、业务辅助支出、学生事务支出等，即学校为培养学生、完成科研任务而发生的费用以及图书馆、计算中心、电教中心、测试中心等部门为支持教学、科研活动而支出的费用；同时也包括直接用于教学、科研工作的固定资产折旧费用。具体来说，就是从事教学、科研的教师和科研人员以及在业务辅助部门工作的员工的基本工资、补助工资、其他工资、职工福利费、社会保障费、学生奖贷学金和活动费以及为教学、科研和业务辅助而发生的修缮费、业务费、固定资产折旧费和其他费用均列入直接成本核算。

2）间接成本

间接成本是指为了组织和协调学校正常的教学活动而开支的各项费用。在办学成本核算对象单一的情况下，包括行政管理支出、后勤支出和其他支出。具体来说，就是把行政管理人员和后勤人员的工资及福利费、公务费、修缮费、行政管理和后勤部门使用的固定资产折旧费和其他属于间接用于教学和科研的开支列入间接成本。

（2）规模成本、总成本与生均成本

1）规模成本

高校规模经济是指办学规模变动对生均办学成本变动的影响。它考察的是规模报酬的增减情况。高校规模经济是以教育技术水平不变为基本前提的，它与办学边际收益递减规律的差别在于不是考虑一种办学成本要素变动对办学效益的影响，而是考虑所有办学成本要素变动对办学效益的影响。因此，办学规模成本是指为使人才培养过程合理、经济，教育单位必须达到某种程度的规模时的总成本，如基本的年级数、班级数、学科设置数、师资、校舍及设备设施等得到配套，否则将造成平均成本的极大增加，造成不经济后果。

理想规模成本是指规模成本要素（即高校资源）与规模产出均衡时的总成本；现有规模成本是指现有资源状态下与现有规模产出可能处于非均衡状态时的总成本。从高校办学成本的管理范围看，有学校总成本、学校生均成本、各分院（系）生均成本之分。

2）总成本

教育总成本是指在一定教育领域和一定时期内，花在教育上的一切资源总和，如一个国家、一个地区或一个学校在一年内的所有教育费用总和。高校总成本就是指高校为培养学生所耗费的各种费用总和，包括直接成本和间接成本。

3）生均成本

学校生均成本与企业的单位产品成本相类似，指一个标准生（大学培养的博士、硕士、本科、专科等层次的学生按一定的规定换算为标准生）所消耗的成本。生均成本也是衡量一所大学资金使用效益的重要指标，在假设教育质量相同的前提下，生均成本过高则说明学校资源利用上还存在一定的开发潜力，过低则说明教育资金的投入不足，有可能影响学生的培养质量和学校今后的发展后劲。各分院（系）生均成本，是指各学院、系、部在学校运行过程中所开销的生均费用。它是根据教学过程中专业的不同、层次不同以及所负的责任，分别加以计算和考核，分单位随时揭示的变化情况

（3）资本化成本与经常性成本

1）资本化成本

根据资源的耐用性，高校办学成本又可分为资本化成本与经常性成本。资本化成本是指一次性购置或建造，可以长期使用的资产费用。主要包括：建筑物、教学科研设施、体育设施、图书资料、卫生保健仪器等建造或购置费，这些资产一次购置一般可以使用多年时间。

2）经常性成本

经常性成本是指一定时期内（如 1 年）就需要更换或添置的物资费用和其他费用。主要包括日常教学和科研用品、行政办公用品水电煤和教职员工的工资费用。

上述两种成本只是相对的，不是一成不变的，每年都可能有很大的变数，不过，相对而言，资本化成本较易确定，而估算经常性成本却有较大的难度。%"固定成本与变动成本高校的固定成本是指学生数量在一定限度内增减变动时，办学成本总数额始终保持不变的成本，如校舍、实验室、仪器设备或教学设备等。变动成本是指随着学生数量增减变动，总数额将发生相应的正比例变动的有关成本，如业务费、公务费、奖贷学金等消耗性的支出。在办学过程中，学生数量的变动，对固定成本和变动成本的影响是不一样的。从发生额看，固定成本发生额不受学生增减变动的影响，而变动成本的发生额则随着学生数量的变动而发生变动，从生均占有量来看，随着学生数量的增减，固定成本的生均占有量相应降低或升高，而变动成本的生均占有量则变动不大。

3.办学成本核算的会计前提

高校进行会计和财务管理的工作，其目的是为了利用确认、计量、记录和报告等一系

列的程序和方法，对自身经济活动的过程和结果进行正确、及时地加工处理，形成会计信息，供相关信息使用者使用。在进行教育成本核算之前，必须进行会计假设，这是高校教育成本核算的前提。会计假设是对不确定因素以及未被认知的会计现象假定为确定的因素和已知的现象，以这些因素和现象作为会计工作的公理和约束条件，在会计实践、发展的过程中，会计假设不断得以被认知、认同，成为人们共同遵守的会计操作规范。

高校教育成本核算的前提主要包括会计主体、持续经营、会计分期、货币计量四个基本会计假设。

（1）会计主体假设

任何单位的会计核算都应当以自身发生的各项经济业务为对象，记录和反映单位自身的经济活动。会计主体假设是一个空间性的假设，必须有严格的界限，不能漫无边际，也不能缩小范围，这才能保证会计核算所提供的信息真实可靠。会计主体一旦确定，它的业务就应当与其他的会计主体和个人的业务严格区分，凡是与本会计主体经济利益有关或最终影响了本主体经济利益的交易或事项都应输入会计信息系统并予以反映。在进行高校教育成本分析的过程中，会计主体只能是高校本身，而不能是下属的各院系单位。把院系单位作为高校教育成本核算的会计主体是不恰当的，理由如下：

1）在完整的教育服务过程中，服务的提供者只能是高校，各院系单位提供的只是部分教育服务，他们在主体的空间要求上不具有完整性。如经济管理学院的教师主要讲授经济专业方面的知识，一些基础课程，如计算机、英语则需要计算机学院和外语学院的教师共同协助才能完成相关的教学任务；光依靠院系单位不能正常开展教学活动，教育的功能不完整，还必须得有图书馆、网络中心、行政管理等教辅部门的各项服务和支持才行。

2）高校可以结合自身实际情况，实行"统一领导，集中管理"或"统一领导，分级管理"的二级财务管理体制，在这两种核算模式下，可以看出高校的财务核算都是在"统一领导"的前提下进行，即会计主体是高校本身。院系单位没有经济上的独立性，财政拨款、专项拨款等各项收入都是财政部门直接针对学校划拨的，院系单位不能独立取得经费来对资源的消耗进行补偿。在具体的成本管理过程中，可以把高校的院系单位作为内部的二级成本核算单位来考核，但进行高校教育成本核算的会计主体则只能是高校。

（2）持续经营假设

针对企业而言，这个会计假设是指企业的生产经营活动在可预见的将来持续经营下去，在这个前提下，企业才能较好地选择会计原则和会计方法。就高校来说，持续经营则指的是持续教学，与教学相关的各项业务活动都能在可预期的未来将无限期地、持续不断地正常进行，不会大规模的削减教学业务量。也不会停办或者撤销，并据此进行会计核算和报告，这是进行高校教育成本核算的时间性前提。企业运用持续经营的假设主要是为了应用权责发生制来有确认不同会计期间的收益和区分资本性支出与收益性支出。

按照以往的观点，高校和其他事业单位一样，不以营利为目的，其教学等业务活动所耗费的资金不可收回，所以不需要确认收益，其教学等业务活动的资金耗费也主要采用收付实现制，并从会计的角度反映财务收支活动，同时也对经营活动要求按照权责发生制来计算经营结余。

（3）会计分期假设

这个假设也属于高校教育成本核算的时间性因素，是基于持续经营假设这个基础上的一个核算前提。会计分期是会计活动时间的人为截取，把高校的持续教学看作是一条延绵不绝的长河，会计分期则是把这条长河人为地截断，以测量其每段的流量，才能对高校的财务收支情况进行分期结算和报告。基于学校的教学是按年进行组织，国家对高校的拨款也是按年拨付，学费的收取及学校财务报表的编制均是按年进行，因此在进行教育成本测算时，其分期也应确定为一年。有了会计分期的假设，才有了划分资本性支出与收益性支出、配比原则等高校教育成本核算基本原则的产生。高校教育成本核算过程中如何进行会计分期，将在后面确定成本计算期时进行详细阐述。

（4）货币计量

货币计量是进行高校教育成本核算的会计计量尺度前提。会计是以提供财务信息为主的经济信息系统，会计信息系统在核算和反映某一主体的业务经营活动时，涉及影响主体的一切经济业务，而经济业务是多种多样、错综复杂的，只有运用充当一般等价物的货币作为会计计量的统一尺度，才能把多种多样的经济业务综合反映到会计报表中。

4.高校教育成本核算的一般原则

高校会计核算目标是为了向单位内外部各方信息使用者提供反映高校财务状况、收支情况及结果的会计信息。会计信息能否全面、完整、系统、正确地反映会计主体的实际情况，无论是对国家教育管理部门，还是高校内部管理部门以及其他资源提供者等正确了解高校各项事业运转情况并作出相关决策来说，都是至关重要的。

在具体的高校教育成本计算过程中，核算原则应当包括权责发生制、相关性原则、配比原则、划分收益性支出与资本性支出原则、固定资产折旧原则和分类核算原则。

（1）权责发生制原则

权责发生制是指对收入和费用的确认均以权利的形成和责任、义务的发生为标准的一种核算原则。在这一原则的要求下，凡是当期已经实现的收入和已经发生或应当负担的费用，不论款项是否收付，都应当作为当期的收入和费用；凡是不属于当期的收入和费用，即使款项已在当期收付，也不应当作为当期的收入和费用。目前，高校的会计核算除了经营性收支业务外，一般都采用收付实现制。收付实现制是与权责发生制相对应的一种确认基础，它是以收到或支付现金作为确认收入和费用的依据。

高校采用收付实现制，是建立在事业单位不以营利为目的，具体的业务运营活动所耗费的资金不具有垫支性，它一旦被耗费就不可收回，其一旦办理了现金付款，就实际产生了支出的模式下所存在的，而且高校的支出是按年度上报核销，国家财政也是根据单位年度的支出和自行组织的其他收入情况核定补助数额的。

应该说，在不进行高校教育成本核算的要求下，采用收付实现制满足了高校会计核算的要求，随着高校招生规模的日益扩大，财务收支量增多，以实现了的收支为基础的会计核算方法已经不能适应高校财务管理的需要，高校进行教育成本的核算已经成为一种必须、一种必然，故必须把权责发生制作为会计核算的一般原则。

（2）相关性原则

有了会计主体的假设，就有了对核算主体空间范围的确认，高校进行教育成本核算过程中就必须考虑相关性原则。有了相关性原则，就要求高校在提供会计信息时必须考虑信息使用者了解单位业务运营活动和财务收支情况、评价受托责任履行情况、并作出相关决策的需要。在核算高校为培养、教育学生用货币支付的相关成本费用过程中，就必须按照相关性原则的要求，划分应计入高校教育成本和不计入高校教育成本的界限。

对于高校教育成本的内容确定，学术界有不同的观点，特别是针对离退休人员保障支出、科研支出、学生事务支出等内容能否进入成本核算存在着不同的看法。在确定高校教育成本的内容过程中，只要该项内容与高校的教育相关，就应该进入，否则一律不能计入，可见相关性原则在确认高校教育成本核算内容中的重要性。

（3）配比原则

配比原则又称收益成本配合原则，要求高校在进行教育成本核算过程中，收入与其成本、费用相互配比，同一会计期间内的各项收入和与其相关的成本、费用，应当在该会计期间内确认。配比原则既强调一个项目的费用与该项目的收入或产出相配比，又强调一个会计期间的费用成本与有关的收入或产出相配合比较。也就是说，对发生的费用成本要按照因果关系和受益期分配确认。

因此高校坚持配比原则的主要意义在于：一是因果关系的配比，将收入与其对应的成本对象配比，如教育事业收入与教育事业支出、科研事业收入与科研事业支出；二是时间关系上的配比，将一定时期的收入与同时期的成本相配比，按照权责发生制的要求来确认成本应计入的会计期间，如本会计期间教师的课时津贴，因特殊原因无法按时计发，即使在下一会计期间发生，也应计入本期成本。

（4）划分收益性支出与资本性支出原则

有了会计分期的假设后，高校在进行教育成本核算的过程中，就一定要正确地划分收益性支出与资本性支出。凡支出的效益仅及于本会计期间，支出效益只在当期发挥作用的，应当作为收益性支出；凡支出的效益及于几个会计期间，支出的效益可在几个连续的会计期间发挥作用的，应当作为资本性支出。

高校对于收益性支出应确认为费用，如学校的水电费支出，它只对当期的会计期间产生效益，故确认为收益性支出，直接进入教育事业支出。对于资本性支出，高校应将其确认为资产，如购买教学仪器设备，它对几个会计期间都会产生效益，不能一次性地进入教育事业支出，只能通过一定的折旧方法分别进入受益的会计期间。收益性支出应该计列于高校的收入支出表，计入当期的收支，以正确核算高校当期的收支结余；资本性支出应计列于资产负债表，作为资产反映，以真实地反映高校的财务状况。如果高校在教育成本核算的过程中没有正确划分收益性支出与资本性支出，混杂了二者的界限，将原本应计入资本性支出的计入收益性支出，就会低估固定资产资产和当期收益；将原本应计入收益性支出的计入资本性支出，就会高估固定资产资产和当期收益；所有这一切，都会对会计核算、成本核算的正确性产生不好的影响，不利于会计信息使用者正确理解高校的财务状况和收支结余情况，不利于会计信息使用者的决策。

（5）固定资产折旧原则

长期以来，大家都觉得高校是国家出资开办的，有固定的财政拨款和稳定的学费收入，不存在提高资金利用率和进行成本核算的压力，也不会有什么风险问题，所以高校的固定资产在购建时、在交付使用时即确认为教育事业支出，同时增加固定资产与固定基金，始终以历史成本挂在账面上，不存在折旧的问题。这样做，无形中增大了高校的资产数量，对有偿使用资产的补偿缺乏依据。

随着高校招生规模的不断扩大，高校已经形成多方投资的局面，多元化的投资主体要求提高资金利用效率，加强教育成本核算，对固定资产计提折旧能够反映出高校作为市场主体也应当符合经济规律的要求。

同时，计提固定资产折旧也是高校加强资产内部管理的需要，计提折旧后，有利于提高资产利用效率，真实反映高校固定资产的使用状况和净值。固定资产折旧是由于资产在使用过程中由于损耗而将其一部分价值逐步转移到产品成本或商品流通的过程。把固定资产折旧作为高校教育成本核算的一般原则后，就必须对现行的管理方式与会计核算进行调整，要建立健全固定资产管理与折旧的制度，对资产总量进行清查和评估，参照国家有关规定确定使用年限，选择折旧方法，同时增加"累计折旧"科目，将其与"固定资产"科目配合使用，以核算固定资产的价值损耗，促进高校正确计算会计期间的成本，促进资产管理部门对资产的管理。

（6）分类核算原则

高校分为工科、农林、医学、教育、艺术、经济、政法等不同的科类，在不同的科类下又设有不同的专业，为了在不同科类的高校中进行比较，应该采用相同的教育成本核算方法对不同科类的高校所提供教育服务过程中消耗的全部教育资源价值进行归集和分配，再计算出生均高校教育成本从而达到统一口径，横向比较的效果。

二、高校办学成本核算的必要性和当前存在的问题

1.高校办学成本核算的必要性

（1）随着高校管理体制改革的不断深入、高校的主体地位日益提高，高校在市场经济竞争中的生存意识、忧患意识、竞争意识也日益增强。学校要生存和发展，就必须树立成本意识，进行教育成本核算，提高办学效益。要求提供关于高校经营管理责任业绩的成本信息，已成为高校财务报告的主要目标之一。

（2）管理体制直接影响着高校的办学成本与收益

在我国各级各类学校中，普遍存在着管理机构庞大，人员过多，职能机构之间责权不明的现象，从而导致了管理的低效益、高成本，不合理地增大了学生的"实际培养成本"。高校实行教育成本核算，可以为精简人员、减少费用、降低成本提供决策依据。同时，各单位占用教育资源的情况也可以通过各项成本指标反映出来，财务部门通过教育成本核算资料可以向学校管理部门提出改进措施，促进改革与发展，实现教育资源的优化配置，提高办学效益。

（3）高校目前的办学经费除了国家拨款外，还有其他来源，即学生交的学费和学校校办产业的创收。然而，学生交费和校办产业的创收是有限的，而办学规模又在不断扩大。在国家财政拨款不增加的情况下，核算办学成本，合理确定成本分担比例，提高经费使用效益，就显得尤其重要。

（4）通过办学成本核算，因地制宜制定各类教育标准，为政府管理和评价高等教育提供充分依据，为社会支持和监督高等教育提供客观标准。收费标准的制定应基于成本的核算，但是现在我国缺乏教育成本核算机制，教育拨款、收费标准也就缺乏充分和合理的依据，导致关于教育投入不足、教育收费混乱等一系列问题。办学成本核算，对于合理制定高校收费标准，提高教育收费决策的科学性具有重要意义。

2.教育成本核算存在的问题

严格意义来说，中国的高校目前没有开展教育成本核算。有的只是根据上级主管部门的要求进行简单的成本统计或成本估算。为了行文方便和逻辑统一，假设高校目前教育成本估算、教育成本统计是教育成本核算的初级阶段。它属于教育成本核算的基础性工作，把它纳入成本核算的范畴。

（1）外部环境问题

1）高校的性质对教育成本核算的制约

在我国，大多数高校都是非营利性组织，即不以营利为目的，并不会把学校结余的资金按照企业中核算利润模式，通过分红的模式回报出资方，出资者只能从管理者的角度获得适当的经济回报。并且长时间学校一直处于卖方市场，而且有政府部门的补贴，学生和家长不会过于抱怨学费过高，因此，学校没有向外（即股东和社会）报告成本的压力。对于营利性的企业来说，成本信息主要是计算销售收入对成本补偿及利润分配的确切依据，只有核算出产品或是服务的成本，才能清晰的了解定价和盈利之间的关系，或是为了制定经营决策，例如清理库存或是迎接新订单扩大生产规模可以接受的最低价格是多少等。通过成本信息同时可以证明企业的经营利润是真实有效的，关切利润的各方利益如股东、债权人、税务局等都会注意企业的产品成本，因为把成本降了，利润就能上升。而相应的作为高校的管理层，来自政府和社会的压力并非来自对利润的考核，而是科研成果和就业指标等方面。政府部门只需要高校管理层对资产的使用情况做汇报工作，并通过预算及审计手段控制和监督经营过程。税务方面，由于高校自身属于非营利组织，因此也没有缴纳所得税的义务，税务局也就不用高校提供报告等关于利润的信息。出资者、政府及税务局、家长及社会都没有给予高校核算利润的压力，法律法规也暂且没有要求高校核算成本，因此高校并不会自发的去建立成本核算体系。

高校的外部环境和内部治理结构共同作用下，管理者从自身的利益出发便不会给出核算教育成本的内在要求。作为一个社会性组织，高校是由具有不同利益的利益相关者共同组成的。作为组织内的成员，每个人都是追求自身利益最大化的"经济人"。在高校内，出资者、管理者、教职工及学生都是理性博弈者，但是高校内部很大程度是由管理者与教职工这些"内部人"控制的。即使"内部人"之间存在着利益博弈，但是在"外部人"面前他们都有着共同的利益。而且作为"内部人"，他们的利益与学生及出资方的利益并不完全一致，在允许的条件下，他们会谋求自身利益最大化。具体而言，作为高校的管理者和教师，大家都希望自己能有更好的办公环境和办公设备，更高的薪资和更多的社会福利，以及适量的工作压力和出差旅游的机会等等。而这些不加以控制，"经济人"的欲望理论上是无限的，这就会造成高校承担很多不必要的开支，即运营成本会急剧上升。而加强成本控制，建立成本核算体系，显然不符合"内部人"的经济利益，便不会有"内部人"主动地推行内在管理的改革和成本的控制。综上可知，没有较大的外部压力，很难在高校内推行成本核算，很难让高校对外提供成本信息。

2）高校的教育成本核算意识比较淡薄

截至目前，我国高校的大多数资金都是来自政府部门的财政资金，对于高校的拨款预算也是由财政部决定，而学校只需要进行合理的开支便能获得相应的财政拨款，也就是说学校并不会在意资金的使用是否必要。这样的环境下，高校无须承担筹资的压力，也就没有相应的压力去解释清楚每笔资金的必要性。因此，学校没有降低成本费用的意识，也就不会去核算教育成本。

由于教育经费来源单一，我国高校并没有建立成本核算体系的紧迫性；同时，由于我国政府的信用背书，让很多高校领导忽视财务问题，认为一旦出现财务危机政府必将出手维护学校的名誉，自己不用承担资金上的问题，更多的精力放在了学术研究和学科建设上。而高校的财务人员也仅仅负责财务会计和预算会计的内容，偏向管理的成本会计并不在大家的考虑范围内，很多会计人员在工作中缺乏一线的成本控制环节。尚未出台法律法规的实情更是让财务人员轻视了成本信息统计的重要性，还是认为高校只要关注收支合理即可，淡薄的成本意识让教育成本问题无从探讨。

3）法律、法规对高校教育成本核算的制约

通过高校教育成本信息，高校外部的利益相关者可以了解高校运营状况和成本管理水平等重要信息。虽然对于高校教育成本信息的统计会消耗一定的资源，会将管理者不愿披露的内部信息对外公布，并且对管理者的内部管理和资源使用产生一定的压力。

再者，降低教育成本不符合高校的"内部人"利益，如果在缺乏外在压力的情况下，各个高校自身便缺乏动力去推行教育成本核算并对外披露相关信息。目前，虽然法律法规提出对于高校教育成本核算的要求，但是相对较为简单，仅仅规定在申请学费标准批复时向物价局报送教育成本资料，而相对应的口径是由《高校收费管理暂行办法》中提出的进行报送。其中的部分费用与教育过程无关，有些与教育过程相关的间接性成本却没有列入，其口径统计的是大体上汇总数据，而并非高校在教育服务提供过程中真正的教育成本，并且缺乏审核过程，数据真实性欠佳，且并不对外披露。因此，为了推进成本核算体系的建立，法律法规将应该强制性推行成本汇总信息的披露义务，将监督权赋予公众即社会，以此取得更快的改革进程。

4）核算理论和方法对高校教育成本核算的制约

对高校教育成本核算进行的理论探索至今还不成熟，一些实际操作领域长期存在问题还没有得到有效克服。如教育成本包含的具体项目、教育成本的核算期间、对公共费用的分配、成本项目的设置等还没有达到理论与实务界的共同认可。这对高校进行科学合理的教育成本的核算制约很大。目前，国内高校教育成本核算方面的理论研究还不成熟。整体来说，国内的教育成本核算还没有足够的时间发展，在研究理论方面和研究经验方面尚不成熟。

关于教育成本核算方面的重点内容，例如教育成本的期间划分、教育成本的项目设置、教育成本的费用分配等还未达成趋同的共识。例如，有的学者认为高校教职工的退休工资应该算在教育成本范围内，而有的学者则不赞同，类似的问题还有很多，如学校增加建设新设施或是投入新的教育设备，以及行政机关人员的工资和教师补贴是否应该计入教育成本。这些问题是推行教育成本核算面临的重点，没有完善的理论便无法顺利的推行高校教育成本核算。

5）缺乏有效的教育成本核算考核评价制度

在高校教学的评价中，有很多考核评价指标，比如科研成果，教学水平、学生成绩等。教育成本也是高校教育评价中的重要组成部分，只是人们常常忽视。在教学评价方面，大多数高校只注重对学习科研等产生直接影响的因素，对于教育成本这类间接性因素便很少考虑，甚至是大部分的高校没有注意到教育成本，这就造成了教育过程中不注意节约资源，对高校的发展产生不利的影响。由于对高校经营认知上的片面性，高校的领导层注重高校投资创造的社会价值，而忽视了生产服务的价值，从而在学校经费的管理和使用上采取的考核及评价指标有一定的片面性，只是重视社会效益和事业效益，忽视了生产效益，造成产出和投入相脱节的现象普遍存在。因此，多数高校内还没对高等教育成本的考核，对于会计信息的需求仍旧停留在财务会计信息上。由于缺乏基于教育成本指标的办学水平和办学效益等综合指标的拉动，高校现行会计核算体系忽视了教育成本这个重要的指标。

（2）内部环境问题

1）教育成本核算概念模糊

在高校的运营管理中，成本涉及很多种类，例如教育成本、财务成本、管理成本、机会成本等，不同的成本有着不同的含义。由于我国的法律法规尚未给出明确的高校教育成本概念的界定，导致教育成本核算难以取得实际进展，也致使高校无法给出准确的教育成本。长期以来，我国高校教育成本概念模糊主要来自两方面原因，一方面国家没有对教育成本进行规定及相关考核，只关心预算的使用方向和使用情况，另一方面高校的招生指标和收费指标都是政府规定的。因此，在成本核算方面，没有动力和压力去理清楚哪些属于教育成本，哪些不属于，收支都是由政府一手包办，造成高校的管理层和会计对教育成本概念没有清晰的认识。

2）教育成本核算内容不清晰

高校教育成本是指高校为了培养学生所发生的直接的或是间接的活劳动和物化劳动，包括直接教育成本和间接教育成本。在高校提供教育的过程中，会产生各种各样的费用，目前的法律法规并没有给出教育成本的划分范围，即哪些计入教育成本哪些不计入教育成本，以及直接间接的教育成本也没有给出明确的界线。因此，作为高校的会计也无法准确地将教育成本进行归集和分配，无法反映高校在教育方面真实全面的成本信息。在接受高等教育的过程中，学生必须为自己接受的教育而负担一定的成本，但是首先需要明确哪些成本应该由学生来分担，或是由政府和学生一起分担的部分是哪些成本。目前，基本上所有的高校都是根据完全成本进行教育成本的估算，然而高校社会功能复杂，并不是所有的费用可以归集于学生的教育成本，例如每年庞大的科研开支就不能完全归属于教育成本。否则，依据教育成本制定的学费收费标准就是不合理的。由于没有对于高校教育成本核算范围和对象的明确规定，高校成本核算工作无法顺利进行。

在高校教育成本核算对象方面，学术界的观点还不统一，大致分为两种，一种观点是"将高校提供高等教育服务作为高校教育成本的核算对象"，另一种观点是"将接受高等教育的学生作为高校教育成本的核算对象"。除此之外，对于接受非正规学历教育的学生（如函授和自学考试的）是否作为高等教育成本的核算对象，也存在一定的争议。在高校核算范围方面，主要是后勤服务和科研经费的计入方面的问题，而且由于学校规模不一，这两块的经费在不同类型的学校之间相差巨大。从职责上看，高校主要为社会提供教学服务和科研服务，科研服务既能为学生开阔眼界并提升科研实力，同时也能服务社会。因此，其中多少科研费用应该由学生承担，多少应该由政府承担，多少能转化为产品的由社会共同承担，这将影响高校教育成本的核算。

除此之外，高校作为社会的资产，也常常有游人参观，体育设施也对外开放的情况，以及食堂都能支付宝付款等等，巨大的后勤工作应该划分多少进入教育成本，也是存在争议的。

3）教育成本核算方法不恰当

由于法律法规没有出台，因此高校中尚且没有统一的成本核算制度，部分高校针对成本核算推出的规章也并不统一。现有的高校教育成本数据中，大多采用的是统计调查法，即各个高校按照教育部或财政部的要求对财务数据进行汇总和整理，然后按统一口径填写相关表格，以此满足财政部和教育部对于高校数据资料的统计要求。统计调查法的特点是获取数据的成本较低，可以通过数学工具对一些不确定的成本进行科学的测算，以此或许相对可信的预估值，但是数据精确度不高，仅限于统计功能。若是需要根据成本数据做财务决策等管理层决定时，测算数据不够准确也不够有说服力，影响决策与判断，不利于高校内部管理。主要原因还是政府部门并没有颁布相关的法律法规推行高校教育成本核算，也就没有明确的方法；即使理论界已经在方法上进行探讨和研究，实务界碍于实施成本和后期效果的不确定，以及遵守当前法律框架等种种因素，尚未有核算方法上明确的趋势。

4）教育成本核算水平参差不齐

首先，目前高校教育经费的使用记录不真实或不完善的情况还是存在的。由于涉及面广，很多时候财务信息的记录过程并不能保证准确及时，疏漏的情况也是时有发生。例如，有些高校管理层为了规避税收，通过报销进行一定的开支或者收入的转移等行为；有些科研项目的负责人为了占有部分资金为自己谋取一定的私利；有些部门通过现金收支规避做账等。这些都影响了财务数据的真实可靠，也为成本信息的统计带来了困难。

另一方面，还存在一些客观的原因导致教育成本核算水平之间存在差距。

①成本的核素对象还不明确

目前，高校的成本核算对象通常是学生，由于学生的学历层次和专业方向上的差距，很难分清同院同年级不同专业之间成本的区别，造成成本核算的困难。为了实现成本核算，现实中往往采取妥协。这样的情况下，会计的核算水平差距造成各个高校的成本核算水平的差距。

②缺乏相关的原则进行指导

没有明确的原则，便不能在实务过程中对成本进行清晰地划分。在核算过程中，会计是个计量记录的过程，没有准确的原则规范相应的会计行为，最终的结果就是会产生一些没有对比性的数据。没有对比，成本核算便失去其加强管理的初衷。

③关于成本核算范围。进行数据统计一定要先确立相应的范围，教育成本的归集分配也离不开相应的范围。如果没有统一的范围，各个学院或高校之间无法统一汇总相关的数据，否则便失去了汇总的意义。

3.问题的成因

财务管理中，成本管理是重要的组成部分，推进高校教育成本管理，建立高等教育成本管理体系对高校的发展和管理都十分重要。最近些年，在成本管理方面我国的高校都取得了一定的成绩，在高校内部的管理体系中初步建立了成本的分担机制。但在成本管理方面仍旧存在较多的问题。究其原因，大致可以分为四个方面。

（1）没有统一的核算规范体系

目前，国内尚未颁布行政事业单位适用的成本核算制度，也就是高校的成本核算尚未有明文规定的落实，而目前部分高校实施的成本核算规章不能代表我国高校成本核算体系的形成。想要建立高校成本核算体系，首先需要制度上进行统一，现行相关的制度中有三份能作为主要依据。分别是《高校教育培养成本监审办法（试行）》（发改价格〔2005〕1008号）、《高校财务制度》（财教〔2012〕488号）和《政府会计制度》（财会［2017］25号）。

尽管新的《政府会计制度》中明确规定了权责发生制是会计核算中主要原则，从而解决了以前的核算原则方面与《高校教育培养成本监审办法（试行）》不一致的问题。但由于高校现实情况的复杂性，会计原则上的一致性并不能必然导致成本核算方法上的一致性。要核算教育成本就必须有合理、统一的方法，将教育成本从分裂在不同的会计科目中合理归并出来。这是进行教育成本核算的基本前提。但至今为止，尚未有明确、严格的规范。

（2）财政管理过于集中

就当前部分高校实施的成本核算模式来看，依托于集中的财政管理形成的是集中化的财务核算及成本核算，集中化拨付的财政资金使得资金管控严格，容易统计数据。但是，由于高校内部的复杂情况，不利于成本数据的细化。集中化的财务办公人员并不能清晰地了解各个学院或是教育辅助部门的成本细节。因此，过于集中化的权利管理不利于有效的监督与审查，反倒是资金过于的集中发放会造成部分管理上的疏漏。因此，将成本中心下放至学院和教育辅助机构，在每个成本中心建立成本核算才能提升成本核算水平，同时提升成本管理水平。

（3）无法精准地核算教育成本

我国较晚地引入成本会计，在成本核算制度方面，财政厅发布的也只有钢铁行业、电网行业、煤炭行业及石油石化行业四个制度。核算的方法与水平与国外发达国家相差甚远，虽然介于高校对于国外了解会走得更前沿，但是引入的成本核算方法并不能很好地符合当前实际情况，造成成本上核算的偏差。在过去，我国长期采取收付实现制为财务会计的核算基础，这样的制度不利于资产和负债的管理，不能准确的反映当期高校的运行成本。从制度上看，收付实现制造成在实际运营过程中，由于会计核算的是资金的流入和流出，造成收入和费用的发生时期不能很好地进行配比，例如先产生收入后发生费用的情况或是收入拖欠的情况，都将影响当期会计信息的准确性，即核算信息不能准确反映高校当期的财务状况。基于这样的情况，也无法进一步准确地核算当期的教育成本。

自2019年1月1日我国普通高校开始实施新的政府会计制度（即《政府会计制度—行政事业单位会计科目和报表》）。在新的政府会计制度下，开始实行权责发生制。虽然设置了"教育费用"这个科目来对教育相关费用进行归集，但是并不能真正反映全部属于教育成本的费用，不代表教育成本。

（4）财务信息公开度不高

目前，教育部、地方教育厅及各高校的官网都只是公布年度教育经费执行情况的统计结果，社会公众仍旧对高校内部机构的运营成本缺乏大致的了解和理解。并且在2019年前都是基于收付实现制，财务信息也基本从收支的角度进行分析和统计，无法准确地反映当期的运营成本。从教育成本监督的角度，社会以及政府也不能对高校的教育服务的具体运营状况起到监督的责任。

高校的财务信息公开度不高主要体现两方面：一方面，从政府层面的信息公布角度，教育部或教育厅仅仅针对管辖内的高校数据汇总数进行披露，针对具体到各个高校的实际情况并不作统一的披露；另一方面，从高校层面的信息公布角度，高校通常会公开发布一些非财务数据，如科研成果，以此反应学校的办学成果和办学实力。在此情况下，通过公布的财务信息社会各界并不能实现对于高校教育成本的监督，恐怕也只是一个形式，并不能真正地发挥出自身的作用。

三、高校办学成本核算设计

1.高校办学成本核算构建的原则

高校会计属于事业单位会计的范围，既拥有事业单位的基本属性，又拥有属于自身的独特属性。从一定意义上讲，现在我国高校不进行成本核算，有的只是简单的成本统计或成本估算，就是因为高校的特殊性导致。因此，在新时代背景下构建高校教育成本核算的过程中，既应该遵循事业单位会计的会计原则，又存在属于高校自身的特定要求。为了保证成本核算的科学合理，高校成本核算需要在现行《政府会计制度》下，遵循以下原则进行核算。

（1）权责发生制原则

这是《政府会计制度》明确规定的原则。权责发生制是指以权利和责任（义务）的形成标准对会计主体确认成本费用和收入。凡是本期的成本费用或是收入，无论款项是否支付都应该在本期进行确认；相应的不属于本期的成本费用或是收入，即使形成资金的往来也是不用在本期确认的。权责发生制是进行成本核算的最基本原则，作为高校也不例外。权责发生制是实现教育成本核算的最基本原则，也是建立教育成本核算体系的第一步。高校应该采用权责发生制作为记账基础，并将教育成本核算作为学校会计核算的一部分。

（2）相关性原则

相关性原则是指在核算教育成本过程中，确定适当的核算范围，将明确相关的成本纳入核算范围，涉及的是教育成本核算范围的准确性。在高校教育成本体系构建过程中，划定相关的范围，将与高校教育成本有关的收支划入核算范围，而无关收支活动一概剔除。特别要注意的是不属于教育支出的费用类项目中也会有很多是间接为教育服务的开支，需要将这些费用纳入高校教育成本项目中进行核算。

（3）配比原则

配比原则是指成本或费用需要和相对应的收入进行匹配，即归集于特定成本对象上的费用要和该对象带来的收入相符合配对，并相互比较从而得出成本收益比。尽管高校不同于企业，是非营利性组织，更多的是体现社会效益，但由于配比原则既强调同属于一个会计期间的成本费用与收入产出的配对和比较，也同时强调特定成本对象或是项目的成本费用与收入产出的配对和比较，一方面强调一个会计期间的成果，另一方面强调一个成本对象的成果。因此，高校可以根据自身学院、专业设置情况，在配比原则下，将教育投入和教育产出进行配比，这样可以比较准确地核算出一个学年内的教育成果以及特定到一个专业、班级或是学生的成效。

（4）划分收益性支出与资本性支出原则

在高校教育成本核算的过程中需要考虑纳入教育成本核算范围内的支出的性质是资本性支出还是收益性支出。针对资本性支出，我们应该将支出分摊至合理的长度期间内，而收益性支出，我们应该确认为当期的成本。收益性支出影响时间较短，对应的是短期性的收益，例如人工和材料等经常性支出；而资本性支出通常是为了获取无形资产或是固定资产等长期资产而产生的支出。因此，想要准确地核算高校教育成本，需要在支出的划分上建立合理的划分标准，只有这样才能保证会计信息的精确和客观。

（5）分类核算原则

分类核算是指在一家有不同类别或是型号产品的企业内，根据产品的类别或是型号进行核算成本的方式。高校从方向上便有哲、文、理、工、经、管、农、医、艺、军等不同的大类学科，从学历层次上又分为博士和硕士研究生、本科生、专科生等不同层次，向不同大类学科的学生或是不同学历的学生，高校提供的服务不尽相同，而由此产生的教育成本也会不同。因此，想要准确地核算出高校教育成本信息，便需要根据学生的学科以及学历，还有专业将学生划分为不同的成本对象，并且分别设置明细分配表，在成本的归集后依据合理的分配标准分配至各个专业，最后得出一定会计期间专业人均的高校教育成本。

2.办学成本的核算主体与对象

（1）教育成本核算主体

教育成本需要核算的主体也就是成本会计的主体，同样也是财务会计的会计主体，即需要对其进行会计核算的特定机构或单位。只有首先确认好会计主体，才能确认会计服务的特定范围，区分属于该组织的经济活动与其他组织的经济活动。在此需要注意的是，会计主体并非法律主体，细分的会计主体可以不是法律主体。如果高校内，存在独立的后勤部门、设立的研究院或是分校等机构。平时的会计和成本核算可以单独进行。在年度汇总时，会计需要并表，同样成本核算中该分摊到独立机构的，还是需要承担的。

（2）教育成本核算对象

成本核算对象，是指将成本归集后分配到的对象，而且需要计算其成本具体金额的项目。通过成本核算对象的成本计算，可以反映企业业务经营成本。从高校的性质出发，高校为社会提供高等教育服务，即高等教育服务属于高校的产品。因此，高校的教育服务成本也就是高校的成本核算对象。厉以宁学者在他的文中提出了对教育产品的定义，他认为教育产品就是教育服务，是教育部门和教育单位所提供的。

可以理解为，高校所提供的不同学科类别、不同学历层次的教育服务就是需要进行成本核算的对象。确定成本对象是成本核算的第一步，是展开后续成本核算程序的前提，也是选择成本核算方法以及确定成本核算期间的依据。在高校教育成本核算中，确定高校教育成本对象是最基础的一步。需要按照高校开展教育活动的特点以及高校的其他具体情况，确定适合进行成本核算比拥有可比性与共性的成本核算对象，这样才能满足加强教育成本核算的需求。因为在高校中接受教育服务的学生分别属于不同的年级、专业及学历层次，而这些因素便会造成他们所接受的服务并不是同质的，例如不同学科背景的学生可能因为某些教学设备更新而产生不同的受益程度。因此，从提供服务的高校角度，应该根据学生的年级、专业及学历进行成本对象的细分。这样有利于观察学年的前后期之间的对比，有利于院系对不同专业办学的成本效益的考核，有利于明确各个学院之间培养成本的公平发展。但初期成本系统尚未建立，会计核算集中在学校的财务部门。

3.办学成本的核算期间与方法

（1）教育成本核算期间

在会计成本核算方面，大多首先是满足内部管理需求，因此在模式和核算周期方面大多依据企业内部的管理模式和经营模式。例如，船厂对于造船的成本核算周期会扩大到整条船的生命周期，而一些小批量生产的限量版产品则会按批次进行成本核算。高校的组织运行是按学年进行的，并且同一学年内学生数量相对稳定，即可以认为提供的教育服务没有数量的变化。因此，按照学年对教育成本进行核算能够切合实际地反映学校的资源耗费状况，同时符合学生在学校接受教育服务的受益过程。

（2）高校教育成本核算方法

高校至今只是从事成本统计和成本估算，尚未开展教育成本核算。这里所说的教育成本核算方法只是指学术界根据高校的特殊属性，提出的一些可供采用的教育成本核算方法。归纳起来主要有四种，分别是：成本估算法、会计调整法、作业成本法、制造成本法。

1）成本估算法

成本估算法是指根据现有的财务及非财务资料结合统计测算方面的数学工具，对培养学生的教育成本进行估计的一种计算方式，目前大多数公开的学生培养成本（并非本文所指的教育成本，公开的数据中几乎涵盖所有的费用）即采用的是这种方式。这是对现实的一种妥协，出于政府部门对于学校经营成本的了解和统计汇总数据的需要，不得不做出的妥协。

2）会计调整法

会计调整法是指在过去研究过程中，建立在收付实现制基础上，对高校现有的财务数据资料和账簿记录采取模拟的方式将核算基础调整为权责发生制进行成本核算的方式，大多数出现在前期对教育成本的研究过程中。由于前期政府会计并未明确给出推行权责发生制的计划，因此这是研究者对于现实的一种妥协。

3）作业成本法

作业成本法是指通过在资源分配和成本项目中加入作业，实现间接费用的资源精确分配一种成本核算方式。由于现代企业中，间接成本占比逐渐增大，间接成本的分配合理性对产品成本影响巨大，因此加入"作业"以此作为分配间接成本的原因，为成本核算和管理带来质的飞跃，常用于间接成本结构和产品线都比较复杂的企业。而作为高校，目前培养学生的间接成本的结构并不复杂，大多数的间接成本分摊可以按学生人数（某些情况可能需要按学历进行折算人数），或是按照上课的课时量分摊（例如教学楼的折旧）。而如果在间接成本分摊上划分作业来分摊，需要增加很多的工作量。

因此，可以认为初期引入高校的成本核算方法并不必要。其次，作业成本法的推行难度大，预期配套软件和培训的成本也较高，需要高校的会计从业人员贯彻成本观念的同时，学习较为复杂的作业成本法并应用到实际工作中，这会面临很大的改革阻力。

4）制造成本法

按照传统企业成本会计的核算方式，通过建立成本会计核算系统，设计成本核算的会计科目，对资源耗费进行归集后，按相应的成本要素动因（例如课时量、学生人数等）的一定比例对间接成本进行分配，并最后核算出教育成本的方法。

这四种方法都有其存在的意义和价值，但是综合考虑实际情况笔者选择了在不远的将来极其可能推行的教育成本核算方法进行研究，以期待为教育成本核算制度的制定添砖加瓦，提供参考。

4.教育成本核算的账户

（1）明确教育成本核算的内容

教育成本是指为提供高效教育服务而消耗的资源，可以从高校层面和学院层面这两个层面对相应的成本费用进行归集和分配。从成本的相关程度看，又可以将高校教育成本分为直接教育成本和期间教育成本。国际上把教育经费支出分为两部分：资本性支出和经常性支出。我国把高校教育经费支出分成两部分：基本建设投资项目和事业性支出。对应来看，基本建设支出类似于国际分类中的资本性支出，而事业性支出相当于国际上的经常性支出。其中，事业性支出又可以分为以下六个部分：人员支出、学生事务支出、日常办公支出、行政管理支出、后勤保障支出和资产折旧摊销。

1）人员支出，指用于直接计入各个学院的在校教职工的各项薪酬，包括基本工资、津贴奖金、职工福利、社会保障费等，这些员工包括在各个学院承担教学、教辅及科研工作的在校职工，反映高校为正式、临时职工支付的工资和其他福利支出。

2）学生事务支出，指学校发给学生的奖助学金、学生实习、参访活动、学生社联活动等等费用，反映政府对教育对象学生投入的各种支出。

3）日常办公支出，指各个学院发生的与教学教辅、学生管理、行政管理等日常活动相关的支出，包括材料购置费、劳务费、水电费、邮政通信费、会议培训费等日常开支。但是涉及固定资产采购和维修的不列入其中，为简化处理维修费可以计入固定资产账面价值按剩余年限摊销。

4）行政管理支出，指归集于高校各个行政部门与教育事业相关的支出，包括在为提供教育服务的过程中行政部门发生的日常支出，薪酬福利以及其他专属的一些开支等。例如图书馆、财务处、招生办等一系列为全体学生而服务的部门，这些部门的支出需要先归集在按学院分摊。

5）后勤保障支出，是指在为学生提供后勤服务过程中发生的支出。有些学校有着自己独立的后勤保障部门，进行单独核算，并且不仅仅为自己学校提供服务。这时需要将为自己学校提供服务的相关支出单独列出，不能单独的需要按虚拟收入比例对会计期间的总成本进行划分。有些学校将后勤外包，那这部分成本即所支付的外包费用。

6）资产折旧摊销，是指高校各个部门及学院发生的固定资产折旧与无形资产摊销的费用。为了与实际相匹配，专属性较强的行政楼，实验楼和图书馆直接划入特定学院的成本中。例如，某学院拥有一体化的行政教学楼（附带专业图书馆），则该成本摊销简化核算，全额计入该学院成本。对于教学楼，考虑到虽然按课时量摊销更符合收入实现的原则，但是笔者认为简化按学生人数分摊即可。若存在不同校区，介于跨校区课程较少，初期可以按学院课程主要安排的校区进行分摊。随着成本核算体系不断完善，对于跨学区的折旧情况可以列入明细调整事项。前期的简化处理方式符合成本效益原则。理工科和研究院有专门实验研究设备和楼房的，计入该学院即可。对于操场、图书馆、校级行政单位设施和楼房先进行归集后，按全校人数分摊至学院。

（2）设置高校教育成本核算的相关账户

通过设置合理的会计科目，可以将高校教育成本需要核算的相关成本费用在对应的会计科目之间进行记录与结转，这是对高校教育成本展开核算工作的第一步，是相当重要的一步。因为高校通过高校教育成本的核算首先是满足内部管理的需求，所以在科目的设置方面，高校会计可以在相应的会计规章制度框架内对相应的科目进行适当的调整，以满足教育成本核算与管理的需要。对于直接能够归集于教育成本的费用，可以设置"教育成本"

进行成本的归集。

在此科目下，可以依次按照院系，专业和年级设置明细。对于期间归集于教育成本的费用，设置"教育经费"进行成本的归集，该项目在月底根据人数分配至各个学院的各个专业，期末结转至"教育成本"。在成本归集方面设置"教育事业支出"下二级科目分别是"人员支出""学生事务支出""日常办公支出""行政管理支出""后勤保障支出""资产折旧摊销"。

5.办学成本的归集、分配和核算

（1）进行费用分类归集

首先将为培养学生而形成教育成本的各项费用归集至"人员支出""学生事务支出""日常办公支出""行政管理支出""后勤保障支出""资产折旧摊销"这些成本项目中去。

1）人员支出方面的教育成本核算通过课程数汇总表，对每个专业的所学课程进行成本的归集。如果总课时量中含有其他学院教师提供的课时，因此将全校所有教师的课时费进行汇总，然后按照各学院的课时总量进行分摊。高校交叉提供教育服务的情况，如数学、外语和信息学院为其他学院提供的服务人员成本开支，按比例剔除一部分，其他学院的人员支出直接计入该学院，不再互相分配。对于这方面的公共课程的相应开支，作为间接费用放入行政管理支出从而分摊至全校。

相应的会计分录如下：

借：教育成本—财经学院—人员开支

贷：教育事业支出—人员开文。

2）学生事务支出核算的主要是学校发给学生的奖助学金、学生实习、参访活动、学生社联活动等等费用。在这方面的成本核算，可以通过实际发放的奖助学金明细汇总表进行汇总各个学院奖助学金情况，以及对学生其他补助费用按各院汇总数直接计入学院，不再进行学院之间分配。对于校级社团的活动经费由校级行政管理部门统计后，直接划入行政管理支出而后全校分摊。

相应的会计分录入下：

借：教育成本—财经学院—学生事务支出

贷：教育事业支出—学生事务支出。

3）日常办公支出的核算的内容包括各个院系当期发生的差旅费、会议费、招待费以及教学材料和低值易耗品等。这些当期发生的费用直接计入当期成本，按学院进行成本项目归集。为区分各个学院和校级行政的日常办公，将校级行政办公命名为"行政管理支出"。院系直接进入成本，校级行政费用进行全校分摊后进入。

相应的会计分录如下（单位：万元）：

借：教育成本—财经学院—日常办公支出

贷：教育事业支出—日常办公支出。

4）行政管理支出是指为学生提供服务的各类机构形成的管理支出。（例如图书馆、财务处、行政部门等各部门管理费）。这些费用是高校运营过程中的必要开支，为了提供教育服务而产生，理应计入教育成本。先将校级归集为间接教育成本，按照合适的分配标准分配至学院。最后，学院也可以按照一定的标准继续分配至专业，进行各专业教育成本核算。

若是科研类高校,对科研的专门支出和管理费用应该剔除出教育成本。如财务报销方面,科研费用报销较高的学校,财务经费可按照科研与非科研报销的金额比例分摊。如存在独立研究院的科研型大学,该部分的管理和人员支出也应该予以剔除。

相应的分录如下:

借:教育经费—财经学院—行政管理支出

贷:教育事业支出—行政管理支出。

5)后勤保障支出

是指整个学校为提供后勤保障服务所付出的费用。这部分费用很难直接划入某个学院。因此,可以在学校层面进行归集,然后可以根据人数按院系分配。但如果能单独计量的,例如某高校存在院部独属的实验楼和行政楼,且后勤管理费能够分割到每幢楼房或公共面积,需要对该部分后勤保障支出作直接划分,计入特定学院。

相应分录如下:

借:教育经费—财经学院—后勤保障支出

贷:教育事业支出—后勤保障支出。

6)资产折旧摊销

指固定资产折旧费用和无形资产的摊销,包括公共使用的固定资产(如图书馆、操场、体育馆)、直接归属于特定学院的建筑物(如办公楼、实验楼)以及专门的实验器材及设备,还有学校的一些无形资产的摊销(土地使用权、专利技术等)。固定资产的特殊性决定了它的使用和摊销都有较长的一段时间,具体应当以《<政府会计制度——性质事业单位会计科目和报表>的补充规定》中规定的"高校固定资产折旧年限表"执行(50年—3年不等)。即使在当期或是前期发生了较大的资金支出,但是并不能一次性计入成本,而是根据账面价值及规定的使用年限计算当期的折旧以计入成本。

固定资产分布广泛,按用途可以分为教学,行政、科研等。行政部门或者后勤部门的固定资产,分别计入行政管理支出和后勤保障支出。此项按教学功能为主,通过教学服务的时长进行分配。无形资产方面的折旧与摊销尚未有明确的摊销年限表进行规定,只是在《政府会计制度》关于高等学校的衔接规定中明确提出于2019年1月1日补提之前至2018年12月31日的无形资产摊销及固定资产折旧,借"累计盈余"。高校需要根据实际情况确定无形资产摊销年限,进行无形资产的摊销,有关教学服务方面的无形资产应该计入教学成本。

(2)进行费用分配

将直接成本归集至学院,间接教育成本归集至校级层面后再按相应比例分配至各个学院。这个费用分配过程主要分为两个步骤:①确定并统计或计算出合理的分配标准,②设计合理简洁明了的成本分配表,将间接成本分配至各个学院中去。

1)确定分配标准

对已经归集的费用需要确定分配的标准,针对能明确收益对象的费用,可以直接计入相应院系的教育成本中;存在较多成本分担者的费用,需要分配计入各个成本承担对象。结合高校的运营管理特点,本人建议以学生人数为分配比例标准,或是以学院的全体教师在核算期间的全部课程量为分配标准。

2)制定间接成本分配表,将间接教育成本归集的费用分配到教育成本中去。

①高校学科专用固定资产及科研固定资产和无形资产，应该计入相关直接成本。将行政管理支出、后勤保障支出和资产折旧摊销产生的教学成本归集的费用分配到各个学院。

②在直接培养成本分配后，对间接培养成本进行分配，归集各项成本到各个学院。例如以成本核算期内的全部课程量为分配标准，将各项成本分配到各学院中去。

6.编制教育成本报表

通过高校教育成本报表，政府及社会公众和高校的员工都能及时了解每个学年高校培养学生的成本结构和成本水平，起到监督和支持的效果。在不足的方面实现监督，在欠缺的方面给予支持，促进高校健康地发展。

第二节　高校办学成本控制

一、高校教育成本控制

1.成本控制的概念

成本控制是一种管理行为，是指企业根据事先确定的目标，对正常的生产经营活动中所发生的或是没发生的成本进行管理和控制。成本控制更多的是强调企业内部各个发生成本的主体在自己的职责范围内，为了达到预先制定的成本目标，所采取的各种预防和调控手段。成本控制按照各个成本主体的预防和调控手段在生产经营活动中运用的时间不同，分为事前成本控制、事中成本控制和事后成本控制。

成本控制产生作用的过程在于各成本主体在自己负责的范围内，通过对生产经营活动中产生的各种资源耗费进行汇总、计算、分析、调节和监督，找到存在成本浪费的环节，随之有效降低成本。有效的成本控制可以提高企业各单位的成本管理水平，使本企业的产品具有成本优势，并最终提高企业的经营管理水平和市场竞争力。

高校作为事业单位，虽然不像企业以赚取利润为首要任务，但是同样也需要进行成本控制。高校也有投入和产出，也要讲求效益。高校的成本控制就是在保证教学质量，为社会输送人才的目标下，由高校的各个部门的教职员工在自己的职责权利范围内，对自己所负责的环节中产生的影响成本的各个因素进行有效的预防、调节和控制，并及时反馈给主管部门。从而降低高校的管理成本。高校通过对教育成本进行有效的控制，一方面可以提高本单位投入资源的运行效率，提高投入和产出比，提高自身的竞争力。另一方面，也为上级教育主管部门制定政策、优化配置教育资源提供依据。

2.高校教育成本控制的概念

高校教育成本控制就是高校全体教职员工在自己的职权范围内，对自己负责的环节中，可能出现的影响成本的各种因素进行预防、调节和控制，以达到预期目标的过程。高校教育成本控制的目标可以使减少不必要的成本支出数额，优化成本结构等。这里分析的高校教育成本控制不仅包括成本发生时的控制，也包括成本发生前的预测和成本发生后的反馈，是一个把全部流程都包括在内的控制过程。当高校教育成本的实际发生与预期发生较大差异时，要及时地调整，对造成这些差异的影响因素进行分析，从而判断是高校教育环节运行本身的问题，还是预期目标的问题。在对预期目标和运行环节自身的不断调整、优化中，达到高校最终的控制目的。

正如潘序伦老先生讲的那样，"学校行政方针的决定……如靡费的节省，如教职员及工役的添雇或解职，设备及仪器的增减或改革，虽然要以学生的学业前途及福利为前提，但也未始不与成本，有极密切的关系"。高校教育成本的控制，就是对高校固定资产购置和持有成本、人员成本以及管理成本方面的控制。对这三方面成本的控制既包括对成本支出规模的控制，也包括对成本支出结构的控制。

例如在分析高校对教育成本中的固定资产成本的控制时，既可以分析高校建造的固定资产是否超出了学校发展规模和学生人数的需要、高校购置的仪器设备等是否存在闲置，也可以分析高校建造的固定资产主要是教学楼、图书馆还是行政楼等，分析固定资产的结构。分析高校人员成本时，一方面可以分析学校教职员工的数量与学生人数是否匹配，比如生师比，从而分析高校对人员成本数额的控制是否合理，另一方面也可以分析高校教职员工的结构是否合理，比如专职教师与非专职教师在教职工中所占的比例、学校专职教师的结构，即不同学历的老师分别占比多少、学校非专职教师的结构，即教辅人员、行政人员、后勤人员、行政人员等分别占比多少。

分析高校管理成本控制时，一方面可以分析高校教育成本中某项费用，如办公费，水电费、福利费、补贴等费用发生的数额，另一方面也可以分析某项费用在与教学教辅活动中与非教学教辅活动中各自分摊的比例。

在分析高校的教育成本控制问题时，不仅要注重某一学校自身的成本控制情况，也要注重加强与其他学校之间的横向比较以及学校自身不同时期的纵向比较。其他学校包括但不限于全国学校的平均水平、同一类型高校的平均水平和主要竞争对手的平均水平。通过各种横向与纵向的比较才能更好地评价该校成本控制工作的成果。加强高校对教育成本的控制，一方面可以减少不合理的支出，节约学校成本支出数额，同时也能优化成本支出结构，提高高校的教育资源使用效率。

另一方面，从宏观层面来说，高校做好教育成本优化控制，也能为教育主管部门制定教育政策、优化分配教育资源提供依据。

二、高校办学成本控制的必要性和控制力问题

1.高校教育成本控制分析的必要性

（1）是实现社会资源优化配置的重要手段

教育资源作为社会资源的重要组成部分，投入到教育方面的支出也在全国财政投入的总支出中也占着很大比重。根据财政部的数据显示，近三年全国一般公共预算支出决算数分别为 151785 亿、175877 亿、187755 亿，其中教育支出分别为 23041 亿、26271 亿、28072 亿，占比分别为 15.18%、14.93%、14.95%。同时高等教育支出也一直都是国家教育支出的重点，近三年的直接用于高等教育的支出分别为 3550 亿、3915 亿、4118 亿，在教育支出总数中分别占比 15.41%、14.90%、14.67%，是除义务教育以外，占比最大的教育支出。

从上述数据中可以分析出，一方面教育支出是全国财政投入总支出的重点，另一方面投入到高等教育方面支出又是教育投入总支出支出的重点。所以高校加强对教育成本控制，提高自身的教育成本管理水平，有利于优化成本结构，减少不必要的资源浪费，进而有利于实现整个社会资源的优化配置。

（2）是创建节约型校园基本前提

高校作为教育的最后一个环节，担负着培养社会主义尤其是社会主义市场经济未来的接班人和建设者的任务。对学生来说，创建节约型校园有利于在整个校园内创造一种勤俭节约的良好环境，从而影响学生树立节约的理念，从根本上提高他们的素质；对高校自身来说，有利于促使高校自身重视资源节约，减少不合理的资源消耗，优化资源配置效率；对整个社会来说，高校作为社会组织的一部分，节约型校园的创建也是节约型社会创建的一部分。建设资源节约型校园需要全面建立一个节约型校园的长效机制，而长效机制的建立又依赖于校园成本控制体系的有效建立。高校在有关水、电、气等能源方面建立严格、科学、合理的成本管理制度，加强成本控制，才能减少学校能源浪费，促进节约型校园的创建。

（3）是培养高校核心竞争力的必要条件

根据教育部发布的最新数据显示，目前全国共有 2596 所普通高校，其中有 1237 所本科院校。拥有本科学校数量排名前五的地区分别为江苏、湖北、山东、北京和辽宁，数量分别为 77、68、67、66、65 所。拥有本科学校数量最少的五个地区分别为青海、西藏、海南、宁夏、内蒙古，数量分别为 4、4、7、8、17 所。

从上述数据中可以显示出，我国高校在不同区域上分布很不均衡，部分地区的高校分布特别集中。高校集中分布必然会导致该地区的各个高校之间尤其是同类高校之间的竞争比较激烈。所以在高校收入一定的前提下，通过加强教育成本控制，减少不必要的资源耗费，优化资源配置，才能有更多的资源去培养自身的核心竞争力。

2.高校教育成本控制动力不足的原因

（1）有关高校教育成本核算的法规制度不健全

我国高校作为具有事业单位性质的社会组织，一直采用的是事业单位会计，没有单独的高校会计。同时我国的事业单位会计起步较晚，直到财政部在 1950 年召开的工作会议上，才第一次出现了"财政总预算会计"和"单位预算会计"的概念。1988 年财政部才出台了第一部《高校会计制度》（简称《会计制度》），经多次修订试行，现在施行的是 2013 年新颁布的《会计制度》。新《会计制度》中明确，收付实现制仍然是高校会计核算的基础，"收-支-余"仍然是主要模式。但是这种核算基础和模式存在着固有的问题：

1）以现金收付时间为标准，不利于高校收入和成本的配比，也就不利于成本控制。

2）对固定资产计提折旧时，仍然不考虑净残值，仍然不计入产品成本。这就造成了经过这样会计处理的固定资产不能反映真实的资产负债情况。

3）高校作为事业单位实行"收支两条线"的记账方式，同时一些高校存在校办企业的，还要采用权责发生制，这些都加重了高校会计工作的工作量。

2012 年，财政部同教育部一起出台了新的《高校财务制度》（简称《财务制度》），并废除了 1997 年颁布的旧的《财务制度》。新的《财务制度》尽管弥补了 1997 年《财务制度》的一些缺陷，但是仍然存在问题。比如：只规定了固定资产分类和折旧方法，却没有规定统一的折旧年限。这就造成了高校在对固定资产进行管理时，随意性比较大，不利于各个高校之间，尤其是同类高校之间的比较。

新修订的《会计制度》和《财务制度》尽管已经正在采用修订的权责发生制来逐步代替收付实现制，但是这还需要很长的时间来完成。在此过程中核算方法、统一口径、财务指标等方面还存在很多的问题，理论不能准确的指导实践工作，也影响了高校进行教育成本控制的可操作性。

（2）高校成本分担与补偿带来的高校成本控制动力不足

20 世纪 70 年代，美国著名经济学家 Johnstone 提出的高等教育成本分担理论认为，无论是在什么社会、体制和国家中，高等教育成本都必须由政府、家长、学生、纳税人和高等学院等诸多利益相关者共同承担"。但是高等教育具有一定条件下的非竞争性和有限的排他性，即由于学校的规模有限，对新学生的吸纳能力有限，不是所有想要进入某所高校的学生都能成功，这就造成了学生相互之间产生了竞争性和排他性。但同时一个人在高校里接受教育，又不会影响其他同学在同一所学校接受相同的教育，由此高等教育又具有非竞争性和非排他性。综上所述高等教育符合所有准公共产品的特点。

因此在大多数国家，高等教育发生的成本还是主要由国家负担，尤其是公立大学产生的教育成本。新《财务制度》中规定，主要有六个方面的资金来源对高校的教育成本进行补偿。包括：上级拨款和补助、事业收入（主要包括学杂费）、经营收入、下属单位上交的收入及其他。

（3）高校教育成本信息披露制度不健全

信号理论认为，由于存在信息的不对称性，公众总是需要通过企业等发布的某些信息来做出决策。同时公众对不同主体披露的信息存在需求时，也激励这些主体提供更加优质的信息。所以高校披露相关的教育成本信息就具有了一些必要性：

1）我国高校发生的教育成本主要由来自于国家教育领域投入的具有财政性质的经费和学生个人及家庭缴纳的学杂费承担，而这些资金来源属于由国家统一使用的社会资源，即公共财政的领域。既然使用了属于公共财政部分的经费资源，公众就有权利了解这些经费资源的使用情况，相应的高校就要承担向社会公众公开自己财务情况的义务，满足公众的知情权，接受来自公众的监督。

2）此外强化教育成本信息披露，加强公众的监督，对高校来说也是一种提高资金使用效率，进而提高财务管理水平的外在驱动力。因为处于公众的监督下，高校"不得不"重视自己披露的教育成本信息的质量，维护学校的声誉。

3）同时教育成本信息披露质量作为一个衡量高校财务管理水平的重要指标，信息公开反映了高校积极主动的发展姿态和战略选择，是一种具有竞争意义可持续发展机制。但是我国高校在披露相关的教育成本信息时还存在着一些不足：比如高校的财务信息是向上披露的，主要满足政府的需要；高校在本校官网披露的财务信息内容少，且大多只能由内网进行查看，远远不能满足公众信息需求；因为高校目前还是采用收付实现制，而在上文也分析了这种方法的一些不足，这导致了高校在披露相关信息时，不能完全准确地反映自身的资产负债情况。

高校在教育成本方面的相关信息披露的质量不高，从根本上来说是由相关披露制度不健全，公开披露框架没有形成造成的。我国在高校信息披露方面的制度建设起步比较晚，直到 2002 年才出台了第一个正式的文件，即《关于全面推进校务公开工作的意见》，要求全国高校全面推进校务公开工作。第一个将高校信息公开提上法律层面的文件是 2008 年施行的《中华人民共和国政府信息公开条例》（简称《公开条例》）。该条例将包括高校在内的具有公共性质的企业和事业单位将本单位相关信息向社会公众的公开变成了法定要求。直到 2010 年才出台了第一个专门针对高校的信息披露文件，即《高校信息公开办法》,（简称

《公开办法》)。《公开办法》对高校公开信息的一般原则和要求、内容、公开方式及保障方式等有了大体上的要求。

2014年第一次出台了对高校公开信息的具体内容作出要求的法律文件，即《高校信息公开事项清单》(简称《公开清单》)。但不管是《公开办法》还是《公开清单》都尚且存在着很多问题。比如《公开办法》中要求的公开内容涉及财务的部分比较粗，基本只有经费来源及年度经费决算预算方案，公众不能了解到学校经费的具体使用情况；对不予公开的内容，只从原则上规定了和国家、个人及商业秘密相关的内容不能向社会公众公开。而对具体哪些内容不能公开，没有做进一步解释。《公开清单》确定的公开清单虽然确定了很多公开事项，但大多不涉及高校财务。

综上，现行披露制度没有对高校披露的信息尤其是教育成本信息的质量、报告格式、披露平台等提出更具体的要求，造成不同高校披露的信息之间缺少可比性，也缺少了来自公众的监督。因此高校信息披露缺少独立的制度规范及法制保障，造成了信息披露对高校进行教育成本管理的驱动力不足。

（4）高校预算松弛高校预算管理

总体上来说是高校进行的一种对未来一年全年的收支进行规划的财务管理活动，目的是为了实现已经制定的事业发展规划。同时高校预算管理作为一种财务计划，主要是用来指导高校运心中的各项具体的财务活动。对预算进行科学合理的规划和执行能够促使高校重视对资源使用及配置、提高资源的利用效率。但是松弛的预算活动却起到相反的作用。

尽管政府和高校越来越重视高校的预算活动，但高校在制定和执行预算计划中还是存在着一些问题。可能存仕以下两个原因：

1）预算管理体制的原因

我国高校的预算活动是在上级部门统一领导的前提下，根据学校规模不同，实行的集中管理或分级管理的模式。因此不管是政府和高校之间还是高校与各部门之间都存在着上下级之间的代理成本。在做预算时，不管是高校还是各部门都向有利于自己的方面考虑。

2）预算的"棘轮效应"

不管是在政府与高校之间还是高校与各部门之间都存在"棘轮效应"，即本年度的预算执行的越好，下一年度的预算指标越严格。从根本上说这是由于预算的考评机制不健全，没有充分考虑人的因素造成的。最早提出"预算"一词的是当代管理理论大师 Chris Argyrols。他认为预算本质上是一种会计技术，是用来对成本进行控制的。

作为主要是消耗资源的组织来说，高校对预算的管理，更能定义成一种成本控制活动。尤其是高校的支出预算，就是高校通过对有限经费来源的调配，使成本的效益更大。所以预算松弛，就表明高校的预算管理活动没有做到最好，对成本的配置没有达到最佳。预算松弛对高校教育成本控制的影响主要体现在高校及各部门在编制预算计划时留有余地，高校内部各部门不需要对支出的项目、标准等进行精细化的审核、控制及管理，就能达成本年的预算计划，由此造成高校对教育成本进行控制的动力不足。

另一方面预算松弛影响着预算管理在高校财务工作中发挥的资源配置作用和决策导向作用，造成了资源的浪费，也不利于教育成本控制工作的展开。

三、高校办学成本控制原则及其途径

随着我国高等教育进入大众化，并向普及化阶段发展，高校正逐渐成为在政府指导下面向社会自主办学的实体。在这转型过程中，计划经济体制下形成的高等教育管理理念对高等教育管理实践时生掣肘。高等教育管理既面临着外部的变革压力，又生发着内部的创新动力。在高校内部管理的诸多问题中，办学成本控制已成为提高高等教育质量和保障高校科学发展的关键。它不仅影响着政府对高校的投资决策和社会对高等教育的资源配置，也关系到学生的家庭对高等教育成本的合理分担。开展对高校办学成本控制方法及其途径等问题的探讨，对促进我国高等教育稳步发展具有十分重要的理论和现实意义。

高校的办学成本控制可以视为成本控制在高校的具体运用。高校作为教育系统中的子系统，其特殊地位，直接关系着国民素质和国家经济的提升；其办学成本也异于初级和中等教育，呈现来源多元化、所需资金总量大的特点，因此对高校办学成本的控制也尤为迫切和重要。根据教育管理学中成本控制的描述，高校办学成本控制一般被理解为高校管理者对其办学成本进行规划、调节，在实际的使用过程中使其按照预期的方向发展，保证教学、科研和管理活动的正常进行，保障学生的切身经济利益。

高校办学成本控制的原则有以下五点：

1.重质量原则

办学质量的保障和提高是办学成本控制的出发点和落脚点。高校办学成本控制必须为保障和提高高校办学质量服务。如果高校只是单纯地控制成本，无视成本与办学质量的关系，其结果可能会影响办学质量。因此没有一定质量标准的办学成本控制，将会抑制高校的办学质量，造成本末倒置的局面。高校要和谐发展，应当以它的办学质量为中心，其教学活动和教学辅助活动都围绕办学质量来展开，而办学成本控制作为重要的教学辅助活动之一，在其实施的过程当中就应当遵循优先考虑办学质量原则。

2.全面性原则

高校办学成本控制要从控制的主体到控制的内容作全方位的考虑。具体说来，"高校的办学成本控制是一个协调性、系统性的工程，属于全过程、全方位、全员参与的成本控制"。办学成本的控制应贯穿于成本的预算、成本的实际运用以及对成本使用的事后反思当中，只有这样的全过程控制办学成本才会减少不必要的浪费，发挥其最大的效用。其次，对于高校办学成本的控制如果只局限于一个点、一个面，办学成本控制就不能全方位地发挥其效用，这样会造成高校内部此弱彼强，不利于高校的协调发展，因此高校的办学成本控制需要综合考虑各个部门的利益。再次，高校的办学成本控制不仅仅是学校财务管理者的责任，它需要高校整体教职员工与在校学生的通力合作，其结果才会调动大家对成本控制的主动性，提高其主人翁意识。

3.双效益原则

高校办学成本控制必须坚持社会效益和经济效益相结合。由于教育的准公共产品的性质，很多人总认为高校所追求的效益应该仅仅是社会效益，如果追求经济效益高校就会背离其性质，也会造成学生接受高等教育权利的不平等，造成高校的功利化倾向。但事实并非如此，我们讲求高校也需要经济效益，并不是要求高校要以盈利为目的，而是希望高校以既定的资本发挥其最大的作用。在当今市场经济条件下，我国的高等教育发展也步入了大众化阶段，国家对高校的投资显得力不从心，由此高校的资金运转也显得捉襟见肘，为此有些高校不惜举债经营，试问我们的高校在这种情况下还能对经济效益避而不谈吗？如果高校继续故步自封，那么高校的社会效益也将成为空谈。因此高校的办学成本控制要从实现经济效益出发，最终实现高校社会效益的最大化，使我国高校实现高效、可持续的发展。

4.合理性原则

合理性就是合目的性与规律性的统一，延伸到高校办学成本控制就是办学成本的控制必须符合教育目的和教育规律，为教育活动服务。目前我国高校对于办学成本的控制还处在一种"头痛医头，脚痛医脚"的非系统阶段，没有形成一种有序的、系统化的管理控制模式。其主要原因是高校一方面没有对办学成本进行有效的核算，致使成本的控制无据可依；另一方面高校的控制系统还没有形成健全、合理的机制。因此，高校的办学成本如果要收效明显，就要遵循高等教育的目的和规律并采取合理有效的方法进行控制。

5.例外管理原则

例外管理是西方国家的企业在管理控制中普遍采用的一种方法。例外管理在企业成本控制中是指"企业主管人员对于控制标准以内的问题，不必逐项过问，集中力量注意于脱离标准差异较大的'例外'事项"。高校办学成本控制要引入例外管理方法，使成本控制详略得当，有所侧重，应抓住高校办学成本中"例外"问题首先进行解决。如果事无巨细，按部就班，势必造成管理的低效性。

高校办学成本控制中的"例外"问题，主要包括这样几种情况：①成本的实际花费与预算相差较大的事项；②高校需要临时高数额支出的项目，如某些教学仪器的购买；③与学校的办学质量紧密相关的一些事项，如教师的引进成本，新的学科方向的筹建成本；四是对于高校来说性质比较严重的事项，如对高校的高学费问题的应对，对于高校高额贷款的处理等。

第三章 高校财务的人员管理

第一节 会计人员职业素质管理

一、高校财务人员应具备的基本素质

关于素质，《辞海》的定义有三种：一是人的生理上的特点；二是事物本来的性质；三是完成某种活动所必需的基本条件。作为从事高校的财务工作者来讲，应是第三个定义，就是劳动者在职业活动中所具备的职业能力和所体现的职业技能、职业道德、职业精神等，即所谓职业素质。会计工作是一项内容丰富、涉及面广、非常具体、烦琐却又极为重要的经济管理工作，其具有的重要性、全面性和复杂性要求会计从业人员必须具备特定的从业素质。

1.高校会计人员要具备职业道德的素质

财务是社会经济市场的基石，迫切需要对会计职业道德规范体系的建设和完善，财会人员的职业生涯应与职业道德教育紧密联系。国际会计职业道德要求和《公民道德建设实施纲要》结合起来，用法律约束和职业道德规范来监督会计工作。在会计职业道德规范体系制定的过程中，要继承和发扬传统道德观念，并借鉴和吸收社会主义道德建设的成果，建立起与时俱进的会计职业道德规范体系。

2.高校会计人员要具备诚信自律、坚持原则的素质

无论做人还是做事，都要做到诚实守信、廉洁自律、保守秘密。要在遵守准则的基础上，客观、公正地处理业务。它与高校会计人员息息相关，不仅是一种工作态度，对愿做出色的、高尚的会计人来讲，更是一种境界追求。"立信乃会计之本，没有信用，也就没有会计"。对高校会计人员来讲，诚信就是要围绕学校事业发展的总体目标，在反映学校对外交往和经济活动的过程中切实做到诚实可信、遵守承诺。面对虚假会计信息。不仅"不能为""不敢为"，更应"不屑为"。

高校会计人员要不断学习和培养正确的，人生观、价值观，从小事做起，防微杜渐，实现自我约束；要经得起各种利益的诱惑，自觉接受监督：要坚持原则，依法办事，敢于同违法违纪现象做斗争。

3.高校会计人员要具备文明服务的素质

文明服务是提高会计声誉的基本条件，是会计职业道德的基本要求。管理与服务是财务工作的两项基本功能，但最终落脚点还是统一在"服务"上。财务部门作为服务全体师生员工的窗口单位，承担着学校"服务育人"的责任。高校会计人员不能仅把自己看作是一名普通的会计人员，更须时刻铭记自己是高校的一名教育工作者。要服务育人。必须做到两点：一是要爱岗敬业，精通业务，遵纪守法，言传身教；二是要以良好的职业道德形象提供优质服务，要以兄长之心、良师之意去关心学生的学习和生活，启迪他们的心灵，感染他们的思想，引导他们健康成长，达到服务育人的目的。做不到优质服务，就谈不上

服务育人。

4.高校会计人员要具备提高技能的素质

新时期日益复杂的财务工作要求会计人员要及时更新观念，学习新知识。提高技能，适应新变化和工作的需要。否则，将会逐渐落伍并最终被行业淘汰。会计工作是一项技术性、政策性和实践性很强的工作，必须将理论知识应用到实践工作中，才能提高职业能力，工作实践与理论知识两者相辅相成，缺一不可。面对高校财务管理环境和工作范围内容等的不断更新、变化，会计人员应积极主动，了解变化内容，把握变化内涵，寻找解决办法，跟上时代步伐，适应工作需要，成为在各自岗位上最称职、最合适的员工。

5.高校会计人员要具备风险意识的素质

财务管理人员应重视财务预算管理和营运资金管理、财务控制等工作，从大局出发提升财务管理层次，在思想上提高对新形势下进行财务风险控制的重要性和必要性的再认识，以确立财务管理中风险管理的核心地位。同时，财务人员在进行风险管理的时候要从资金运用的角度来看，坚决不能因为追求短期的效益而盲目推崇利益最大化，而应该强调资金在不同周期内保值条件下的增值意识。财务管理人员要牢固树立总体观念和大局意识，充分认识到财务风险和经营风险的关联性，强化风险管理是财务管理的核心地位，不能冒生存受威胁的风险，要树立强烈的风险意识来控制风险。

二、高校财务人员综合素质现状

1.对高校财务人员角色定位存在误区

影响职业上的公正《会计法》规定，会计的基本职能是核算和监督。随着高校的发展，高校经济活动更加频繁和复杂，会计财务管理职能由简单的核算逐步发展为以监督职能为主、核算职能为辅，集预算、决算、筹资、成本管理、对外投资等多种功能于一体的发展模式。在高校人事关系中，财务人员被划定为教辅人员，即教学辅助人员，这说明为师生员工服务是财务人员的本职工作，财务人员行政职称职务等级较低，在行使正常管理权力时，常常被认为是故意刁难而遭误解、报复，给学校事业的健康发展带来弊病。

2.财务人员学历水平参差不齐

高级职称职务人数较少，职业认知度不够高，没有学习时间保障，对继续教育不够重视。首先，会计人员职业认知度较低，大多数人认为工作中具备一定的会计知识即可，无须学习税法、审计学、组织行为学等知识，也不重视继续教育学习。

除此之外，由于高校编制紧张，财务处人员配置不适应学校发展的需要。其次，高校会计人员职务晋升难。会计岗位属于专业技术较强的行政岗位，人员流出和外部人员进入都有较高的专业壁垒，流动性很差，职务晋升困难，上升渠道单一，职业发展空间有限，财务部门对外协调工作较多，职称职务在一定程度上影响了财务工作的开展，也降低了财务人员的职业成就感。

3.大环境导致财务人员职业道德自觉缺失

近年来，高校财务人员的知识水平、职业技能都有很大提高，但还是不能满足当前高校经济活动的快速发展对财务人员综合素质的要求。

目前，设立总会计师职位的高校较少，高级职称会计人员比例较少，这两个方面降低了财务人员在高校决策中的地位和分量，而且很多高校不重视财务人员在学校管理和重大决策中发挥的重要作用。这些都使得财务人员缺乏发挥其聪明才智的职业平台，降低了积极进取的动力。普通财务人员工作积极性不高，满足现状，缺乏创新意识，对新制度、新技能、新知识的学习不够重视，计算机应用能力不强，甚至不能熟练应用财务软件。

4.财务风险意识薄弱，风险控制措施应对不足

高校财务属于事业单位财务，主要目的是服务于高校的教学、科研工作。近年来随着高校规模扩张，资金来源多样，主要包括：财政补助收入、上级补助收入、事业收入、经营收入、附属单位上缴收入、社会捐赠收入等。支出多样化，教学科研报销资金量较大，校区扩建银行贷款数额巨大，硬件软件设施投资要跟上时代步伐。

现金流量非常大，这些都使得高校财务管理越来越复杂，财务风险越来越大，却鲜有高校对资金财务风险进行评估并采取积极的应对措施。随着高校信息化建设的推进和大数据时代的来临，更多的业务是通过操作计算机软件来完成的，会计业务流程的改进不可避免地会带来新的财务风险的出现，如信息泄露、病毒入侵、系统故障、财务数据被篡改等，部分高校财务人员风险意识淡薄，未能对存在的风险进行分析研究并设置应急预案，对财务管理造成潜在的隐患。

三、提高高校财务人员综合素质的必要性

1.有助于抓住大数据时代发展带来的机遇和挑战

高校大数据平台使得财务部门同教务、审计、设备、基建、后勤、各二级学院等部门形成资源共享、共同发展的格局。大数据时代，财务部门几乎汇集了单位的所有重大财务、非财务信息数据，财务部门将成为学校的"大数据中心"，财务共享服务中心将成为普遍现象，财务报销流程简化，效率提高，加速从"报账型"会计向"决策型"会计转型，事前加强决策、事中全面预算管理，事后科学绩效评价。

高校财务人员不仅要对经济业务进行会计核算，还要对未来发展提供准确的预算和有价值的经济规划。高校要善于利用大数据这一工具，让大数据为管理会计提供巨大的数据支持，使得高校财务更加便捷、高效、准确，为高校管理层的经济决策提供扎实可行的理论和数据支持。因此，时代的进步要求财务人员提升综合素质，服务于高校的管理会计工作。

2.顺应国家政策，进一步推动我国财政体制改革

2010年教育部颁布的《国家中长期教育改革和发展规划纲要(2010—2020年)》提出要加强经费管理，加强学校财务会计制度建设，完善经费使用内部稽核和内部控制制度，完善教育经费监管机构职能，在高校试行设立总会计师职务，提升经费使用和资产管理专业化水平。2012年教育部、财政部颁布的《高校财务制度》提出"高校应当设置总会计师岗位，协助校(院)长管理学校财务工作，承担相应的领导和管理责任。"

2014年财政部发布的《关于全面推进管理会计体系建设的指导意见》明确提出推进管理会计人才队伍建设，并将"推动建立管理会计人才能力框架，完善现行会计人才评价体系"作为其重要内容。由此可见，提升高校财务管理水平和会计人员素质已经上升到国家宏观政策层面，我们必须高度重视这个问题。

3.有助于推进高校治理现代化、完善高校财务管理体制

促进高校内涵式发展国家和地方政府对高校的扶持和投入也不断加大，对高校给予各

种专项资金的支持，旨在促使高校加快建设步伐，促进学科建设、科学研究，提高教学质量、科研水平，为社会培养更多的优秀人才。高校的资金流越来越大，国家陆续出台相关政策规范资金的使用，并通过审计、绩效评价等方式加强对资金的监管。高校管理层也希望资金管理是安全的、资金使用是高效的。

对于高校财务人员来说，学校的经济业务量不断增加，业务处理更加复杂，财务人员承担的核算和监督的责任更加繁重，财务人员是高校财务管理工作的重点，是学校全面预算、资产管理和内部控制等得以严格执行的核心，是学校经济可持续发展的保障。因此，为了高校事业的健康发展，财务人员要与时俱进、更新观念、提高综合素质，当好高校事业发展的"管家婆"。

4.财务人员自身职业发展的需要

在知识经济全球化和大数据时代的今天，高校财务人员需要具备专业的财务理论知识、业务技能和职业道德操守，与时俱进，不断学习。只有具备了过硬的专业本领，才能更好地处理日益繁杂的经济事务，管理好学校的财务工作。只有遵守职业道德操守，遵守会计制度、高校财务制度，才能在工作中把握正确的方向，坚持原则，廉洁自律，客观公正。作为财务人员，要主动学习新的会计业务知识、业务技能，学习新的会计制度，学习计算机财务软件，为自身的职业发展提供续航的动力，实现自己的人生价值。

四、提高高校财务人员素质的基本对策

1.提高职业道德，强化法制观念

加强会计职业道德和法制观念建设，应到做到廉洁自律、诚实守信、爱岗敬业，遵纪守法、保守秘密。高校必须加强财务人员的职业道德和法制教育，树立财经法律意识，掌握各项财经法律、法规、规章和最新会计制度。要严格按照财经法律、法规、规章和最新会计制度所规定的制度程序和方法进行财务工作，保证会计信息真实公允、合法准确、及时完整。

2.建立财务人员诚信档案

提高财务人员的道德素质，建立财务诚信档案是十分有必要的。诚信档案对财务人员是一个约束，它将财务人员的诚信或不诚信的现象都记录在内，对讲诚信工作业绩好的财务人员诚信档案可以说是此行业的一个有力的能力证据，相反，对于缺乏原则素质低下的财务人员，诚信档案无疑是一剂毒药。在建立诚信档案时需要各单位企业和政府携手，保证诚信档案的真实有效性。

3.加强服务意识和服务能力的培养，积极主动为教职工和学生服务

高校财务部门是一个服务部门，这就要求财务人员树立服务意识，积极主动为教职工和学生服务。财务人员应从以下几个方面努力做好服务工作：

（1）积极主动服务

财务人员对办理财会业务的师生要热情接待，耐心听取他们的意见，对于他们提出的疑问要耐心做好解释工作，及时为其排忧解难；

（2）提供快捷、准确服务

财务人员要丰富业务知识和提高专业技能，只有业务娴熟才能在服务中有快速反应，体现出服务的快捷性和准确性；

（3）尊敬师生

财务人员在工作中要尊重服务对象，做到说话和气、以诚相待、严以律己、宽以待人。

（4）要善于换位思考

财务人员要善于换位思考，设身处地站在师生的角度考虑问题，多一些理解，就会少一些误会。在工作中要有"四心"，对待工作要细心，对待职工要热心，遇到态度蛮横要耐心，遇到问题要有平常心，财务部门要引导职工主动树立服务意识，提高服务能力，并把服务质量和服务效率纳入财务人员绩效考核，以全面提升财务部门和财务人员在教职工中的满意度。

4.加强业务学习，塑造良好的职业素养和服务技能

高水平的服务来自高水平的业务知识和职业素养，来自熟练的业务技能。会计工作是专业性很强的工作，需要有会计、税务、金融等经济学方面与计算机及其网络技术方面的专门知识。在学习中培养会计人员的信息素养，通过继续教育、学历教育、专题培训、重点培养来丰富会计人员的理论知识，扩大知识面，提高业务素养，带着职业的敏锐性、思维的创新性、事业的责任心去观察财务工作，去分析会计数据。

第二节　会计人员岗位控制

一、高校会计岗位设置

1.会计岗位的基本职责

大多数地区的高校在会计岗位的设置上都有些许的相似之处，一般来说，高校将会计岗位设置为以下几个（见图3-1）：

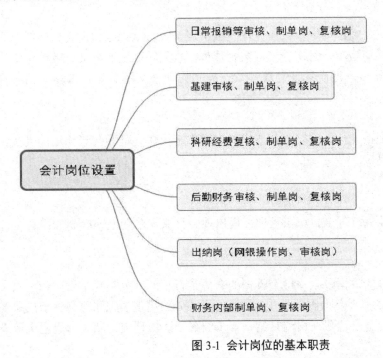

图 3-1　会计岗位的基本职责

2.审核、制单岗位

（1）岗位职责

日常收付转业务核算；工资核算；学生奖、助、贷款核算；固定资产核算；材料核算。

（2）业务流程

接收原始凭证→审核原始凭证的真实性、合法性、有效性、完整性→填制记账凭证→打印记账凭证→经办人签字复核→整理粘贴记账、原始凭证＋附件加盖附件章→记账凭证加盖审核制单人印章→交复核人员复核→交出纳人员付现或转款业务；审核工资报表及相关银行回单→按时计提工会经费及职工福利基金→填制相关记账凭证→整理粘贴记账、原始凭证→附件加盖附件章→记账凭证加盖审核制单人印章→交复核人员复核。

（3）规范要求

1）原始单据的文字和数字必须清晰、工整。符合规定；必须是机制单据或使用钢笔、签字笔或蓝色双面复写纸所填制的单据；单据内容要齐全、文字准确、数字正确，凡填有大、小写金额的原始凭证，大、小写金额必须相符；费用报销原始凭证及自制原始凭证的签字程序及费用支出项目应符合本校经费审批办法及其他财务管理的有关规定；设备物资采购应符合相应的采购管理办法；教职工报销三公经费等支出应符合国家相关制度和本校财务管理制度规定。

2）按规定提取工会经费和职工福利经费；不仅要审核固定资产和材料原始凭证中的附件是否有验收单、相关信息是否准确完整，保证每笔业务核算无误等，而且每月必须用财务系统数据与资产系统数据进行核对并编制调节表，以保证账实相符。

3.复核岗位

（1）岗位职责

现金收付款凭证复核工作；转账凭证复核工作。

（2）业务流程

收到现金收付款记账凭证→审核记账凭证→电子现金收付款记账凭证复核→纸质凭证复核签章→编制凭证移交清单→月末移交档案管理员；收到转账记账凭证→审核记账凭证→电子转账记账凭证复核→纸质凭证复核签章→编制凭证移交清单→月末移交档案管理员。

（3）规范要求

依据纸质记账凭证按照会计基础规范要求对电子现金记账凭证和转账凭证的真实性、合法性、有效性进行复核。

4.现金出纳岗位

（1）岗位职责

现金收款及报账业务；现金日记账管理；提出现金存取款计划；POS机收款；金库安全；收费专用章管理。

（2）业务流程

根据收费人员开具的收据收款→检查收据的金额是否正确，大小写是否一致→收现金或刷POS卡在收据上盖章并将收据联给交款人完成收费；领用现金记账账簿→启用账簿一现金凭证审核→登记现金日记账→日清月结→年末结账一账簿移交；填写《提现申请表》

→银行出纳开具现金支票→支票存根上签字→交会计填制记账凭证；每日清点库存现金实存数→超库存现金送存银行。

（3）规范要求

1）严格按照国家现金管理制度的有关规定。根据会计制度的一事一单收付款凭证收付款项，收付款后在记账凭证上签章。在收付款原始凭证上加盖"现金收讫""现金付讫"章。

2）根据收付款记账凭证，按照会计的记账规则，逐笔序时登记现金日记账，每日结出余额，与实际库存现金核对，保证现金实有数与日记账、总账相符，月末结出当月发生额，在摘要栏内注明"本月合计"字样，并在下面通栏划单红线；年末结出本年累计发生额的，在摘要栏内注明"本年累计"字样，并在下面通栏画双红线。

3）库存现金不得超过规定的库存限额，对金库钥匙和金库密码严格保密；负责收费专用章保管及合理使用，不得将印章随意存放或带出单位。目前有部分高校实行了无现金报账业务，但出于各种条件限制暂未实现全覆盖。传统的现金收付方式还占相当一部分比例，故本文未提及。

5.银行出纳岗位

（1）岗位职责

银行出纳岗位职责有记账凭证接收、银行票据使用、保管；银行收付业务处理；网上银行业务处理；登记银行日记账；凭证移交；银行账务核对。

（2）规范要求

1）负责按会计凭证转款金额、附件所列转账单位及账号填制银行支（汇）票及进账单，如会计凭证出现错误，应及时与会计人员联系并核对，再按正确金额办理转、汇款业务，支票填制清楚后，检查是否与记账凭证一致，加盖预留银行印章后送至银行办理转账业务；同时按会计法中相关票据管理规定保管好空白和作废银行票据；负责管好各银行预留印鉴，并每年给各银行提供年检资料。

2）负责银行回单领取，协助会计将已加盖银行收讫章回单通知相关收款单位，进行相应账务处理；将已加盖银行付讫章的回单贴入相应银行付款凭证中。结合学校用款计划，及时协调各银行资金。

3）负责网上银行转账业务，不定期更换U盾密码保证账户安全使用。

4）负责加盖每笔银行凭证收、付讫印章及银行出纳印章，每日扎账后打印出当日银行日记账．并由会计及银行出纳对当日余额进行确认后在余额处签章。

5）对已转的银行凭证清理后，连续编号移交给档案管理员。按移交规定签字确认；及时编制银行存款余额调节表，保证账账、账表、账实相符。

6.稽核岗位

（1）岗位职责

预留银行印鉴章保管；安全管理；内部控制制度的制定和修改：工作质量监测。

（2）业务流程

负责日常印章使用→特殊用途时请示领导；现金监盘→金库安全检查；内控制度制定→修改；基础会计规范、会计凭证、报表抽查→形成监测记录；账务系统科目项目检查→项目适时增加调整→预算项目超支管理。

（3）规范要求

1）负责保管预留银行印鉴章，并按相关印章使用要求合理使用。

2）不定期对现金进行监盘和对金库的安全进行检查。

3）负责财务方面的内部控制制度的制定与修改；

4）不定期对财务各项工作进行检查，记录工作完成情况及完成质量。

7.报表编制岗位

（1）岗位职责

账账核对；账表数据核对；报表编制；教育经费统计报表编制；财务分析。

（2）业务流程

月末对账务系统总账、明细账、辅助账进行核对；各报表数据与账务系统、收费系统核对；月底对账务系统记账→月结→编制报表→核对无误→打印装订→领导签字→存档报送；编制教育经费报表→核对无误→打印装订→领导签字→存档报送；报表分析→各明细账分析→收入支出分析→问题及建议。

（3）规范要求

1）认真核对会计收付款账务与出纳日记账，每月核对账务涉及会计科目的总账、明细账、辅助账。每月与资产管理部门核对固定资产、材料等账务。

2）各项账务数据与报表数据进行核对。按规定依据账务系统和高校会计制度编制资产负债表、收入支出表、财政补助收入支出表及附注等对外报送财务报表。

3）负责教育经费统计报表编制工作，负责编制对内外财务分析报告。

二、高校财务部门报账业务流程

1.高校财务报账的内容及流程

（1）进一步规范高校的会计核算

近年来，高等教育办学规模不断扩大，高校学生人数逐年增长，资金流量与日俱增，收入来源、经费项目渠道出现了多样化，支出方面出现了复杂化、社会化特点，同时随着高校最新会计制度的执行，全面规范了高校经济业务或事项的确认、计量、记录和报告，进一步规范了高校的会计核算，对于在高校经济活动中，最基础的一财务报账工作来说，无疑是一个新的挑战。

高校财务报账工作是高校财务管理的重要组成部分，与企业相比，高校的财务报账政策性强、业务繁杂、手续烦琐，财务报销流程存在很多问题。例：财务报销制度滞后、报账效率低、手段落后、审批程序不合理等方面，严重影响了高校财务的工作效率。为了促进高等教育事业良好发展，认清影响财务效率低的原因，优化高校财务报账流程模式，提升财务工作的质量及效率，也显得尤为重要。

（2）高校财务报账的内容及流程

高校财务报账是指高校各系部经办人在经济业务发生后取得收据、发票或相关单据，填写报销单，附原始票据，交相关经费负责人审批签字，超过规定金额，需分管院长或财务负责人签字，经办人携带签批后的报销单与票据交财务部门财务人员进行审核付款的过程。高校财务部门内部的报账流程指对业务经办人提交审批后的报销单据经过审核，审核无误后录入财务系统，编制记账凭证，通过记账凭证二审复核由出纳支付的过程。高校财务审核的内容，主要分两大方面：一是自制原始凭证的审核，二是外来原始凭证的审核，目的是审核经济交易的真实性、合法性、完整性，有效监督和控制高校各项经费支出，完善高校内控管理，规范高校会计核算制度。

2.高校财务报账难，效率低下的原因

（1）高校财务环境复杂多样化，经济活动内容和领域日益多元化

随着高校自主办学权的逐步扩大，高校的办学主体日益多元化，社会经济活动参与程度越来越高，经济活动的内容和领域也随着经济环境的变化而不断拓展和多元化。在经费来源方面：一是国家财政拨款和省、市级主管部门的补助，科研经费拨款，二是教育学费收入，三是高校技术研发、技术转让收入，文化创意服务、鉴证咨询服务等收入，四是社会企业赞助、捐款等。

经费来源渠道的多样化，使得经费管理、业务核算更加复杂。例：高校学费收入有在校生收入、成人教育成教学生收入、中外合作国外留学生学费收入、企业定向培训收入；科研经费的核算有纵向经费—上级科研经费、横向经费—企事业单位科研经费。高校支出分教学、科研、行政、基建、后勤产业等几大方面，财务核算时无论是从票据方面、经费入账、经费报销方面都不尽相同。

（2）报销制度滞后，不能真实反映学校资金流动情况

高校的相关财务报销制度建设相对滞后，不能及时适应新形势而对有些报销事项的范围或标准予以修改或调整，财务工作中常常遇到合理不合法或合法不合理的报销事项，使票据失真、造假有了可乘之机。由于高校报账审批流程复杂、缓慢，经办人没有及时进行签批，财务部门过于工作繁忙，报销票据不符有关规定等，而使报账业务不能得到及时处理。低效的传统报销流程，在费用报销上浪费了过多时间、过多精力，不仅增加了组织的人力成本，而且导致财务部门提供收入、支出等财务数据时具有滞后性，不能真实、准确、及时反映学校资金流动情况。

（3）财务报账层层签批，报账业务繁杂、手续烦琐

高校领导都兼有教学、科研、行政等多方面的工作，外出参观考察、学习培训活动十分繁忙。财务报账大多高校实行"一支笔"审批制度，需要各级领导的层层签批，才能符合财务报账手续。教师完成教学任务的同时，挤出空余时间办理报销业务、领导外出不在岗，导致报销时间延长，财务入账不及时。这些烦琐的财务报账程序容易耗费师生的大量时间，当领导签批好，最后到财务报销，因各种原因原始票据不能通过审核时，会对财务产生抱怨情绪，加剧师生与财务部门的矛盾。

（4）报账一次性通过难、报账效率低下

由于财务部门对报账流程、报销制度宣传力度不足，导致高校师生不能及时把握财务流程的变化；相关信息无法实现资源共享，无法进行有效沟通和协作；财务审核人员与报账经办人沟通不畅、解释不清有关疑惑，导致经办人在办理报账业务不能一次性办理完成，不得不在各个部门之间疲于奔波，耗费精力，往往需要两次或更多次才能完成。增加报账业务的时间成本，出现这种状况，有时师生认为这是财务人员对其故意刁难，以至怨言不断。由于高校经济活动的特殊性，报账业务分布不均。一般来说报账时间：

1）学期的期初，寒暑假期间积累许多工作、调研票据，财务报账工作量也就增多。

2）学期的期末，学生实训完成、奖助学金发放，教师科研项目结题报账，教职工各类酬金发放等。

3）财务人员年终进行结账、调账、编制年终财务报表等工作。过于集中的、高强度的会计工作，使得财务人员连续加班、大脑超负荷运转，以致影响财务审核人员审核的准确率、报账效率自然不高。

（5）财务人员超负荷工作量，难以提供优质高效的服务

高校的持续扩张，学校为特色专业的增加建设，需不断充实教师队伍；高校因控制事业编制人员，招聘员工主要向教学人员倾斜；财务人员并没有随着财务核算资金量成倍增加、服务人数的增加而相应增加，出现不匹配状态；财务人员在高校中被划分为专业技术人员，与高校教师同样需要进行科研工作量考核，与本人奖金、津贴挂钩。每日单调、刻板的工作，巨大的、超负荷工作量，财务核算人员面临生理与心理双重压力。心理上的失落与抱怨，使财务人员普遍有抑郁、焦虑、情绪稳定性较差等不良心理状态，不良心理状态会影响正常工作，产生负面情绪，导致与师生之间产生摩擦与矛盾，很难提供优质高效的财务服务。

3.优化高校财务报账流程模式

（1）制定符合新形势的财务报销制度，规范高校各项财务、审计管理制度

《行政事业单位内部控制规范（试行）》2014年1月1日起实施，新会计制度及相关准则的不断完善。高校以适应新形势的需求，重点抓好成本费用、重大经济业务事项的决策和监督，制定符合新准则的各项财务报销管理制度，建立健全和完善高校各项资产、财务、审计内控管理制度，把财务监督、审核与审计有机结合起来，以保证学校各项经济活动的有序运行。加强会计核算、控制成本费用、优化资本结构，制订科学合理财务计划，有效地利用学校各种资金，确保学校的合法收益和回报。制定合理可行的年度报账计划，将可以不在期末报账的业务，尽量安排在报账业务量少的月份，可以有效缓解学期末前台报账审核人员的压力，可大大提升财务审核的效率。加强财务核算管理，均衡日常报账业务工作量。

（2）整合高校财务信息资源，建立完善的财务信息化管理体制

在快速发展的信息时代，引进或培养兼具会计专业和计算机网络专业知识的复合型人才，充实到高校财务部门，借助高校"数字校园"平台，利用校园网络打造财务信息一体化，实现财务信息资源整合，解决各部门信息不能共享问题。例：开通学生学费欠费查询；教职工工资津贴、课题经费查询；系部创收经费、项目经费使用情况查询。同时构建广大师生员工交流的财务平台，及时答复大家提出的问题，尽可能提高信息共享程度，突破时间和空间的限制。应尽快推广"无现金结算""校园一卡通"，大大提高财务工作效率。在此基础上推出网上自助报账模式，登录自助报账系统录入报账信息，提交报账申请，查看申请报账流程，签批人员在网上、手机上进行签批，不再受地点时间限制，节约师生的时间成本、人力资源。财务人员从海量的信息录入及查询工作中解脱出来，极大提高了财务管理水平，成为真正意义的财务管理者。

（3）加强高校预算管理，实行预算绩效问责制

根据高校的财务支出授权审批制度，适当下放资金审批权，提高学院系部的自主权，优化签批环节。审批权下放到系部各部门，系部负责人工作时间相对稳定，有利于经办教师充分利用课余时间办理业务，审批手续相对简单容易，这在一定程度上缩短了签批时间。

实行经费事项主要负责人承诺制度和预算执行绩效跟踪问责制度,建立健全有关规章制度。做到有预算不超支、无预算不开支、不欠账开支。对承诺事项未完成的、部门经费随意超支、欠账开支、超预算支出的,以及未经批准举办活动事项的相关部门主要负责人及有关责任人,将严肃追究责任,扣减相关经费,并按有关规定严肃处理。高校审计部门应加强对各系部主要负责人的任中和离任经济责任审计,加强对领导干部的管理和监督,促进党风廉政建设,保障高校国有资产的保值、增值。

（4）改进传统报销方式，会计监督转为事前监督

高校财务部门实行预审程序,所有经费支出类的原始凭证,都由财务审核人员预先审核,核实原始凭证的真实性、合法性、规范性。经办人将财务预审核没有异议的原始凭证交由部门领导和相关院级领导签批,然后再到财务审核人员处复核,最后复核无误的才准予报销。使会计监督由"事后监督"变为"事前监督",此一能防止违规发票入账,杜绝虚假发票蒙混过关,二能减少来回往返次数,节省经办人的时间和精力,三能增强财务审核人员的责任感,有利于理顺财务审核人员与其主管领导、其他部门领导、其他部门师生员工之间的关系,在很大程度上融洽了财务人员的工作氛围。

（5）与时俱进，多方拓展财会人员的知识面

财务人员应与时俱进,多方拓展知识面,既要掌握先进的专业技术,也要懂得审计、经济、税法、管理、法律等相关知识,积极参加相关课程的培训学习,注重理论与实践相结合,全面提高业务水平和综合素质。日常工作中,在面对广大师生员工宣传财经政策、解答疑难问题时,能做到有理、有据、有节,提高岗位服务质量,提高财务工作效率。加强财务知识普及教育,营造信息对称的和谐氛围。

1）在高校各系部,采取定期开展培训讲座形式,培训"财务联络员",普及财务法规、财经知识,各类税种、税法知识,发票防伪鉴定方法。

2）充分利用网络资源,不断丰富和完善财务处网页内容,及时公布国家最新出台财经法规、税收政策等。

3）在财务处办公大厅张贴普及性的会计知识标语、宣传图,印刷一些言简意赅的宣传讲义,方便教职工全方位普及财经政策、税法知识。让高校报账人员极时了解财务信息的变化,及时沟通、调整,使报账手续符合财务要求,减少来回审核时间,提高台前审核的效率,充分理解和配合财务审核报账工作。

（6）增强财务人员荣誉感，提供优质的财务服务

高校应不定期安排财务人员外出培训,学习相关院校、企事业单位的先进工作经验和管理理念;定期邀请上级主管部门人员做专题性讲座,及时领会国家最新政策,把握时代节奏;在财务内部制定奖惩激励措施,引入竞争机制,提升职业综合素质。对完成考核目标、业绩突出的财务人员应给予不同形式的奖励,提高财务人员的工作满意度,营造一个良好的会计工作氛围,加强财务人员的荣誉感、使命感和危机意识,最大限度地激发、调动财务人员的积极性、主动性,从而提高财务系统的整体业务素质和服务水平。

三、高校会计人员在岗位意识领域中出现的问题

岗位意识所包含的内容非常广泛,它可以是指"会计人员的工作态度";也可以是指"会计人员的工作主动性";还可以是指"会计人员提升工作能力的自我要求"。为此,下面将

结合以上三个方面，来考察目前高校会计人员在岗位意识领域中出现的问题。

1.会计人员工作态度方面

根据管理心理学原理可知：组织成员的工作态度受到外部环境的影响；同时也在一定程度上与人际交往状况有关。

（1）高校会计人员的外部环境

高校属于事业单位类型，因此不承担实际的生产经营性经济活动。在此背景下，高校就不会向企业那样开展严格的岗位绩效考核。不难理解，企业针对员工的绩效考核关系到对员工工资性收入的发放，而高校财务部门会计人员的工资性收入则是由财政拨款发放。两种本质不同的收入分配形式，直接导致了高校会计人员的工作态度状况，即在缺乏外部压力与监督机制的前提下，他们往往存在着强烈的"本位"意识。

（2）高校会计人员的人际交往状况

高校会计人员隶属于财务部门或计财部门，在岗位工作关系相对封闭的状态下，工作中会计人员很少与其他部门的成员进行互动。因此，在十分刚性的工作形态下，就促使他们在履行岗位职责时，缺少一定的亲和力。而这一点，也反映出他们在工作态度方面出现的问题。

2.会计人员工作主动性方面

高校财务部门作为学校的"成本中心"，承担着成本控制和对资金周转开展监控方面的任务。前者体现在：其应在资金预算环节，严格就高校固定资产的购置进行监管；后者则在于：对学校各部门资金使用的状况，进行监管和效益评估。上述两个方面的工作，实则是围绕着推进高校内涵式建设而进行的。然而，正因为会计人员在工作方面缺少主观能动性，对于以上的工作内容似乎具有很强的"执行力"，却在细节上存在诸多的职能缺位现象。当然，这一局面的出现仍与高校是非经济性组织有关联。

3.会计人员自主学习方面

诸多高校财务部门更关注对会计人员的岗位技能进行提升。诚然，定期进行业务提升对于会计人员来说是必要的。但是，这种培训形式是在"要我学"的制度安排下进行的，这就难免会降低会计人员的学习效果。而在缺乏自主学习意识的背景下，这种"要我学"的培训极有可能流于形式。最终，既浪费了学校的资源，也增大了会计人员的工作压力。由此可见，目前高校会计人员缺少自主学习意识，仍属于岗位意识领域中的问题之一。当然，伴随着国家财政、税收制度的调整，会计人员在此方面的知识更新相对滞后，也是在岗位意识领域中的问题表现。由此可见，应切实针对以上出现的问题展开途径构建，才具有现实性和可行性

四、高校会计核算岗位风险控制对策

1.各审核、制单岗风险控制对策

审核、制单员必须认真学习相关的会计专业知识，比如差旅费、二学位分成及三公经费的核算标准，会计科目的名称、编号，记账规则，以便于提高会计核算的正确性；必须严格遵守相关会计规章制度，防止违规违法的事情发生；认真核对数字的大小写是否一致、大写是否正确；端正工作态度，认真审核票据的合法性、有效性、真实性，防止虚假票据、

过期票据、与经济业务不符票据混入正常票据中；平时注意检查自己所做记账凭证，发现错误及时修改。

2.出纳岗风险控制对策

网银操作员必须认真录入收款人的每项信息，以防止发生打款失误，造成资金流失的风险。而网银审核员必须细心核对各项信息，以保证资金的正确结算。

3.各复核岗的风险控制对策

复核员承担着比审核、制单员更重要的使命，因此应该掌握更多的会计专业知识，更加遵守相关法律规章制度，严把资金出口，尤其对于重大项目的资金支出应慎重审批，最大限度地减少高校资金流失风险。

4.财务内部制单岗风险控制对策

处于最后一道记账程序，主要用于与银行、二级单位对账，因此更应该认真细心地记账，以保证月末与银行及二级单位对账的顺利进行。

第三节　会计人员职业风险管理

近年来，高教系统财务人员职务犯罪案件呈增多的趋势。部分高校的财务领导、会计人员因挪用公款、收受贿赂等行为受到处分。会计工作人员因错报、漏报、会计信息失真、财务管理脱离监控等造成单位的资产流失和浪费，财务人员受到处分的事件也时有发生。高校财务工作者的职业风险显著增大。如何防范会计人员职业风险，减少学校和个人的经济损失，降低会计个人职业风险，已是迫切的现实问题。

一、高校会计风险内涵解析

会计风险是会计人员在执业过程中，由于社会环境、经济秩序以及自身素质等因素导致其对会计职业判断、能力运用的偏差而产生的会计责任。就会计职业特殊性而言，有会计就会有责任，就会有风险。高校会计职业风险是指高校会计人员在工作过程中，因会计舞弊和会计过失行为使单位资产受到损失，会计人员可能受到查处的可能性。这种风险来自两个方面，即违法行为和过失行为。这些行为有可能是主观有意的，也可能是无意中产生的。但无论何种情况，都会产生严重的后果，在给单位造成经济损失的同时，也对自己的职业带来不稳定性。在社会经济市场化建设不断加快的过程中，高校会计职业已经成为相对高风险职业。

1.会计风险的一般特点

（1）客观性

客观性是指不以人的意志为转移的、独立于人的意识之外的客观存在。会计风险的客观性主要是由以下三个因素决定的。

1）产权的不确定性

会计的直接对象就是产权，即财产的所有权。产权主体与客体之间的财产关系，会引起更为复杂的人与人之间的行为关系。这种行为关系具有切实、丰富的经济内容。由于产权的形式与内容在一定时空条件下往往出现不对称现象，这就使产权本身具有不确定性。产权的不确定性从根本上决定了会计风险的客观性。

2）会计信息的不确定性

基于会计事项的不可缔约性、会计处理程序和方法的可选择性、进入价值反映系统的信息兼具不全面性、会计的专业理解难度以及会计信息主要呈现历史信息而对未来信息一般不予反映或很少反映等原因，加工会计信息经常受到各方面的限制与干扰，这使得会计信息带有一定局限性。这种局限性的存在决定了会计风险的客观性。

3）会计行为的不确定性

由于会计从业人员素质的个体差异，对同一会计业务进行职业判断往往会发生判断偏差，即使是同一会计人员在处理同一项业务时，也会因时空条件的不同，使处理的结果产生较大差异。这种会计行为的不确定性存在决定了会计风险的客观性。

（2）普遍性

会计风险普遍存在于会计领域之中，不仅各行各业的会计活动可能存在风险，而且在会计工作的每个环节也可能存在风险。会计确认阶段，如果会计人员失误，将不属于单位的收支业务作为会计业务确认，难以准确反映财务状况和经营成果，就会造成会计信息失真；会计计量阶段，如果会计人员选用的计量方法不当，计量结果会产生差异。会计报告阶段，如果会计人员编报失误，项目归类不当，有错报、漏报现象，会使得会计报表失实。当会计报表使用者因报表信息导致重大决策失误，造成经济损失会追究会计人员的责任，最易引发会计风险。

（3）潜在性

会计风险的发生是偶然的、难以确定的。这是因为任何一种会计风险的发生都是在诸多风险因素都符合一定条件时，才会引发会计风险。会计责任是形成会计风险的条件之一，当会计人员因提供的会计信息有误而被追究会计责任时，就会引发会计风险，因而追究会计责任就是引发会计风险的关键条件。当这个条件不具备时，会计风险只能处于潜在状态，具备一定的潜伏期。当这个条件具备时，会计风险就由潜在风险变为现实风险。纵观会计领域的风险现状，会计风险虽然是客观的、普遍的，但其大都处于潜在状态。

（4）可控性

从会计工作总体而言，会计风险是可以控制的。虽然个别会计风险的发生是偶然的，然而大量的会计风险都有其发生的必然规律。只要能对大量会计风险事项进行统计，就可以发现和掌握会计风险的规律，并利用概率和数理统计方法去计算其发生的概率和损失程度，采取必要措施控制会计风险。

其次，从系统论观点来看，会计作为系统其整体可以按业务分部划分，因而总体风险是可以分解的。一个大的会计风险看来似乎难以控制，然而一旦将其划分为若干小的会计风险，控制起来就显得容易了。例如，看似不易控制的总体财务会计风险，若将其划分为确认风险、计量风险、记录风险和报告风险后，就可以结合会计工作环节的特点，分别采取措施予以防控。

再次，从运动论来看，会计风险是具有可变性的。当时空条件变化时，会计风险也必然随之变化，不仅会计风险的性质、数量会变化，而且有些会计风险也会随之消亡、新生或异变。会计风险的上述共性特点在各行业会计都存在，只是表现形式、危害程度、诱发条件有所不同。

2.高校会计风险的特征

高校会计与企业会计在确认、记录、计量、报告存在区别，高校会计受监管的程度不及公司制企业会计，高校会计信息的利用程度也不及公司制企业，因此高校会计风险除具有会计风险的一般性特点外，还有自身独有特征。

（1）隐蔽性

高校会计利益相关者入主要有政府教育主管机构、税务、财政、债权人、学校内部的利益关系人。对于外部利益人来说，高校的会计信息要么是片面的，要么是已经过"技术处理"的，相对而言透明度较差，因而外部利益人通过会计信息发现风险的可能性小。高校内部利益关系人又划分为不同等级和层次，他们获取信息的质量可能存在细微的差异，基于利益一致性及避惩的需要，即便发现了问题，也尽量不会披露。相对学校整体利益来说，高校的内部监督组织、具有监督权的岗位都居于从属地位，高校的内部监督效率是有限的。另外，识别和鉴证会计风险需要专门的技术和方法，风险如何识别、如何披露通常为内部的专业人士所掌控，只要不是强制性的外部监管，会计的内部入一般不可能给自己的不良行为给予处罚建议。因此，高校的会计风险具有隐蔽性特征。

（2）复杂性

由于高校会计的具体目标是复杂的，为实现具体会计目标而施行的会计行为也是多样的，并且随着时空的变化而变化。高校会计活动往往不能单一划分，一个会计流程可能涉及多项会计业务，同一类型的会计业务可能涉及多个校内经济实体，或者一个经济实体可能存在多种多样的经济业务，因而高校的会计业务复杂，一旦引发会计风险，这种风险不是单一的，可能混合发生多种情况。同时，高校内部人的动机是复杂的，动机引导下的行为也可能是多样的，从这种意义上看，风险具有复杂性。

（3）联动性

高校与高校之间、高校内部机构之间通常建立有畅通的沟通渠道，发达的网络平台、畅通的资讯手段为他们传递信息提供了便捷条件。由于高校之间、高校机构之间在特定情况下处于同一利益联盟，一旦某一利益链上的寻利行为能够成功获取额外收益，这种状况就会得以迅速传播与复制，从而使得会计风险的发生具有联动性，如高校少计税款的现象就具有普遍意义。

3.高校会计风险的分类

高校会计职业风险由会计人员活动行为产生。对会计职业产生危害的行为来自两方面：会计舞弊行为和会计过错行为。

（1）会计舞弊带来的会计职业风险

高校会计舞弊是指会计人员通过违法的手段，损害学校合法利益，同时可能为个人或小集体带来不正当利益的行为。

1）挪用资金

高校的财务部门、财务独立核算的二级单位的财务负责人、会计、出纳等利用职务之便，贪污相应资金；挪用大额款项进行买卖股票、债券、有价证券等，收取股息、红利或利息；擅自将资金借给亲朋好友，收取高额好处费等。

2）隐瞒收入

纵容院系、部门少报、不报有关经济业务，不纳入正常的财务核算管理。而是设立账外账，进行体外循环，从中获取非正当收入，损害学校利益。

3）随意变更会计政策

在现有的高校预决算管理体制下，高校出于对学校经济利益的考虑，希望自行变更预算经费的项目或金额。会计人员在领导的授意下不按应有的规则和程序进行核算管理。

4）违规收费

随着招生规模的不断扩大，部分学院出现了收费项目违法或违规。会计部门不按照批准的收费项目和标准收费。

（2）会计过失带来的会计人员职业风险

会计过失行为是指会计人员在日常核算过程中，因会计政策把握、会计估计和会计变更事项本身的不确定性以及会计人员因业务水平、工作态度和责任心等原因引起的会计信息不准确事项。

1）会计核算风险

高校会计核算是会计工作的一个重要内容，会计人员若业务素质不高、核算程序不规范，将会造成核算上的风险，直接导致会计信息失真。

2）会计分析风险

高校财务分析是会计管理工作的重要组成部分，通过财务分析能直观地反映高校的综合实力，可以预测高校财务的发展潜力。但目前高校财务分析过程中，各种预测、决策、控制及指标计算等存在着不确定性。如分析数据一般是以已有数字为基础进行纵向或横向的比较分析，未考虑财务数字之外的变量因素；有的实行权责发生制，有的按收付实现制进行核算，会计核算基础差异带来信息的不准确。

3）会计报告风险

这种风险是指高校对内与对外财务报告的差错，而且差错已经超出允许的范围，但会计人员无法确认差错的存在。这种不确定性有其人为因素，也有经济因素。

4.会计风险产生的原因分析

随着市场竞争机制的引入，高等教育的产业化倾向日益明显。在高校，会计呈两多现象：①类型多，如事业单位会计、饮食服务业会计、校办产业的工商及金融企业会计等；②从业人员多，业务知识和工作能力参差不齐。这种状况客观上增大了会计工作中产生舞弊和过失的可能性。

（1）融资渠道的改变

随着社会主义市场经济的深入发展，高校经费由过去国家投入改为多渠道筹资。一方面我国的大学权力结构是以行政管理机构为中心的，另一方面随着我国高等教育体制改革的深入和高校独立法人地位的确立，高校在招生录取、经费使用、建设项目安排、设备物资采购、干部聘任和奖金分配等方面拥有的自主权越来越多，现有权力管理模式和学校管理自主权的加强不相适应，学校的基建、采购和招生等经济活动成为高校职务犯罪的重点。已曝光的多起高校"基建、教材腐败案件"，显示出对会计的审核和监督不力，部分会计人员未能挡住经济利益的诱惑。高校内部独立核算的个体部门，未能科学地设计会计的岗位、权限、职责，没有防范风险的内控机制。

（2）领导行政授意或干预

随着高校间激烈竞争，为了扩大高校的国际国内知名度和影响，有些高校的领导违反规律和工作程序搞突击形象工程，"量入为出"的基本预算要求没有得到落实，授意或指使会计人员隐瞒某些事项、篡改历史信息。会计人员被迫顺从领导意图弄虚作假，造成对外财务报告失真。这种潜在的风险会计人员有苦难言，也给会计人员身心健康造成了极大的伤害。

（3）会计政策的可选择性

目前，高校校级财务采用的是《事业单位会计准则(试行)》和《高校会计制度》，而社会化的后勤服和产业部门往往采用《企业会计准则》和《企业会计制度》。由于会计核算的制度、程序和方法的差异和可选择性，对于同一会计事项，其反映的结果各异，导致会计信息不确定性的增加。这些由于可选择会计政策引起的信息误差，在会计监督中不易被发现，更加隐蔽，会计风险的存在就更加偶然性。

（4）会计人员的业务素质

部分会计人员在处理会计业务时，不能准确地理解有关准则、法规、制度，会计方法选择不当或运用有误；有的会计人员不注重会计知识的更新，对新问题不能恰当理解和处理；有的会计人员判断能力不强，没有查出会计错误，导致会计信息失真，引发会计风险的发生。

（5）内控制度的不严肃

有些高校内控制度不严，使会计基础工作的真实、可靠、完整性产生了不确定性。特别是网络财务时代，部分高校财务制度没能适应网络财务的管理要求，权责不清，财产管理无序，内部审计执行不到位等，所有这些都是会计风险滋生的因素。

四、高校会计个人职业风险的防范

1.提高财会人员的职业道德，加强会计人员管理和内部控制制度建设

（1）提高财会人员的职业道德修养

会计职业道德是会计职业活动中应当遵循的、体现会计职业特征的、调整会计职业关系的职业行为准则和规范。许多会计违法和过错过失行为的产生，都与会计人员职业道德水准低下有关。人的一生是一个不断学习和知识更新的过程，因而也是一个不断提高修养的过程。会计人员有自身的职业特点，所有日常工作都与经济和个人利益密切相关，在职业活动中应不断进行自我教育、自我改造、自我完善，使自己形成良好的职业道德品质和达到一定的职业道德境界。高校要充分发挥思想道德上正确方面的主导作用，引导会计人员树立正确的荣辱观，促使"为他"的职业道德观念去战胜"为己"的观念，检查、反思、更正自己的会计操作和过程，不断提高会计人员的职业道德水平。

（2）加强高校会计管理

会计管理是高校内部管理的重要内容，应当受到足够的重视。领导重视会计管理工作，才能在具体措施上落实，在规章制度上完善，在考核指标体系中细化。通过对会计操作过程、会计人员的行为、会计资料的保管、会计信息的质量跟踪，达到考核会计工作质量的目的。既要注重程序性的检查，更要注重实质性的检查，把会计管理的许多工作落到实处，才能有效地规避风险。离开了严格的检查，会计管理就会失去生命力。

（3）完善内部控制

健全有效的内部控制机制，坚持不相容职务必须分离的原则，完善岗位责任制，严格落实业务操作和授权制度；对财务工作各岗位明确分工，形成岗位之间的轮换制度和岗位

考核制度，增加岗位间的约束力；加强会计信息的监督，充分注重计算机网络技术的运用，建立各种查询、监控、督导系统，发挥现代信息工具方便、快捷的特点，提高监督效率，避免因会计信息失真而导致决策失误等现象的发生。

同时建立内部控制评价制度。定期对内部控制制度的执行情况进行检查，评价高校内部控制制度是否得到有效遵循。把对内部控制行为主体，即人的控制工作落到实处，把内部控制评价制度与激励机制结合进来。完善有效的内控制度，不仅使会计风险更易于发现，而且一定程度上使某些不可控制会计风险变为可控制会计风险，降低会计信息失真的程度，避免会计风险的产生。

2.加强高校财务监督，建全内部审计制度

（1）加强高校财务监督

健全有效的外部监督体系，强化社会监督力度。这里讲的外部会计监督表现在以下几个方面：

1）国家物价、税收、工商、金融、财政和劳资等各方面经济政策在高校的执行情况。

2）表现在会计监督的价值信息的综合性上。

3）会计监督的依据是《会计法》《会计基础工作规范》《高校会计制度》及相关的国家财经法律、法规、规章等。

4）会计监督的直接目的是确保高校各项经济活动的合法性、合理性以及保障会计信息的相关性、可靠性和可比性，最终目的是提高高校这样特定主体的社会效益和经济效益，消除会计职业风险产生的基础环境。

（2）完善高校的内部审计制度

内部审计是对内部经济活动的再监督，但内部审计自身独立性差，必须与外部审计相结合。应定期聘请注册会计师对高校的内部控制进行评估，以此来发现内部控制制度中存在的问题和缺陷。委托注册会计师审计是完善内部审计制度的有效手段。

第四章　高校全面预算管理

第一节　高校全面预算管理概述

改革开放以来，我国高校在经历四十年外延式扩展后，已经过渡到内涵式发展阶段。内涵式发展要求高校主动适应国家、社会发展趋势，着力提升教育教学质量、学科整体实力和科研创新水平，培植特征鲜明的核心竞争力，进行决策分析、全面预算、成本控制、绩效评价，在优先保证学校社会效益的基础上提高经济效益，更好地服务于社会经济发展。预算管理是管理会计的重要组成部分，科学、高效的预算管理能满足当前财政体制改革、教育体制改革和高校经费多元化发展的需要，有助于高校提高经费使用效益，使有限的资金更好地服务于高校内涵建设，保障高校健康、持续发展。

一、高校全面预算管理基本理论

根据全面预算管理基本理论，把全面预算管理的含义、特点、作用及实施条件等重点问题，结合我国高校组织架构、管理模式、业务运营方式等方面的特点，探讨高校实施全面预算管理的理论构架和实施要点。

1.我国高校预算管理的发展历程

经过长期的发展可以看出，政府对高校的教育给予大力的支持，伴随着我国的财务管理制度发展越来越快，预算管理也通过50多年的发展有了质的飞跃，其发展大致可以分为四个阶段。

（1）20世纪50年代至20世纪70年代

这一阶段是高校预算的创建和调整阶段，主要是计划经济体制下单一的财政支出预算。从50年代开始，我国在高度集中的计划经济体制下，教育部、中央其他部门和地方政府按照各自的权限对高校进行监管，办学权和管理权主要被国家和教育部门掌控，教育经费由国家财政统一提供，支出项目也按照国家的指令来安排，严格做到"专款专用"。当时财政拨款是高校的唯一经费来源，高校作为政府的附属，是政府的全额预算部门，所以此时的高校预算为财政拨款的支出型预算。在这种模式中，国家拨付的所有经费由学校按合理科学的分配方式分发给每个学院和机构；学校的财务部门要根据国家的相关规定进行审核，最终将整合资料形成预算决算上交国家相关部门。因为国家是高校经费来源的唯一途径，因此当学校经费不足时只能向国家申请，争取更多的预算资金。这种经费不足的现状导致高校只能严格控制支出，不断地调整预算定额，将有限的经费进行合理的分配来维持日常的运转，发展空间较小。

（2）改革开放至20世纪90年代

改革开放以后，我国逐步进入社会主义市场经济阶段，这个时候学校的财务预算方式也由单一逐步走向综合。1980年，我国开始推出"划分收支，分级包干"的新型体制，加快了组织内部的体制变化，经常性拨款不再限制资金的用途，教育经费由中央财政和地方财政共同承担。对于学校财务来说这一转变使得自主权得到了增强，可以根据自身的业务和发展统筹安排经费，发挥其最大效益。高校的预算管理体制随着新政策的实施而不断地发生变化，1984年确立了"划分收支，分级包干，结余自用"的新制度，这种新体制主要是指每年高校都要根据国家规定领取经费，使用不完的经费会作为下一年的经费继续使用。新制度的开展，使高校在财务以及资金使用上的自主权进一步扩大，促使高校形成经费使用的激励机制，可以充分调动高校的主观能动性和积极性，将提高办学效益和自身利益相结合，尽量节约开支，提高资金的使用效率，促进教育、科研、生产和后勤等各方面的发展。在前一阶段关于预算管理制度的建设调整基础上，高校已经完成了对于相关预算编制控制以及决算的经验积累，为预算管理制度的改革发展奠定了基础，而这一阶段新制度的实施，也是进一步巩固和提高了高校预算管理改革的根基。

（3）1992年财会改革之后

高校在这一阶段设定的目标主要是完成综合预算管理制度的建立完善工作。高校在国家完成针对财会制度的相关改革后，采用以核定收支代替自收自支，以定额或定向补助替换初始的全额预算，同时取消差额预算模式改为超支不补、结余留用的方式，进一步对预算管理制度进行了修改完善。

自《教育法》完成了对高校法人的定位后，《中华人民共和国预算法》和《事业单位财务规划》首次提出以法律法规为参照模板严格规范高校财务预算行为，深入完善高校综合财务预算制度，并在其后施行的《高校财务制度》中做出规定，高校预算要基于"大收入、大支出"的基本原则，将计划内外的全部项目预算囊括在内，同时也必须包括学校的全部收入，也就是所谓的综合预算。经过这段时期的发展，全面预算的概念大体形成，零基预算法等科学预算编制方法被纳入使用，高校的预算管理向科学化、规范化、全面化转变。

（4）2000年之后至今

步入21世纪以来，高校预算管理不断地进行了完善和修正。自2000年始，政府在"一个部门一本预算"原则的指导下，按照财政管理程序及管理方法的规范化要求，提出部门预算概念，即在一本预算上集中记录对应各部门涉及的全部收支并对支出科目及功能进行细化，清楚记录相关支出项目资金明细，同时对相关数据信息进行定期归纳整理，自此开始了对部门预算管理制度的首次改革进程。高校作为部门预算管理单位，采用"综合定额加专项补助"拨款方式下的部门预算管理。

高校的部门预算包括其下属院（处、所）及附属单位的所有收入和全部支出，需要具体化相应收支明细并做出合理的预算方案，经学校财务部门审核通过后再由学校最高财务决策机构进行审议，最后对所有预算进行再次的汇总整理生成全校的总预算。在部门预算管理中，需根据国家关于项目资金统一安排的规定，同时考虑机构核准的编制数，对人员经费支出预算进行定额管理；对于公用经费的确定，则基于在校生规模及其专业性质的衡量标准，同时结合各院校实际发展状况及支出能力水平来进行考虑；基础类建设项目、教学基础设施的改造，以及实验室建设、设备购置等项目的支出可以作为发展性支出以项目为单位进行管理。

2013年实行的新《高校财务制度》，对高校财务管理提出了进一步的要求，即实行"统一领导、集中管理"的财务管理体制，规模较大的学校可依据实际在统一领导的前提下进行分级管理。新制度对于高校的财务管理要求做出了严格规定，要求高校能够做出符合实际情况的预算编制，基于精准的预算控制和准确性完整性的条件编制学校决算。高校的预算应该遵循"量入为出、收支平衡"的基本原则，将核定收支、定额定向补助、超支不补、结余留用的管理模式应用到完善学校预算管理的工作中去。

综上所述，我国高校预算管理经过 50 多年的发展，从创建、调整，再到一步一步地完善和改革，取得了一定的成果，对促进高等教育和学校的发展起到了一定的促进作用。但是，高校在实行全面预算管理时缺乏完善的体系和标准，各高校自行发展，在预算编制、监控和考核等方面仍然不尽如人意。故而我们仍需在探索实践的道路上继续前行，不断地关注优秀管理方法并学习吸收，使高校全面预算管理体系在改革中不断地发展并完善起来。

2.高校全面预算管理的特点

高校全面预算管理相对企业全面预算管理来说，具有以下两个特点：

（1）更注重社会效益

高校承担着传播人类文明、助推社会发展、保障国家强盛的重任，完成以上使命远比提高经济效益，实现自身价值最大化重要。高校全面预算管理作为推进高校实现目标的管理控制方法，必须优先考虑高校所承担的社会使命，不能一味追求提高经济效益。

（2）全面预算的构成不同于企业

企业全面预算的主要组成部分为投资、融资预算，生产、经营预算等，各环节联系紧密；而高校全面预算的主要构成可大致分为教学、科研、行政、教辅、后勤等几个大类，各环节之间的联系没有企业紧密，且相对侧重于资金预算。

3.高校全面预算管理的作用

（1）全面预算管理能科学、有效地规划高校发展目标和工作任务，并根据发展目标协调学校内外部管理，及时发现并解决问题。

（2）全面预算管理能根据校内各部门、学：的实际情况、业务开展情况和需求来分配资源，并进行实时监控和调整，提高资源使用效率，起到优化、整合资源的作用。

（3）全面预算管理能识别、预测、评估高校面临的财务风险。

（4）全面预算管理能有效地考评、激励校内各单位和员工，提高学校各项工作的整体运营效率。

二、高校全面预算管理的实施条件

1.学校领导重视

全面预算管理关系到校内各部处、学院的切身利益，需要调动所有部门、所有人员的积极性，需要有效协调各部门、各学院的关系。学校管理层的重视和参与，是协调校内各单位利益、关系，保证全面预算管理有效实施的关键。

2.全员参与

全面预算管理的一个重要特征就是全员参与性，要求单位内部所有的部门和工作人员都参与到预算编制与执行的各个环节中去遥高校实施全面预算管理，同样要求校内各类业务的具体实施者改变观念，校内所有职能处室、学院，所有教学、科研和行政人员都要主动参与到预算管理的各个环节遥同时，学校还应在管理体制上明确学校全员参与预算工作的管理模式。

3.构建校园一体化信息平台

高校必须构建校园一体化信息平台，将财务、教务、科研、后勤、招生、基建等信息有机整合在一起，实现数据的随时调取和无缝对接，为实施全面预算管理提供技术支撑。

第二节　高校会计与学校预算管理

一、高校会计制度改革对预算管理的影响

1.高校会计制度改革对预算组织体系的影响

首先，新制度增设了预算类会计科目。即"预算收入""预算支出""本年结余""累积结余"四个一级预算科目；

其次，新制度完善了报表体系。主要新增了预算收支表和基建投资表。会计核算的内容和报表编制的范围涵盖了高校发生的所有经济业务。不仅扩大了预算的编制范围，而且更注重对预算的评价和考核。而高校财务预算是由各个部门预算和项目预算组成的综合性的财务计划，是以货币、实物等形式展示高校某一特定时期内开展全部经济活动所要达到的各项目标，是对财务和非财务资源进行分配、控制、考核的定量说明，涉及学校的多个相关部门。虽然高校预算最终的表现结果为财务数据，但其基础是高校运行过程中的各个业务环节，并非能由财务部门所决定。这就要求高校成立预算组织机构，协调各部门的工作，明确各部门的职责、权限。

2.高校会计制度改革对预算编制体系的影响

新会计制度取消了现行资产负债表中的收入支出项目，收入、支出项目调整至"收入费用表"中单独反映，并对表中项目进行了重新设计，如"费用"项目分为教学、科研、后勤、行政及其他等内容；在科目设置上分为"基本支出"和"项目支出"二级明细科目，并在二级明细科目下按照《政府收支分类科目》中"支出功能分类科目"项级科目与"支出经济分类科目"款级科目设置明细账。这不仅细化了会计核算内容和报表内容，而且强化了支出功能的分类，更注重各部门的经费支出用途。如果仍延续过去的做法由财务处大包大揽编制校内各部门的预算就显得力不从心了，这就要求各部门都要参与预算编制工作，根据各自承担的工作任务详细制定本部门经费使用预算，确保预算编制更加符合实际。

3.高校会计制度改革对预算编制原则的影响

（1）新会计制度采用修正的权责发生制，对固定资产计提折旧，可以准确反映高校的资产状况。

（2）负债类科目中取消"借入款项"，其核算内容由一级科目"短期借款"和"长期借款"来核算，可以准确反映高校的负债状况。

（3）将基建会计核算的内容纳入事业会计来核算等。使预算编制的内容较以往更加全面，实现了收入和支出的配比，更注重提供真正意义上的教育成本信息。为预算编制原则赋予了新的内涵。

4.高校会计制度改革对预算编制内容的影响

首先，新会计制度增强了会计信息的完整性。将基建、后勤收支纳入高校统一的核算体系，并在会计科目的设置上作了较大调整，如新增了"后勤支出""行政支出""财务费用"、"短期借款""长期借款"等，这就对预算编制的内容和形式提出了新的要求；其次，

新制度改进了报表格式，完善了报表体系，细化了报表内容。收入费用表各项目是按照支出经济分类设置，预算收支表各项目是按照支出功能分类设置，这要求编制预算时要把二者有机地融合起来，对高校预算收支要统筹规划。再次，新制度采用修正的权责发生制进行会计核算，引入成本观念，要求预算编制时注重成本核算，要更具有预见性。这就要求要修正预算编制内容，创新预算编制方法。

5.高校会计制度改革对预算执行监督的影响

新会计制度要求平行设置财务会计科目和预算会计科目，新增"预算收入""预算支出""本年结余""累积结余"，并相应设置和财务会计科目对应的一级明细科目；在有关一级明细科目下设置"基本支出""项目支出两个二级明细科目"；二级明细科目下按照《政府收支分类科目》中"支出功能分类科目"项级科目与"支出经济分类科目"款级科目设置明细账；同时在"项目支出"二级明细科目下按具体项目设置明细科目，进行明细核算。这就要求会计在年初进行账务初始化时，按预算编制的收支内容输入微机控制账，在进行会计核算的同时，会计分录也可实时传输到预算管理科目中进行控制，使会计核算数据直接与预算数据相比较，以随时对预算执行情况进行监督与分析。

6.高校会计制度改革对预算考核考评的影响

新会计制度不论在会计科目的调整，还是采用权责发生制的核算基础，基建并入"大账"，以及报表体系的完善等，目的都是为了使会计提供的财务信息真实可靠，可以客观、全面、准确地反映高校的资产、负债状况，合理评价高校的偿债能力、事业成果和发展潜力。只有以可靠的财务信息为基础，才能运用科学合理的指标评价手段，最终实现对高校预算执行情况进行客观地考核考评。

二、新高校会计制度下加强预算管理的思考

1.建立健全组织机构

高校加强预算管理，目的是不断提高财务管理水平。因此，学校要以此次高校会计制度改革为契机，建立健全预算管理组织机构。成立学校预算管理委员会，在预算管理委员会之下设立预算管理办公室和预算管理工作小组。预算管理办公室设在财务处。

（1）机构组成人员

预算管理委员会由分管财务的校长担任主任，学院代表、学科带头人、教务处、科技处、人事处、财务处、纪检审计、后勤等部门的负责人为委员。预算管理办公室主任由财务处长担任，成员由财务处相关工作人员组成。预算管理工作小组组长由有关职能部门处长担任，成员由相关职能部门工作人员组成。

（2）工作职责

预算管理委员会工作职责：确定全校预算总体方案；审定全校各预算单位预算指标控制数；审定批准各预算单位预算方案；听取各预算单位预算执行情况的汇报；批准对各预算单位执行预算的考核评价结果、奖惩方案等；向学校党委会提交最终预算管理方案。

预算管理办公室工作职责：协调相关部门开展预算工作；起草预算管理相关制度、办法；制定预算方案；上传下达预算文件。

预算管理工作小组工作职责：监督检查预算执行情况；考核评价各预算单位执行预算的结果；提出奖惩方案等。

（3）预算管理组织程序

预算的编制一般先由预算管理委员会提出整体方案，制定学校预算总目标，由预算管理办公室下达，各单位、各部门按照要求，制定本单位、部门的预算方案，对项目的必要性、可行性、合理性、管理方式和绩效目标进行说明；上报后由预算管理办公室进行汇总，交由预算管理委员会审定，讨论项目立项和安排是否合理，并提出修正意见，然后经预算管理办公室整理后下发到各单位、各部门；各单位、部门修改后上报；由预算委员会审批后，拟定具体预算草案，最后经学校党委会讨论通过后发文逐级下达各部门执行。财务部门全面负责学校财务预算日常管理和会计核算，及时监督、反应预算的执行情况，并进行总结与分析。在期末，预算管理委员根据立项时所确立的财务、绩效目标，责成预算管理办公室和预算管理工作小组对各单位、各部门的预算执行情况进行业绩考核，重点考核项目的效益性、效果性，并作出评价，提出奖惩方案等，最后由预算管理委员会批准执行。

2.完善预算编制体系

目前，高校经费分配主要采取学校直接把经费分配给学院，由学院自主统筹使用。这种经费分配方式失去了预算的导向功能，造成各学院贫富不均、浪费现象严重的问题。所以如何"将钱用在刀刃上"是当前预算管理的首要任务。众所周知，学科是现代大学的基层组织和核心，学科的发展水平决定着大学的综合实力，学科组织发挥着人才培养、科学研究和社会服务的三大功能。因此，就管理体制而言，要求高校的管理重心下移，以学科发展为中心。在经费分配方面，意味着必须对学科给予支持，这就要求在原有预算分配的基础上，增加学科这一预算分配主体，学校对其单独进行经费管理。为此，应构建学校—各教学单位、部门—学科三级机构二级经费分配的预算管理模式。

该模式的核心观点是将学校的教育事业经费和专项经费分为日常运转经费和学科发展经费。日常运转经费主要用于维持学校日常教育教学工作的开展和必要的后勤保障，它主要包括人员支出、公用支出、个人和家庭的补助支出等。

作为编制主体的学校、各教学单位、部门、学科都承担各自相应的职能。学校一级主要关注学校整体的发展和基础设施方面的预算，同时，要预留一定数额的机动经费，用于解决一些不可预见的项目支出；各教学单位、部门的预算均属于日常运转经费预算。主要负责教学支出、教学辅助支出（包括学院的日常运转费用）、学生服务支出、行政党群、教辅部门日常支出等预算；学科一级主要围绕学科建设、平台与条件建设（如学位点建设费用、研究所等基地建设费用、试验仪器设备购置费用等）、师资队伍建设、科学研究和人才培养等方面展开。这样的预算编制体系可以避免重叠申报预算，重复购置教学、科研设备。

3.严格遵循预算编制原则

（1）坚持"量入为出，收支平衡"的原则

收入预算要积极稳妥，支出预算不留缺口，以收定支，必须坚持收支平衡，不得编制赤字预算。高校预算编制要根据年度总收入及各类收入的性质，结合学校年度事业计划和工作任务，按照预算分配程序进行经费分配，分配的终结点应等于该部门或项目的收入水平。

（2）坚持"保证重点、效率优先、兼顾公平"的原则

高校在进行预算分配时，在保证学校日常运行的前提下，根据学校事业发展规划，在资金投入上，优先考虑为提高教育教学质量的经费投入、学科建设投入、条件建设投入等；

在收入分配方面,要对优势学科和能够直接服务于社会的科研项目以及热门专业重点倾斜,充分利用分配的杠杆作用,发挥校内资金分配的激励作用和导向作用,促使各教学单位不断取得良好的社会效益和经济效益;同时,要对以基础性、教学型为主的学院给予政策扶持,从其他学院获得的收入进行转移支付,以实现学校各教学单位均衡发展。

（3）坚持成本核算原则

由于受收付实现制会计核算的制约,高校长期以来办学成本意识淡漠,经费使用效率不高,投资回报意识不强,对高校的筹资、投资、分配产生了消极影响。新制度采用修正的权责发生制为会计核算基础,不仅有利于反映高校预算期内实际耗用教育资源的成本,还可以准确地反映高校的资产、负债信息j能正确处理各种跨期财务收支业务,客观公允地提供高校的财务会计信息。引入成本理念,为加强预算管理,实施绩效考评,合理配置资源提供了有力的支持。

（4）坚持全面完整原则

目前,高校的事业经费和基建经费采用分账核算模式,造成会计信息反映不全面,以此为基础编制的学校财务预算不能全面揭示学校财务状况,不利于预算的分析和考核。只有将高校教育事业经济业务与基建投资业务进行统一核算,才能使高校作为一个完整的会计主体来反映和核算学校的全部经济活动,使预算反映的财务信息更加真实可靠,同时也有利于对高校管理层做出客观评价。

第三节　高校预算管理存在的问题及其原因分析

一、我国高校全面预算管理的现状

随着我国教育事业的进一步改革和内外部环境变化,以及 2012 年以来相继实施的《事业单位财务规划》和《高校财务制度》等,高校的预算管理已经被逐渐重视起来,它以实现高校的战略发展目标为起点和目的,依此决定应该采取怎样的行动和措施,以及为达到这些目标需要投入什么资源和多少资源,达到量化的过程。高校的全面预算管理,是通过将预算目标具体分解编制、汇总审核、执行调整监控、评价考核等一系列流程,来提高高校本身合理配置资源,提高资源、资金的使用效率。

图 4-1 高校全面预算管理形成过程

全面预算管理在我国高校的运行中,主要包括两方面构成,由组织体系和运行体系构成一个完整的高校全面预算管理体系。其中,组织体系是指高校负责预算正常有序开展的管理单位和责任单位,一般为学校的财务部门或专门设立的预算委员会;运行体系则指的是为保证预算管理能够正常运行所包括的流程,主要包括预算编制、预算执行、预算控制和预算评价。

1.预算编制

（1）预算编制遵循的原则

高校预算编制必须遵循"量入为出、收支平衡"的原则，在高校规模较大的情况下，可适当地将统一领导统一管理调整为统一领导分级管理的财务管理模式，校级预算和所属各单位预算必须各自平衡，以收定支，杜绝出现赤字预算。收入预算应当遵循稳妥性原则，尽可能排除收入的不确定性，对于没有把握的收入项目和数额，不能列入预算，以前年度的非经常性收入也不作为预算收入的编制基础。支出预算要遵循重点性原则，先保证基本支出，再安排项目支出；先安排重点和重要项目，后安排一般项目。

（2）预算编制流程及内容

在预算编制时，通常采用"两上两下"的编制管理路线，以便提高高校的经费使用效率，使得资金分配使用时操作更加规范安全。所谓"两上两下"的编制流程，即学校财务部门将符合要求的年度预算草案提交上级主管部门，经审核后再上报财政部门并获取相关预算控制数信息；之后学校在此预算指标下对预算草案进行细化调整，完成后再次提交给上级部门；部门给出最终批复后学校再对内部的预算收支、基建收支、以及部门经费分配等明细进行编制汇总，提交学校领导机构经审议通过后正式发文执行。高校预算编制的内容如下图所示主要分为收入预算和支出预算。

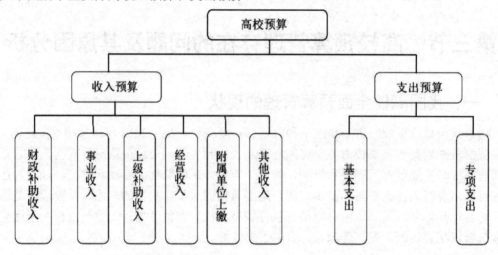

图 4-2　高校预算基本内容

（3）预算编制存在的问题

1）在预算编制流程中，学校为了调动各部门和全员参与的积极性，一般会采取"自下而上"的编制方法，各二级学院和部门先对下一年度单位的工作任务及期望达成的目标做出规划，而后基于此规划给出相应的年度资金使用方案，最后财务部门对提交的各资金计划进行统一的审核并汇总，进行全校预算草案编制。值得注意的是，由于各部门单位自身角度的局限性，其提交的资金计划多缺乏整体性，只从自身部门利益出发，计划盲目做空做大，缺乏整体性观念；或是为了躲避监督擅自留足大量的机动预算支出，隐瞒收入等，造成预算基础数据失真。故而学校财务部门在汇总整理时需从全局出发，整体考虑统筹资源，合理有效地进行学校预算草案编制。

2）大多数高校都是采用增量预算方法来编制预算，即在以前年度预算执行数的基础上进行加减。这种方法以前年度的预算指标为基数，容易导致预算的执行力度不够，各二级学院和各单位为争取年度经费指标而不断地增加本部门的预算支出数，导致支出预算年复一年的增加。

3）在国内部分高校中，预算编制人员甚至是管理者没有认识到预算管理的重要性，对于预算管理敷衍了事，没有进行科学的分析而随意的编制预算，将预算管理流于形式的表面。

2.预算执行

（1）预算执行的特点

高校一般在每年的3~4月份将预算下达至各二级学院和各部门，在之后的整个预算实施过程中，任何部门和个人都没有权利对预算数进行随意地更改和调整，对于某些特殊情况，必须经由各部门申请，学校领导审核同意之后按照规定的程序才能调整。由于学校的特殊性，随着秋季新学年的开学，使得预算外资金增加，此时，学校可以按照规定的流程，对各职能部门的预算进行适当的调整。到年终时，学校财务部门要对各学院及部门的预算执行完成情况进行汇总统计，并加以分析，监督和控制预算的执行数额。

（2）预算执行存在的问题

在国内高校预算执行的过程中，普遍都存在执行力度不够，监控不到位等情况。在编制预算初期，对于部分项目没有进行深入的了解，往往会造成预算指标不够，影响业务的展开，或者是预算指标过大，造成实际工作中的浪费；其次，由于预算执行的不严格，在部分高校甚至会出现"人情账"的问题，领导审批过松，监督执行不到位，对于预算执行情况把控不严等情况。最后，是绝大多数高校中普遍存在的一种现象，即年初预算执行把控严格，到年末时突击花钱，或者频繁地调整预算。

3.预算控制

（1）预算控制的过程

高校的预算控制根据流程主要包括事前、事中、事后三种。事前是指在编制预算前，需要先确定预算编制的内容流程方法，通过对这三项的控制，对以前年度的预算情况和完成执行情况有详细的了解和分析，确定各项预算执行考核指标等。事中控制，是对预算执行过程加以控制，及时获取整理有效信息，对执行过程中出现的问题进行及时解决和反馈。在事中控制中，要与会计核算充分结合，能够及时地发现在核算的过程中对预算执行存在的问题并加以有效控制，同时，还要建立预警机制，保证经费使用的合理性和有效性，对预算执行进行实时监控。事后控制，一般是指在预算执行完成之后，对各二级学院和各单位的完成情况进行汇总统计，并进行完成情况比较，找出存在问题的地方，总结并分析问题，以此提高预算管理的效率。

（2）预算控制存在的问题

在我国大多数的高校中，因有效问责机制的缺失，对整个预算过程的监控较为片面失真，对于违规事件的惩罚不到位。由于预算编制制度和方法的不完美，无法做到科学准确的分配资金，导致预算结构不合理，部分项目预算支出过大，而部分项目却资金严重不够，导致无法展开活动，乃至出现后期的频繁调整预算。

4.预算评价

（1）**预算评价指标**

预算执行率是评价预算情况最直观的指标，其内容分为预算收入执行率和支出执行率。高校本期的预算收入情况可通过预算收入执行率进行反映，若本期实际收入较低，则对应的收入执行率也相对较低；反之则表明高校收入水平相对提高。相对的，高校预算支出执行率体现的是支出总额情况，支出执行率高显示着本期预算的支出情况较好，符合预期，反之则表示未达到相应期望值。高校预算部门通常会将这两个执行率结合起来分析本期预算以及评价预算管理水平。

（2）**预算评价存在的问题**

在我国高校预算管理中，大部分高校对于预算评价并没有足够多的重视，对于预算执行完成情况的评价，往往只作为下一年度预算编制的基础数据考虑，没有充分地将部门和个人的激励和奖惩制度与预算评价考核相结合。往往并不考虑预算执行评价，只参照活动绩效进行业务考核。

二、高校预算管理存在的问题

近些年来，随着对预算管理的重视和研究，高校预算管理工作正朝着科学、健康的方向发展。但是就目前状况来看，在预算管理中仍存在着诸多需要探讨、研究并加以解决的问题和矛盾，主要表现为以下几点：

1.预算编制周期不合理

目前，高校普遍都是按照公历年度来编制年度预算，预算编制周期是从当年的 1 月 1 日到 12 月 31 日。而学校的同常教学工作等都是按照学期、学年来安排制定的。因此，传统的高校预算编制周期和高校的工作实际情况不相符。高校当年 9 月份收取的学费收入，其收入实际使用会计期间和预算核算期间存在着较大的差异。这些都增加了管理者、核算者的工作难度。在财政等主管部门下达预算批复之前，学校预算已经从 1 月份开始执行了三四个月左右，这段时间造成预算效力的断档和真空，为此后频繁调整、追加预算埋下了伏笔。由此形成预算年度已经开始，各项经费的预算却还处于编制和审批过程的情况。

2.预算支出的定额标准难以确定

在高校的预算经费管理中，我国的多数高校对于部分预算经费的管理往往采取定额砍块下拨的方法。但是在如何确定定额标准这一问题上，高校预算管理工作的实际则表明，预算过程的实施实际上不是一个技术过程，而是一个讨价还价的政治过程。在双方利益面前，预算实施的过程就是互相博弈，最终达成妥协的过程。

高校在预算过程中，财务部门面临的最大难题就是，无法对那些描述得极为重要的项目做出合理判断和取舍。在定额测算方式上，缺乏标准的基础基数依据，因此定额标准不尽合理。追溯根源，造成这种现象的一个重要原因就是高校内部对于支出类型和支出的定额缺乏科学、统一的标准和规定。没有形成涵盖全部经常性支出的定额体系，即使所谓的定额也只是预算拨款的简单平均而已。

多数高校对于支出经费预算是以院系（部门）教职工和学生人数为经费指标定额的参照标准。以学生实习费用的定额管理为例，由于各系部、学科、专业之间实习形式、具体环节都存在着很大差别。因此，以传统人头平均为定额标准来制定的经费预算，容易形成各部门之间经费分配不公，预算的执行监督不力，造成资源浪费的同时，也影响了预算支出的效率。从技术层面上来看，划分支出类别，制定支出定额标准，提高定额的科学性、合理性，既保证各部门、各单位履行职责的需要，又能合理配置资源，减少铺张浪费和损失，提高资金利用效率，这些将是高校提高预算水平，控制无限需求的一个重要方面。

3.预算管理机构设置简单，专业人员匮乏

虽然目前多数高校开始逐步重视起预算管理工作，但从调查的结果来看，大部分高校的预算工作整体上流于形式，缺少专门的组织机构和科学的制度保障。当问到"您单位是否已成立专门的预算机构（如预算管理办公室）负责贵校日常的预算管理工作"时，答案主要集中在"未成立机构，职能由校长办公会行使"和"未成立机构，职能由财务部门行使"上。由此可见，在高校预算管理意识、预算工作水平逐步提高的同时，预算工作组织机构及专业人员的设置问题正制约着预算管理工作的进行和发展。预算工作中，多数高校并无专门负责预算管理的人员。

财务处作为各单位预算工作的领导者，预算工作的实施也只是依托下设的财务管理科的部分人员。预算编报工作中，凭经验、凭估计的现象比较普遍。在编报各部门经费预算时，部门领导也只是委派办公室人员来负责编报。这些人员当中多数只是简单地按照本部门上一年度的实际花销来编报下一年度的预算，对学校运行、建设发展与预算的关系缺乏研究，对学校内外部影响预算的因素缺乏经常、系统、广泛的分析和整理。在学校纷繁复杂的业务活动及变化情况的认识上具有很大的局限性，当然也就无法确定预算目标是否能够达到，以致难以对学校预算管理提出细致可靠的依据。

4.预算编制工作参与性不高，预算基础薄弱

由于长期以来，学校的主要经费都是由财政拨款取得。虽然近几年，财务部门在较多争取财政拨款和国家专项资金投入的情况下，教育事业收入有了明显的增加，但从学校整体来看，多数部门和人员参与预算管理工作的热情不高，工作中明显缺乏理财意识，具体表现为：

（1）学校的领导层对所分管的部门经费，很少能够根据本部门的各项计划和任务，分清轻重缓急，科学摆布资金。对所分管的二级单位，缺少长远规划。

（2）学校内部二级单位缺少预算管理意识，尘财、理财能力匮乏。多数单位或部门普遍认为预算工作只是财务一个部门的事情，在部门经费编报过程中只重视本部门经费的争夺，常常存在着"小而全""部门所有"的思想。对于仪器设备以及其他资产重复购置，缺乏对本部门重点项目及建设的整体规划，无视本部门及学校长远的发展。在争夺经费的同时，也存在着铺张浪费的现象。这种情况导致各个部门编报的预算不实，可行性不高。

（3）财务处作为学校预算编制的职能部门，实际上对预算编制的介入程度并不高，也只是在各部门上报的预算基础上进行适当的调整和简单的汇总。预算一般是按照年度编制，力求年度预算收支平衡，基本不考虑学校的长期发展目标，也就无法将预算编制的预测性与学校的整体发展战略相结合。学校各个层面在预算观念上的淡漠，不利于学校的日常管理，更谈不上学校的建设和发展。因此，切实提高高校的预算水平，必须从各层面上整体强化预算意识，夯实预算基础，使在此基础上形成的财务预算草案更符合学校发展的实际，更合理，更科学。

5.预算编制时间短，方法不科学

预算的编制是一项复杂的工作，包含学校教学活动的方方面面，涉及学校各部门、各单位全年的资金支出以及学校事业发展的长远规划，必须安排充足的时间以保证预算的质量。预算编制应实行标准预算周期管理，标准预算周期管理由预算编制、预算执行、年度财务决算三个阶段构成。预算周期计划一般为２５个月，即预算年度前一年３月至１２月为预算编制阶段，预算年度为预算执行阶段、预算年度后３个月为财务决算阶段。高校应提早编制预算，以确保预算工作的各个环节能够按部就班的实施。

根据调查，我国大部分高校都是在每年９月份以后开始编制预算，但是由于此时正面临新生入校，收缴学费成了各高校财务工作的首要任务，而真正开始编制预算要等到年底才能够实施。这样就形成了预算先执行后编制的现象。对于各部门在年底前上报财务的预算，部门、单位负责编报预算的人员以及财务部门负责预算编制的机构人员几乎没有时间对支出项目、预算金额进行必要的调研以及科学的论证和分析。预算编制往往不能够充分、完整反映学校的工作重点。预算编制时间短，又缺乏必要的论证和科学的数据，这就造成了在预算执行过程中各部门频频要求追加经费，影响了预算正常的执行秩序，给财务工作带来极大的困难。目前，我国的多数院校普遍采用"基数预算法"作为预算的编制方法。这种编制方法在实际工作中存在着诸多弊端，主要表现在以下几方面：

（1）"基数预算法"它是在去年的基数基础上，结合本年的增减变化因素来确定预算年度的支出规模。对于各院系（部门）上报财务处的部门经费预算方案，多数都是参照上一年度的实际支出来编制。财务部门对于基数部分一般不再做分析调整，只是根据当年的学校财力状况和增加的项目等因素安排各部门预算。这种编制方法缺少对相关信息的广泛调查、搜集，预算项目较粗。

（2）由于以上一年的基数作为预算的核定基础，而"基数"中往往由于多方面原因，很可能存在诸多不合理的因素。因此，这种预算编制方法明显缺乏规范性和科学性。再次，"基数预算法"的方法固化了高校资金在各部门之间的分配格局，造成各部门在预算支出上只增不减并逐年增长的现象。致使各院系、部门在编报本单位预算时，想方设法扩张预算规模，争夺经费，部门之间的资金矛盾不断加剧。由于编制预算时缺乏可行论证，部门工作效果又得不到科学的考核和评价，各部门提高资金使用效率的动力得到了制约，导致部门获得经费的多少与工作的绩效脱钩，部门工作积极性不高。

6.预算执行缺乏刚性

预算作为高校财务工作的"指挥棒"，高校各项经费收支都应严格按照部门预算的安排执行。高校预算的特点之一是严肃性，预算一经批准，对预算执行部门既具有极强的约束力，任何部门和个人都不得突破预算。预算的执行过程就是预算的控制过程。在高校的预算执行、控制方面，由于缺少相应的财务预算管理制度，对各部门的预算执行进度等信息没有及时进行反馈，缺乏对项目支出执行情况的审计，造成各部门随意调整、零星增加预算、改变预算资金用途等，使得预算管理失去了计划的特点，预算执行程序形同虚设。各院系部门对于自身经费支出存在着极大的随意性，主要表现在：

（1）一旦相应项目的预算经费出现超支，便会写申请、打报告要求追加预算经费指标。对于那些由于情况变化确需调整追加预算的项目，也存在着先要求增加预算指标，后履行预算调整审批程序的现象。致使预算工作成了本末倒置。

（2）有些部门在年度期中和期末时，当本部门的经费结余较大时，为了防止学校在下一个预算年度之初将剩余指标收回并削减其预算经费，便突击花钱，在可能的项目上和范围内将经费指标花完，这样造成了极度的浪费。这样迫使财务人员忙于在各支出项目间进行预算数额的调整，违反财经纪律的同时，更破坏了预算工作的整体性和连续性，给预算工作也带来了很大困难。这些也成为多数院校实际支出超出预算支出的直接原因，形成赤字预算。预算执行的软约束，使得预算管理失去了其严肃性和权威性，形成"预算编制是一回事""预算执行又是另一回事"的现象。

7.预算管理缺乏事前预测和事后考评

预算管理应该是全过程的管理，既要进行事前预测，又要进行事中控制和事后考评。对预算管理的事后考评是对高校内部各级责任中心预算执行结果的考核与评价。它是预算管理体系中的一个重要环节，有助于各个部门按照成本效能、效益效能、水平效能原则优化配置资源。使预算充分发挥资源配置的功能，帮助预算管理者发现资金使用过程中的问题，便于及时调整计划，为下一步的工作提供可靠的参考。

据调查问卷显示，目前多数高校的预算管理工作的重点是预算的编制和预算的执行过程。在支出项目的合理性审核以及考核目标的完成情况上浪费了极大的精力和人力。而预算编制的事前预测和事后考评工作及其薄弱。对于预算编制中各部门所编报的支出项目以及具体项目金额，财务部正是依靠各部门上报的立项说明来判断，极少参与立项过程，对项目具体情况了解甚少。更谈不上对预算制定前支出项目、金额等合理的预测分析，并缺少对预算项目的事后考评。预算控制的重点在资金的使用进度上，确保预算不超支和完成预算计划。

三、高校预算管理存在问题形成的原因

高校预算管理体系存在上述问题，主要是由于现行高校会计制度的核算基础、内容以及反映的会计信息无法满足预算管理的需要，是制约预算管理向科学化、精细化发展的主要瓶颈。

1.采用"收付实现制"核算存在局限性

现行高校会计核算采用的主要是收付实现制，即根据学校收到或支付款项的时间确认收入或支出所归属的会计期间。收付实现制不是按学校取得收款权利或承担付款责任的时间确认，因此也就不利于准确区分高校在不同期间的收入和支出。如高校的学费收入，由于采用收付实现制核算，学费收入只反映实缴款，不反映欠缴款部分，造成学校事业收入被低估；跨年度使用的专项资金和科研项目经费全部计入当期收入，造成当期收入虚增，导致预算收入不实，预算控制弱化。以收付实现制进行会计核算已无法满足高校财务管理的需要，其局限性日益突出，尤其不利于学校进行绩效评价，影响了高校预算管理的改革步伐，严重制约了高校财务管理水平的提高。

2.课目设置不尽合理

预算科目是用来记录高校的年度预算和预算调整，以及用于评估预算执行情况。目前，高校对预算科目的设置并没有形成一个完整的体系，对其如何使用也没有进行统一的规定。部分高校使用的预算科目包括"预算收入""预算分配""预算结余"，只是简单地记录经费拨入拨出内容，没有反映预算收支的具体内容和预算资金的流向，没有设置与会计科目相对应的明细科目，没有将收入预算指标和支出预算指标纳入会计核算体系，无法将会计核

算数据与预算数据相比较,从账务系统中无法完整、直观地反映预算管理的收支体系,往往在报表填列上需要人工分析和汇总,不利于随时掌握预算执行情况,不利于预算的事中控制和事后的考核评价。

3.财务报表体系不够完善

目前,高校对事业会计和基建会计执行两种财务会计制度,前者核算高校教育事业收支业务,后者核算基本建设投资业务。两个会计主体分账核算各自发生的经济业务,独立编制各自的会计报表,将高校整个经济活动人为分割为两部分,任何一套报表都不能全面、真实反映学校的整体经济活动。由此导致对学校预算执行效果缺乏有效评价,评价指标不可靠。而且,现行高校会计制度没有设计一套有效、统一的预算报表,缺乏对预算的编制、执行、考核进行有效的跟踪、监督,造成预算编制和年终决算形成"两张皮",也造成预算执行随意性强,预算控制流于形式。

4.提供的会计信息不完整

高校事业会计和基建会计分账核算,而学校预算主要反映事业会计这一部分,这样就造成学校整体预算支出不完整。首先,高校许多基建工程项目实际上已建成投入使用多年,由于种种原因,事业会计的账面上始终未能办理固定资产入账手续,导致工程款长期挂账,不能形成事业支出,由此造成高校固定资产账面价值与实际价值不符;其次,事业会计账的"结转自筹基建"科目核算的是高校用自筹资金安排基本建设支出。具体的资金流向在基建账上核算,由于基建工程大多是跨年度建设,不管这部分资金当期是否有结余,年终事业会计账的"结转自筹基建"科目余额要全部转入"事业基金",把有可能一部分未用完的基建自筹资金在事业会计账上作为支出处理。这样会造成学校事业结余严重失真,进而会导致对学校经济业务评价不可靠。

5.高校会计核算和预算管理相脱节

(1)高校会计科目的分类和计算口径与预算项目的分类和计算口径不相一致,因此现行会计制度所提供的会计核算数据无法直接与预算数据相比较;

(2)尽管高校已经按单位或项目设置预算控制账,并通过预算经费本等形式予以体现。但在实际工作中,在账面上没有任何会计分录来反映支出预算指标,也不反映收入预算的情况,且不能全面反映高校的预算安排情况;

(3)另外,高校调整预算时,往往直接修改原支出预算指标或通过收支科目进行调整,因此既无法反映调整预算的原因,又影响会计信息的真实性。凡此种种,不但会影响预算控制的严肃性,而且对预算执行情况的评价和考核也无法展开。

6.其他原因

(1)对预算管理认识不足

由于长期以来高校的经费主要来自国家财政拨款,各高校对财政部门年初下达的经费预算都是被动地接受,对学校多渠道筹措资金、加强预算管理的认识不足。高校管理层认为财务预算就是简单的组织财政收入和合理安排经费支出,是静态的数据收支过程,和学校的教学、科研工作没有直接的关系,对预算的执行和考核认识不足,关心不够,没有认识到预算管理的杠杆效应,认为财务预算就是财务处的事,对学校专门成立预算管理机构积极性不高,这是造成目前高校普遍缺乏完整的预算管理组织和制度体系的主要原因。

(2)高校办学体制的约束

目前，高校出于发展需要，开始重视制定中长期发展规划。这就要求高校必须对未来的办学方向、办学规模、办学经费做出谋划。但对此起决定作用的招生计划、日常办学经费、专项经费都由政府相关部门掌控，学校并无办学自主权。这种管理体制造成高校在编制远期预算时面临的不确定因素很多，给高校制定长期发展规划带来了困难，使得高校对于收入预算尤其是跨年度的项目预算变得带有估算的性质，缺乏科学的编制依据，往往和实际不一致，导致项目预算缺失。

（3）预算组织体系不健全

目前，高校缺乏有效的预算管理组织体系，预算管理工作基本上由财务处负责，而预算表面上看是反映财务数据，而实质是对学校各项事业发展计划和年度工作任务的合理安排，应该是全校相关单位、部门共同筹划的结果。

显然，财务处没有能力也不可能整合全校各种资源来完成这一任务，而学校又没有建立一个权威的组织机构来开展这项工作，各单位、部门责权利不明确，使得财务处在协调各部门时难度很大，从而导致预算编制时间太长，预算下达滞后。由于学校预算管理没有形成统一有效的组织体系，各单位、各部门对预算管理认识不足，预算内容只反映静态的财务收支，没有和学校事业发展计划、年度工作任务联系起来，造成了预算编制的盲目性、预算执行的随意性、预算控制的失效性以及预算评价的缺失性。

第四节　高校全面预算管理的改进措施

一、高校全面预算管理模式的构建思路

高校全面预算管理是借助若干管理手段，对学校一定期间内与各类业务相关的经济活动做出提前规划，以期提高资金使用效益，实现预期社会效益的活动。除了全面性、适应性、规范性和责任明确等特点外，高校全面预算管理更注重社会效益，更侧重资金预算。

以上述基本理论为指导，提出构建高校全面预算管理模式的具体思路：

（1）预算管理委员会根据学校五年发展规划和年度工作计划制定客观、明确的预算控制目标，包括总体目标和细分目标。预算控制目标经学校党委常委会审批后生效。

（2）校内各学：、部门根据学校任务分解及预算控制细分目标制定本单位年度工作计划，并在此基础上编制单位部门预算，工作计划的制定、部门预算的编制需要各职能科室和所有岗位人员的全程参与。各预算执行单位的预算经过"二上二下"流程形成学校预算方案，预算管理办公室根据预算方案进行预算经费下达。

（3）校内各学院、部门按照工作计划和下达的单位部门预算执行年度预算。在预算执行阶段，学校要建立、完善财务信息系统，理顺预算执行信息传播渠道，规范预算调整程序，强化预算执行刚性。

（4）预算管理委会员建立、健全预算绩效考评机制，按照既定的绩效考评指标体系评价校内各部门预算执行情况，并根据考评结果做出绩效奖励。

二、高校全面预算管理模式的构建路径

*1.*全面预算管理组织结构与制度建设

（1）预算管理委员会

相比财务部门，预算管理委员会更具权威性，更能代表学校层面对预算进行全过程监管。预算管理委员会主任由校长担任，成员由校长办公会成员及各学院部门"一支笔"共同组成。

预算管理委员会的主要职责有：审议通过预算管理相关政策；审议通过预算控制目标；审议通过年度预算方案、重大预算调整及其他重大经济事项，并上报校党委常委会审批；督促预算方案的实施；检查预算执行情况，并做出评价。

预算管理委员会是决策、议事机构，建议设立一个预算管理办公室来负责预算工作的具体执行。预算管理办公室可以挂靠在财务部门，办公室主任由财务部门负责人兼任，固定成员由财务人员组成，预算编制、进行预算考评与激励时可临时抽调校发展规划、人事等部门人员共同完成。

预算管理办公室主要职责有：建立、健全预算管理制度；确定预算目标、预算编制方法和程序；指导校内各预算执行单位预算工作；根据审批通过的预算方案进行预算下达；负责组织、分析、控制并监督预算执行；负责组织实施预算考评与激励。

（2）财务部门

在全面预算管理模式下，财务部门除预算管理职能由预算管理委员会替代外其他职能不变。在科室设置方面，增设预算管理办公室，开展学校预算管理具体工作。

（3）监察审计部门

加强学校审计队伍建设，健全监察审计部门职能，将校内各学、部门预算执行情况、执行效果列为年度常规审计的重要内容。一方面，对校内各预算执行单位预算的执行情况进行全面审计；另一方面，检查预算管理办公室职责履行情况，监督预算管理委员会管理效果，从而实现校内有效的内部控制，充分发挥校内审计的作用。

（4）预算归口管理部门

预算归口管理是指在预算管理过程中，将不同预算项目根据关联度和控制需要，赋予财务、人事、教务等职能部门一定的管理权限，具体如下：

1）财务部门

预算管理办公室冤，负责具体组织预算管理工作。

2）人事部门

根据学校发展规划和年度工作计划及人员配置结构，汇总、确定各预算单位人员增减数据，结合国家薪资政策，向预算管理办公室上报人员经费预算。

3）资产与后勤管理部门

负责校内各预算单位固定资产采购预算的申报汇总，负责各项教学、科研、办公设备的维修及维保预算，负责编制学校物资采购预算。

4）基建部门

负责组织校内各预算单位进行工程类预算项目申报，包括改扩建工程、新建工程、房屋维修改造等预算汇总。

5）教务部门

负责校内各学、教学经费、实习经费的预算汇总，配合预算管理办公室做好教学经费预算支出的分析、控制、考核等工作。

6）国际合作部门

负责校内各预算单位行政人员、教学科研人员出国经费的预算汇总。

（5）预算管理责任网络

校内各学院、部门是预算执行的实施主体，按照责、权相统一的原则，可以将校内各单位划分为不同层次的责任中心，构建层次分明、分工科学的预算管理责任网络。

1）划分责任中心

责任中心按层级可以划分为院校级责任中心，即代表学校层面的责任中心；二级责任中心，主要是校内各学院、部门；三级责任中心，即从属于二级责任中心的责任单位，主要是学院下设教研室、机关下设科室等。二级责任中心是学校预算管理责任网络的核心。按照各单位职责分工，二级责任中心又可以分为四种类型院教学科研型责任中心，主要是各学院、系；职能管理型责任中心，主要是各机关部处；后勤保障型责任中心，主要是教辅机构、保障部门；经营型责任中心，主要指校办产业、后勤集团等。

2）制定责任中心目标

为了实现学校总体预算目标，必须先按各层次责任中心职责、分工将总体预算目标进行细分，然后将细分目标转化为各层次责任中心的责任，并进行具体的量化。

（6）预算管理制度建设

现代大学治理强调制度建设，校内各单位在严格遵守上级相关文件精神的同时，要根据学校自身特点与实际情况，建立、健全校内管理制度，使学校各项工作的开展都有制度依据。

2.全面预算的编制

（1）做好预算编制调研

首先，预算管理委员会召开预算编制调研动员会议，参会人员包括预算管理委员会成员和校内各预算单位野一支笔冶，通过预算编制调研动员会，提高各预算执行单位的参与度。

随后，预算管理办公室带着具体问题到各预算单位进行调研，各预算单位在预算编制调研工作组到本单位调研前要全面总结、分析本单位预算编制、预算执行过程中遇到的问题，有针对性地与预算编制调研工作组进行沟通，如实反映问题，增强预算调研实效。

（2）健全预算编制方法

预算应从实际情况出发，根据不同预算项目的特点选择不同的预算编制方法，避免过分倚重增量预算编制方法。大部分的预算收入、支出，如学费等预算外收入、二级单位上缴收入、各单位业务费等可以采取零基预算编制方法，每年根据指标变动重新核定；而教职工工资、福利中的定额部分和有固定用途的各单位电话费、邮寄费等项目，最好采用增量预算法，在不影响预算科学性的基础上减少预算编制工作量；学校少量基建项目、大型仪器设备购置等时间跨度较长的事项，可以采用滚动预算法，滚动预算有利于财务人员定期分析研究预算执行情况并加以修正。

（3）细化预算编制方案

随着学校教学、科研等各项事业的发展，各类业务日趋复杂，简单的项目化管理已经不能适应预算精细化管理的要求。在这种背景下，有必要对没有指定具体用途的各类业务费和专项经费实行额度控制，按额度进一步细化现有的预算编制方案。具体做法如下：校内各学:、部门在上报新年度单位预算建议数时，要根据本部门工作计划和预算控制细分目标为本部门没有指定具体用途的各类业务费和专项经费制定项目使用计划，项目使用计划应包含项目额度分配信息；预算管理办公室根据年度预算方案下达各单位预算数，并在财务核算软件中设置各类业务费和专项经费的具体额度，财务部门利用财务核算软件对相关项目实行项目支出额度控制。

3.全面预算的执行与控制

（1）严肃预算执行

加强会计核算管理，通过科学、高效的会计核算实时反应预算执行情况；在此基础上，建立有效的预算控制系统，实时监督、控制各单位预算执行情况。预算控制系统主要构成如下：

1）事前控制

预算执行的事前控制就是在预算执行之前，通过一定的预算控制方法影响、规划预算方案的执行，提前防备可能出现的风险，将问题消灭在萌芽状态。

①要切合实际，根据学校五年发展规划和年度工作计划制定预算控制目标。预算控制目标要具备科学性、前瞻性、全面性和可执行性。

②要确保预算方案的全面性、合理性和可操作性，解决因预算方案自身缺陷而引起的预算执行问题。最后，要充分考虑预算方案执行过程中可能遇到的问题，提前拟定解决方案。

2）事中控制

预算执行的事中控制是指在预算执行过程中，利用财务系统等信息化工具对预算执行进行全过程的反应与监督。

①一方面，对预算经费实行项目化管理，对没有指定用途的业务费和专项经费实行额度控制管理，财务信息系统实时反应预算执行的相关信息；

②另一方面，预算管理办公室和校内各预算执行单位利用财务信息系统反应的预算执行相关信息对预算方案执行过程进行实时监督。

3）事后控制

从一定意义上来说，预算执行的事后控制既是本年度预算的结束，也是下一年度预算的开始。预算执行的事后控制通过对本年度预算执行情况的对比、分析与总结来指导下一年度的预算编制工作，对下一年度的预算管理和财务管理工作具有重要的借鉴意义。

（2）规范预算调整

学校在预算执行过程中发生财政拨款渠道、金额变动，学校教育事业发展规划、目标发生重大改变及其他无法预见的突发事件时，可以进行预算调整。

（3）加强财务信息化建设

高校应构建一套体现学校管理特色，满足学校教学、科研业务需要和发展要求，适应学校全面预算管理的财务信息系统，使之能够科学、准确、实时地反映财务数据及各部门业务费、各类专项经费、科研经费等项目经费的开支过程和执行情况，实现网络化、立体化的会计核算、报表汇总、科研管理、财务分析决策、学生收费、个人薪资等功能，实现实时的预算控制和额度控制，为全面预算的执行与控制提供保障，为学校的管理提供决策依据。

*4.*全面预算的绩效管理

为保证学校全面预算工作的顺利开展，完善预算管理体制，有必要建立、健全预算绩效考评机制，并合理地应用绩效考评结果。

（*1*）预算绩效考评机制

建立、健全预算绩效考评机制应着重明确以下要素：

1）考评目的

根据学校发展战略和五年发展规划，确定学校进行预算绩效考评的主要目的。校内各预算单位要根据学校预算绩效考评目的，结合本单位科学、科研、行政的实际情况，制定部门绩效考评目标，各相关科室和人员在此基础上制定科室目标和个人目标，最终形成相互联系、相互牵制的多层次目标体系。

2）考评主体

理论上，理想的考评主体应该同时具备考评的动因和职权。从考评的动因来看，校内外的利益相关者，如教育主管部门、学生家长、提供给学校贷款的银行、学校教职工、校内各学：和职能部门等都有了解学校预算绩效情况的诉求。

从考评的职权来看，只有教育主管部门和校内相关职能部门才有进行预算绩效考评活动的职权。在实际工作中，教育主管部门不可能对所属各个高校进行实时、全面的预算绩效考评，比较理想的预算绩效考评主体应为校内相关的职能部门。借鉴国内外高校比较成熟的做法，建议学校在预算管理委员会下设立预算绩效考评办公室负责学校预算绩效考评工作的实施。

3）考评客体

预算绩效考评对象主要包括：校部党政机关、群团组织、所有下属学：、教辅及直属单位。下属学：是学校预算绩效考评的重点对象。

4）考评方法

根据高校组织机构特征，建议采用平衡计分卡和关键绩效指标法来明确考评指标，进行预算绩效考评。平衡计分卡法注重层面分析，能有效结合学校的长期规划和短期目标，但具体操作较为复杂；关键绩效指标法相对专注于具体点的分析，操作简单，但容易忽视学校的长期规划。为此，在实际工作中，可以将二者结合，灵活应用。

5）考评指标

预算绩效考评指标体系的构建必须遵循以下几个原则：

①动态性原则

预算绩效考评目的会随着发展战略和发展规划的变化而变化，为了适应考评目的的变化，考评指标也应不断地修订、完善。

②可持续发展原则

考评指标具有显著的导向作用，在设计、选取考评指标时应避免被考评者的短视行为，引导被考评者树立可持续发展理念。

③系统性原则

鉴于预算绩效考评目的的多元性，学校应该建立一套联系紧密、结构合理的指标体系来进行预算绩效考评。

6）考评标准

在实际工作中，高校可以参考教育部网站公布的统计数据、文献资料，中国教育年鉴和教育经济信息网公布的相关数据，结合学校所处的实际环境、管理体制，对校内各预算执行单位的历史数据进行客观地测算，充分考虑各单位特点，推算出具有代表性且符合校内各预算执行单位实际情况的标准水平作为考评标准。

（2）绩效考评结果应用

绩效考评结果应用是将预算绩效考评结果与学校发展规划、战略目标及重点发展方向联系起来，以提高预算资金使用效率。主要包含以下几方面的内容：

1）作为奖励或问责的依据

预算绩效考评办公室根据考评指标和考评标准将校内各单位的预算考评结果划分为优秀、合格、不合格三个等级，对考评结果为优秀的单位进行奖励，具体奖励方案由预算管理委员会提出，经校党委常委会批准后执行；对考评结果为不合格的单位进行问责，责成单位负责人检查预算执行情况，查找预算考评不合格的原因，提出对策。

2）对比、分析各单位历年绩效考评结果

预算绩效考评办公室应对校内各单位的绩效考评结果进行纵向比较，对比校内各单位历年预算考评结果变化情况，分析变动原因，并提出改进措施，以期不断提高校内各单位资金使用效率，提升学校整体预算管理水平。

3）根据绩效考评结果的应用情况调整绩效考评方法、考评指标和考评标准。

预算绩效考评办公室在对预算考评结果进行整理、分析的基础上，应反思考评方法是否适用，指标设置是否合理，考评标准是否科学，不断调整考评方法，修正考评指标和考评标准。

三、国外经验借鉴

1.国外高校全面预算管理的现状预算管理

在国外的发展历史悠久，在一些经济比较发达的国家，高校预算管理制度经过长期的发展，形成了较为健全的制度，并且积累了丰富的经验，值得我们深思和学习。

（1）美国高校全面预算管理的现状

美国是当今世界经济大国，其高校不论是办学理念还是办学实力都具有很强的代表性。虽然其办学模式存在差异，但是不管是公立学校还是私立学校，都有完整健全的预算管理制度。在 20 世纪 70 年代，美国高校最早的将绩效引入到预算管理体制，在进行预算执行时从定量和定性两方面进行综合评价考核。

1）设立预算管理机构

美国高校多在财务处下设立预算控制办公室作为专门预算管理机构，其职责主要在于对向各二级部门提供预算制定咨询指导服务，并对其收支情况做出准确评估预算，实现办学资源的统一协调管理这一目标；控制办公室则对预算工作进行执行、监督和考核工作。在高校各部门均设有预算员以便对该部门预算执行进行专项负责，但不具备随意调整预算的权力。

2）职能分工明确

在美国高校的预算中，各部门都有明确的分工。预算编制由专门的预算部门负责，财务部门负责执行，全校教职工和学生负责对预算执行过程进行监督，可以随时反映执行中出现的各种问题。在高校管理内部，设有专门的监督部门；外部聘请中介机构，对预算情况进行监督。明确的职能分工，所有部门各司其职，保证了预算管理的公开、公正和透明，确保了各项资源的使用效率。

3）严格的预算编制及控制程序

美国高校的预算编制一般要提前一年进行，于每年 4 月进行下一年度的预算编制，要做到内容详细、重点突出，之后经预算听证会逐级审查论证并上报州长，最后来年年度预算于 6 月左右准确确定。各高校必须严格执行下达预算，不得随意更改，也无权随意支配各机动统支经费，必须经过学校董事会同意后才能使用。

4）预算编制的参与度高

在美国，除了学校对预算编制总体负责，财务预算部门负责预算的编制工作外，参与人员还涉及学校管理部门、其他各部门及其教职员工，另外对于重点项目的预算编制，部分高校还设有由普通教职工组成的专项委员会来负责。

5）合理进行预算分析

美国的高校通常采用横向对比的方式，通过将本校与规模相当的其他高校的预算情况进行对比分析，来估计本校预算决策的正确性。

6）完善的预算管理体系

美国的高校预算管理体系主要涉及三方面：

①单位进行宏观总预算的编制；

②高层管理人员进行收支预算编制；

③各二级部门依据收支情况进行预算编制。

学校通过设定各学科专业生均成本和学分小时单价等参数对此类经常性预算进行分配，建设性预算则需经上报通过审批才能执行，通过各项举措以保证执行重点项目时能够高效有序的完成，利于学校的各项发展。

（2）澳大利亚高校全面预算管理的现状

澳大利亚高校的全面预算管理因其严格透明的预算程序、合理的预算分配、有效的执行约束以及全程的预算监控等特点而为众所知。学校拥有专门负责制定公布学校预算的预算委员会，同时预算执行由财务部门负责，教职工对预算编制和执行等环节积极参与其中。学校同时接受内部和外部的预算监督，内部主要由预算执行委员会、财政委员会、教职工负责；外部则由事务所、审计监督部门负责。

在预算考评方面，自 20 世纪 90 年代起，澳大利亚的高校采用绩效考评制度，关注"目标与产出效果"，通过考核目标与产出情况，对预算执行完成情况进行评价，并最终落实到激励机制当中。

（3）英国、荷兰高校全面预算管理的现状

英国、荷兰等欧洲高校的预算管理普遍都强调规范性，他们对于编制预算规范化有严格要求，并且要求依法审批严格执行。

1）预算编制要规范

在预算编制时，高校的管理层要与财务预算部门一起，在充分听取了各二级学院和各部门的预算提议后，要根据上一年度的预算执行情况，从本年度具体事项结合预算计划进行预算草案编制。草案先后经学校决策部门和管理部门审批，审批之后最终确定本年度的预算方案。

2）预算执行严格

预算方案最终确定之后，财务部门将预算指标分配到各二级学院和各部门进行具体的细化分解，各下级部门要严格地执行预算，不能随意更改。在学校当年收入增加的情况下，各部门可于 6、7 月份向学校提出调整预算申请，经过上级部门的审批才可以对预算进行调整。

2.国外高校预算管理工作的不同及启示

通过对国外高校全面预算管理的研究，对我国高校的预算管理工作提供了以下几个启示：

（1）科学的编制预算

相比国外高校编制的科学合理性，国内高校在编制上稍显简单，没有做到完全的精细化编制；编制方法大多是采用增量预算法，方法单一；预算编制的人员参与度不高。国外高校在预算编制时，会分析调查预算的组成，采用多种编制方法尽可能详尽的编制预算内容，同时通过向更多人员开放参与编制过程的方式使得整个过程更加透明化。

（2）规范预算制度，加强预算的执行力度

大部分国外高校的预算管理制度都具有严格化规范化的特点，一般情况下不允许随意的调整预算和突破预算，在预算执行和控制方面做得也比国内高校严格。国内高校虽然有法定的程序，但是预算调整时随意性过大，临时调整的经费指标较多，财务的审批也不是很规范，口头化或随意审批的情况较多。

（3）预算管理与绩效考评相结合

国内的高校在预算考评时大多没有将考评结果与部门和个人的业绩考核和奖惩想挂钩，仅以业务活动成效为参考依据对业绩进行结果考评。故而在预算管理中需要最大限度地优化绩效考核体系，明确考核的指标和内容，把各二级学院和各管理部门的预算执行和评价情况与部门和个人考核相结合。

（4）分工精细且具体

在国外的高校预算管理中，普遍都设有专门的编制、执行和监督机构或部门，对预算全过程进行管理，三者相互分离，各司其职，在监督方面，除了校内设有监管部门，还聘请外部事务所等中介机构进行审查。而在国内，大多数高校都是由财务部门负责包括编制、执行和监督在内的预算管理工作，虽然学校多设有监察部门，但预算的监督工作都是由财务部门来负责。

第五章　高校绩效管理与控制

第一节　整体计划控制

一、高校绩效预算的一般做法

1.高校制定计划后层层下达

高校首先制定年度整体工作计划,各预算部门以此为依据制定部门年度工作计划,分别确定年度工作重点,学校再以审议通过的工作计划为基础确定年度工作任务目标,并以此编制部门预算,实现事与财的有机对接。

2.实行"学校+部门"两级管理模式

采用"基本运行费+专项资金"的方式下拨预算资金基本运行费是保障学校与部门能够正常运转的经费支出,二级单位根据经济业务的需要设计预算项目,再根据预算项目安排预算资金,首先保障核心业务与特殊业务的资金需求,其他的结余资金可根据部门的需要自主安排。专项经费主要针对学院发展所用,包括奖励性和扶持性两种。对能提高"学校显示度、知名度"的事项予以奖励、支持和绩效拨款,如国家级重点学科、国家基地等;对新办专业或学院、新进教师、专职科研机构和人员等事项予以扶持,以帮助其发展。

3.二级单位有较大的自主理财权

高校通常将总目标任务下达给二级单位,二级单位再将下达的目标自行分解、设置预算项目和分配预算经费至不同年度及内部成员。高校预算管理控制主要采用部门考核与个人考核相结合的模式,如实行定期考核制,对完成目标情况、资金使用效益实行部门考核,同时个人考核业绩与部门考核业绩挂钩。

4.重大项目的决策实行目标管理

对于重大项目,实行事前专家可行性论证,事后进行绩效考核,对这些项目主要实行有效的资源配置和使用效益控制。

5.强调预算信息系统建设

完善的预算信息系统是有效进行预算管理的基础,而预算信息系统的完善需要预算制度的不断创新、改进来推进,预算理念和制度的创新、改进又需要以信息和技术不断革新为基础。

6.教授委员会发挥重要监督作用

不少高校的预算审议是由教授委员会进行的,审议结果供学院决策层参考。教授委员会的集体意见在高校得到认可,其审议意见也往往很被尊重,如深圳大学就是如此。

二、高校绩效预算实践存在的问题分析

目前我国高校绩效预算管理的现状和制度环境,可以认为,当前高校推行绩效预算管理尚存在以下几方面的缺陷:

1.缺乏创新

缺乏配套的法律制度，学校绩效预算管理模式缺乏创新目前，大部分学校还不能真正运用"绩效"管理，学校从上到下各级领导与部门在绩效预算意识方面还很淡薄，所以学校的资金配置效率不高。在高校，我国至今还没有出台明确的法律或制度规定哪个部门或项目的管理者应当承担相应的预算责任及管理责任，大部分学校还是沿袭了传统的"报账制"管理模式，主要考虑的是怎样向财政部门要拨款，并且是越多越好，所谓钱多好办事，根本没有投入产出效益的管理意识。即使部分学校有绩效预算意识，往往不能很好地结合学校自身情况量身定制预算管理模式，导致预算管理与实际情况脱节。

2.执行力度不够

政策制定、执行过程与预算编制执行过程相互分离理论上讲，在预算过程中，只有将政策制定和预算实施密切配合才能有预期效果。然而，单位要真正实现整体的预算绩效管理目标，单位政策的制定与预算的编制、执行必须做到严密配合。如果要提高财务预算绩效目标的刚性管理，就必须给予财务预算机构足够的权力和独立性。但我国目前预算观念还较淡薄，满足这个前提还有难度，是我国预算绩效管理改革中较为严重的缺陷。

3.用人机制不灵活、运行效率低

目前，我国许多高校用人机制不太灵活，还是大锅饭的管理模式，对现有的教职工，不能做到人尽其才，对于新增的岗位、重要的岗位因种种原因又很难匹配最合适的人选，同时没有科学系统的绩效考核，各人的劳动成果差异得不到客观有效的评价。因此，教职工的工作积极性、创新能力、主观能动性得不到充分发挥，影响了整体绩效的提高。

三、高校整体目标控制下部门绩效预算管理模式构建

我国目前高校绩效预算管理还存在很多问题，笔者建议将企业战略理论和全面绩效预算理论融入高校预算管理中，构建学校整体目标控制下的部门绩效预算管理模式。

1.将高校整体目标与部门具体目标深度融合，严格执行以目标为导向的管理

可以认为，采用这种管理模式需要在预算编制时，首先要求学校确定中长期整体战略规划目标，然后将这些目标按优先顺序排列，并同时公布单位政策的大致方向；然后分解学校的中长期战略规划目标、将其细化为具体的短期预算目标，以此为基础再进一步落实部门的具体目标与工作计划，将学校整体目标和部门具体工作计划相结合。在部门具体计划实施前，学校要求各部门必须说明本部门预算产出与期望实现的结果之间的因果关系，从而确保发展目标的实现。上述管理思路是：始终处于学校管理的中心与支配位置的是学校总目标，各部门的预算目标是学校总目标的分解，部门之间又能相互协调，形成一套完整的目标组织系统，在上级目标的统领作用下形成同级部门之间有序公平竞争的局面。

2.创新部门预算管理模式，建立部门绩效预算目标

可以认为，有效的预算绩效管理应该把学校的整体目标和部门的预算及其绩效考评有机结合起来，形成以学校整体目标预算为主导，以部门为基础，以项目为单元，以绩效为核心的系、部预算管理创新模式。其中通过学校审议的部门工作计划是部门预算编制的基础和依据，为增强可操作性，系、部工作计划中的目标应分解为年度目标和项目目标，这些目标应尽可能地量化或指标化，以便整体管控，更为部门考核，主要是为预算考核、项目考核提供依据。部门预算应明确部门长期与短期目标，长期目标应通过短期目标进行分

解，以便为不同时期的管理评价提供标准，也为长期目标的实现提供保证。为了整体目标的实现，各部门应根据部门的长期目标构建部门绩效预算整体框架，形成部门绩效目标。绩效预算要求全面考虑成本效益，以部门长期计划为依据进行编制，为绩效目标的有效实现提供充分保障。这种管理模式的特点是使部门的绩效目标与部门工作计划高度统一。

3.政策制定和执行过程与预算的编制和执行过程紧密结合

在以往的学校管理中，许多学校的政策制定和执行是与预算的编制和执行相分离的。在现实中，很多学校领导在行政决策中往往不太考虑单位的整体目标和单位的预算，做出一些脱离实际和不考虑预算绩效的主观决策。因此，单位政策的制定和执行，直接影响预算的绩效。预算是根据单位的整体目标及宏观政策制定的，是在财力上对政策执行的具体体现；另一方面，在学校行政过程中的各项决策也不能随便超越整体的预算，预算一经确定，中途的各项决策也必须受预算的制约，而且必须随时考虑预算的绩效，两者是相辅相成的。如果政策的制定和执行没有考虑预算，而预算也没有以单位政策为依据，那么学校整体目标如何得以实现？所以，为了实现单位政策和预算的最佳配合，还需要通过机构改革，从宏观上制定出多年期支出框架来实现对目标和总额的集中控制。

4.将预算执行和预算监控分离，区分产出与结果的责任

只有将预算执行与预算监控分离，才能更好地监控预算执行过程，及时发现预算执行的偏差。预算过程监控是将各部门的目标和具体指标体系进行比对，对预算执行情况和效果进行全程跟踪，深入了解预算执行过程中是否出现与目标偏离的情况。在实际工作中容易偏离目标的原因及可取的措施主要有两种情况：

①第一种情况是，部门主观控制的原因，即部门没有严格按照目标计划执行；针对这种情况应采取相应的预警措施，促使其按目标计划执行。

②第二种情况是，当初制定目标时的内外部环境及条件发生了变化；面对此种情况，应当及时调整目标，以保证资源配置的有效性。这里还必须明确产出与结果是两个不同的概念。投入是后来产出的基本成本；产出则是由部门或第三方提供的产品和服务；结果则是与单位活动目的相连的最终效果。预算的结果由决策层负责，预算资源的分配和预算产出由管理部门负责。这样，相关负责人可以各司其职，相互配合，提高效率。

5.追求目标实现，将结果、决策和管理三者整合

为了最终形成以目标为主导，部门为基础，结果为导向，绩效为核心的绩效预算管理模式，可以追求目标实现为核心而不是强调预算投入控制、严格监督项目支出的预算体系，同时根据学校业务实际情况适当采用权责发生制会计可以使生产产品和服务过程中的成本更加清晰、更能反映投入产出效益，这样可以最终构建一个全新完整的财务管理体系：以产出为基础、以结果绩效为控制目标，将战略计划和资源配置完全结合。为了将结果应用到管理中，可以采用指标评价进行全过程控制。

（1）针对不同阶段运用配套的指标评价体系进行评价,利用评价的结果信息测量效果。

（2）提高结果测量能力和改进结果管理方法，并以此为基础结合实际情况改进结果信息以保证这些信息的质量，并将这些关于结果的信息在决策的过程中正确使用，实现以结果为导向的决策模式。

（3）再对结果造成的影响进行跟踪评估。这样一来，就可以完成结果、决策和管理三者的整合。

6.构建科学系统的部门预算绩效考核体系

重构整体目标控制下的部门预算绩效考核体系，要求平时只做定性分析的内容尽可能变成可以量化的分析，而财政支出绩效评价最主要的任务，是把定性的各项职能转化为既可以计量、又可以考核的各种量化指标，达到能够进行成本核算的目的，运用相应的绩效考核工具，进行绩效考评。这套考核体系的设置能够按投入产出最大化原则实现资源配置，促进财政工作更好地符合高校发展要求。

构建科学适用的考核体系必须研究的内容有：基础工作管理、绩效目标管理、绩效运行过程监控、绩效评价体系实施、评价结果应用、绩效管理创新、监督发现问题等方面，这样才能确保考核体系结合学校的实际情况量身定做，有很强的实用性与可操作性，也才能确保部门预算管理过程中的工作计划、工作结果始终符合学校整体目标要求，最终促使学校整体目标的实现。提高校整体目标控制下的部门绩效预算管理，实际上是财务管理的系统创新。这里一面涉及预算制度系统的创新，其中包括整个系统中的工具与技、体制与机制、制度以及内外环境等规则系统的全面创新；另一方面，制度的创新本身就是一项系统工程，它需要自上而下和自下而上的双向创新，有的还需要量身定做分阶段、按需求、循序渐进地进行。

在这一创新过程中，高层管理者以及校级职能部门是顶层设计者和主导者、决策者。在这里，主导、决策者的意见具有决定性意义。与此同时，改革必须获得校内各部门、单位及其内部成员的参与和支持。

可以认为，当前我国高校只有构建了科学精细的预算管理体系，按照上述所提整体目标控制下的部门绩效预算管理模式进行科学精细化管理，才能促进我国高等教育高质量的迅速发展。

第二节　组织人事控制

一、高校人力资源成本及高校组织绩效 的内涵

1.高校人力资源成本的含义

高校人力资源成本意为高校为了获得、开发、管理和维护人力资源而发生的各项费用或支出的总和，其主要由取得成本、开发成本、使用成本、保障成本、离职成本等构成。取得成本是指高校通过招聘、选拔和录用教职员工所发生的各种耗费，具体包括招募成本、选拔成本、录用成本及安置成本。

开发成本主要包括岗前培训成本、岗位培训成本和脱产培训成本等为了提高教职工的能力而产生的各项耗费。使用成本是指高校录用教职员工后，在使用过程中向其支付的各种费用。包括维持成本、奖励成本和调剂成本等。

保障成本是为了保障高校现有人力资源价值的实现而必须支付的劳动事故保障成本、退休养老保障成本和健康保障成本等。

离职成本是指由于教职工离开学校而造成的费用支出，包括离职补偿成本，离职前低效成本以及职位空缺成本等。

2.高校组织绩效的含义

高校组织绩效是指高校为实现其发展目标,在财务绩效、教学科研绩效、社会满意度、教职员工满意度等四个方面的体现。

其中财务绩效包含支出收入比、财政拨款收入增长率、自筹经费增长率等三个二级指标;教学科研绩效包含生师比、精品课程数、科研经费增长率、人均获得课题数、人均发表论文数、人均获奖成果数、人均出版专著数 Ve-e 项二级指标;社会满意度包含入学最低分数变化率、毕业生就业率等两项二级指标;教职员工满意度包含教职员工整体工作满意度、教职员工保持率等两项二级指标。

二、高校人力资源成本对组织绩效的影响

(1) 高校综合绩效与人力资源成本息息相关

高校综合绩效与人力资源成本、人力资源结构息息相关,尤其是与教学科研绩效的关系。如果高校的人力资源结构合理、人力资源投入成本比较多,特别是取得成本与开发成本的增加,将必然带来高校教学科研绩效的显著提高。

(2) 高校的财务绩效与人力资源成本关联度不大

高校的人力资源成本与财务绩效的关联度不大,主要原因是本文所指高校为公办高校,属于事业单位,其收入来源主要靠财政拨款,而财政拨款的多少与人力资源结构没有直接关系。

(3) 高校教学科研绩效与人力资源成本正相关

教学科研工作是高校的主要工作,教学科研的主体是教师,尤其是对高学历、高职称的教师需求比较大,这就必然意味着需要加大人力资源成本投入,改善人力资源结构,以提高科研机构的绩效。反之,若人力资源投入不显著,则其科研机构的绩效也不是显著。

(4) 高校社会满意度与人力资源成本有密切联系

高校社会满意度是社会就高校培养的人才需求已被满足的程度,是对大学毕业生质量的满意程度,而毕业生质量的高低则取决于整个教学过程,反映在教学成果中。所以,提高高校社会满意度必然需要通过提高教师自身素质、健全教学管理制度等加以实现,因此不仅增加人力资源成本,还会涉及教学管理其他方面的成本投入。

(5) 高校教职员工满意度与人力资源成本和谐统一

高校教职员工满意度与高校人力资源成本之间既矛盾又统一。要想使教职员工满意度提高,必然要通过提高薪酬、提供培训机会等措施实现,从而会增加其使用成本与开发成本,但是,却可以避免教职员工流失,从而降低了高校的取得成本、开发成本与离职成本等。

三、提升高校组织绩效的对策

(1) 构建高校人力资源管理的激励机制

构建激励机制的目的是为了提高教职员工的积极性,从而提高组织绩效,可以通过提高教职员工待遇,提供进修机会,提供完备的科研条件,规划教师未来发展等得以实现。

(2) 合理制订高校人力资源成本标准

制订高校人力资源成本标准,可以为各学科和各专业的师资配备提供数量依据,实现高校人力资源结构的优化配置,从而将教育收益与人力资源成本耗费合理挂钩。

（3）制订合理的高校人力资源规划，控制取得成本

合理制订人力资源规划，有计划、有目的地引进、开发和利用人力资源。切不可盲目引进新的人才，从而造成成本高但收益低的状况。因此，合理的人力资源规划有助于降低人力资源成本，有效地配置和使用人力资源。

（4）聘用兼职教师，节约招募成本

学校在保证教学质量的前提下，首先可以从内部或外部聘用具备条件和能力的兼职教师(双肩挑教师或外聘教师)，这样便可以最大限度地降低招募成本。

（5）制订高校人力资源成本回收策略，控制开发成本高

校对人才、对知识的渴望较高，为了获得更高的收益，他们愿意在培训上投入较大费用。但是，近年来，很多高校面临的困惑是，在加大教师培训的力度后，教师流失率也在逐年上升，因此，高校需要制订合理的开发成本回收策略。

第三节 行政领导控制

一、高校行政管理中行政成本控制的问题分析

1.高校行政管理中行政成本控制存在的问题

（1）行政管理制度落后

现阶段，很多高校仍沿用落后的行政管理制度，没有跟随高校教育发展的步伐调整改进行政管理制度，导致行政管理制度已经无法适应高等教育发展的要求，造成高校行政工作与实际脱节。具体来说，这些学校仅仅通过一些死板的行政制度和规章来约束高校行政工作人员以及教师，高校工作人员和教师一直处于被动管理的地位。并且，这种落后的行政管理制度只重视事后处理，缺乏对相关问题的预防，管理效果不明显。

（2）管理人员官本位思想严重

现阶段，我国高校的行政机构具有部级机构、厅级机构、处级机构和科级机构几种等级，等级体制容易导致行政管理人员形成官本位思想，行政权力过于集中，管理工作中心偏移到讨好上级部门上，忽视了行政管理部门的工作效率。并且，在这种体制下，高校行政管理领导人员具有较高的权威，下级工作人员不敢违抗，导致行政管理工作容易在领导的主观指挥下完成，行政管理工作缺乏民主性。

（3）行政机构数量过多

现阶段，我国高校的行政管理机构数量庞大，很多行政部门的设置都比较随意，行政管理机构的服务职能不够合理。并且，部分高校的行政人员安排也比较随意，有些行政人员是领导人员直接安排在固定的工作岗位上的，甚至还有些岗位人员通过找关系、送礼等不正当竞争方式获得工作岗位，管理人员的工作能力和职业素质无法保障。另外，行政管理部门数量过多容易出现行政管理部门之间相互推诿现象的发生，难以保障工作效率的提升。最为重要的是，过多的行政机构会导致行政成本的大量增加，加重了高校的资金问题。

（4）行政人员素质不高

首先，部分高校行政管理人员缺乏成本意识，在行政管理工作中没有解决行政成本，造成资金浪费的现象；其次，部分行政管理人员缺乏成本控制的能力，没有学过相关的成

本控制知识，行政成本控制工作无法顺利开展；最后，部分高校行政管理人员的职业道德水平较低，为追逐自身利益，在行政工作中擅自挪用行政管理工作资金，存在着贪污腐败的违法行为。

2.高校行政管理中行政成本控制问题的成因

（1）行政成本控制动力不足

①现阶段高校缺乏对行政管理工作行政成本控制的动力，学校的资金主要来自政府拨款，而大多数资金都用于教学和科研工作，行政管理工作资金投入较少，只注重行政成本的核算，而忽视行政成本控制工作。

②大多数高校在资金管理上十分重视成本核算，但现阶段还没有统一的高校成本控制指标，高校也没有建立相应的成本控制机构，高校财政管理忽视了成本控制工作。

（2）高校财务编制不完善

现阶段，大多数高校的财务报表编制以收付实现制度为基础，增加了高校成本核算的复杂性。高校成本控制工作需要对财务编制进行一定的调整。但是现阶段，高校财务编制虽然进行了一定的调整，开展了成本核算工作。而在成本核算的过程中对固定资产的管理不到位，高校固定资产折旧仍处于虚提折旧阶段。在这种情况下，高校的财务编制无法适应行政成本控制工作。

3.高校行政管理中行政成本控制影响因素分析

（1）机构设置

高校的行政机构设置对高校行政成本控制工作有着重要影响，行政机构越多，行政成本就越高。而现阶段，我国大多数高校的行政机构数量较多，行政工作的资金花费较高，尽管很多学校加强了各行政部门的成本控制，但是行政人员和行政机构数量高居不下，导致行政工作存在着资源浪费和资金浪费的现象，行政成本控制工作效果不明显。

（2）资产管理

高校的资金管理工作会影响到高校行政控制工作质量，高校行政成本控制需要在高校资金管理制度和资金管理的方法要求下进行。但是现阶段，很多高校十分重视资产购置，不断投入资金购买教学设备等固定资产。但固定资产购买滞后，大多数学校忽视了固定资产的管理和利用，导致固定资产沦为摆设。

另外，虽然部分高校出台了一系列的资产制度，但是相关部门对于资产制度的实施执行上却存在一定的敷衍了事的工作态度，导致相关资产管理制度实施不到位，进而为高校资产管理中工作人员贪污浪费、学校资产流失等不良现象的发生提供温床。

（3）人员管理

高校行政人员管理对高校行政成本控制有着重要的影响，这是因为高校行政人员的成本意识和节约意识直接影响着行政成本。很多高校在招聘行政人员的过程中十分重视应聘者的学历层次、职业道德素质、职业能力等内容，要求应聘者具有较强的节约意识和成本意识。但是现阶段，部分高校行政工作人员在工作过程中缺乏成本意识，认为学校的资金不用白不用，在工作中存在着资金浪费的现象。

（4）简政放权

政府简政放权对高校行政成本控制有着重要的影响，随着高等教育制度的发展，我国适当放权给各高校，以增强高校发展的自主性。在简政放权背景下，高校行政部门应积极做好高校的后勤保障工作，积极为高校教学和科研提供高质量服务。但是在实际工作过程中，高校的权力大量集中在行政管理部门，各院系部门的权力较小，在教学、科研等方面的自主性有限。并且，权力过度集中在行政管理部门导致高校资金也被截滞在行政管理部门，一些行政工作人员利用工作之便贪污学校资金，导致高校资金流失。

（5）办公自动化

办公自动化对高校行政成本控制有着重要的影响，办公自动化能够有效节约行政工作的人工消耗、节省纸张等行政工作材料花费。高校行政部门的办公自动化主要包括日常办公、代办事物、网上审批、信息发布、通知管理、个人助理等方面。并且办公自动化推行的视频会议能够节省会议的花费和会议时间，降低行政工作成本。但是，部分高校缺乏对行政工作办公自动化的重视，没有置办自动化的办公设备，自动化办公无法开展。

二、高校行政管理中行政成本控制策略

（1）建设节约型校园

高校应积极建设节约型校园，在加大教育资金投入的同时，加强行政投入和行政成本控制工作。为此，高校应积极建设财务机构和财务队伍，强化高校的内部控制，合理设置财务岗位，明确财务岗位的职能，提高财务人员的综合素质，优化财务管理工作。另外，高校应设立专门的节约监督部门，加强对高校行政工作的成本监督，对资金浪费和贪污腐败的现象进行压力制裁，实现高校行政管理中行政成本的有效控制。并且，相关监督部门应加强对高校日常收支工作的监督，审查高校的财政制度是否落实到位。

（2）强化成本观念

高校应积极强化成本观念，严格审查财务预算，在加大科研投入和教学投入的同时强化行政成本控制，尽可能地降低行政成本。另外，高校行政部门应该量力而行，根据学校的资金状况开展经营，坚持量入为出的原则，控制办学成本，精打细算高校的各项工作，避免高校建设发展过程中各种奢侈浪费现象的发生。并且高校应加强资源统筹和整合，优化资源配置，建立科学的资产报废制度，充分挖掘资源的使用潜力，提高资源的利用效率。最后，高校应制定完善的规章制度，将行政成本控制工作纳入绩效考核体系，为高校行政成本控制提供制度保障。

（3）建立成本责任制度

高校行政工作应积极建立成本责任制度，对高校行政成本进行分解，细化行政成本控制指标，对行政管理工作和行政成本控制工作进行量化管理，加强对行政人员的绩效考核，建立行政人员责任制度。并且，高校应该将行政成本控制纳入行政部门和行政工作人员的年度考核之中，加强行政部门和行政工作人员对行政成本控制的重视，提高行政成本控制在行政管理工作中的地位。

（4）构建行政成本评价体系

高校应根据行政成本支出状况和高校的行政成本控制工作建立系统合理的评价体系，明确行政成本的使用效益，制定科学的行政成本评价指标，积极开展行政成本评价工作。为此，高校行政部门应量化管理部门的成本控制目标和成本控制的影响因素，科学分析成本控制的指标，增强成本控制工作的可操作性。

第四节　资产管理与处置控制

一、高校固定资产的理论基础

1.高校国有固定资产相关概念

（1）国有资产

在我国《事业单位会计准则》中规定："资产是事业单位占有或者使用的，能以货币计量的经济资源，包括各种财产、负债和其他权利"。由此可见，资产是一个组织或群体的一种可带来预想目的的有效资源。所谓国有资产，即可依法被认定为国家所有并能为国家带来预想目标的各种资源。国有资产有广义和狭义的两种定义。广义的国有资产是指国家凭借其权利取得、接收馈赠、投资收益、或者其他依法认定的各种类型的财产或财产权利16，包括国家向行政事业单位拨款形成的非经营性资产。狭义的国有资产是指法律上确定为国家所有的并能为国家提供未来效益的各种资源。

（2）高校国有资产

高校资产为其从事教学、科研和行政管理工作等所需要的各种仪器设备等，我国普通高等教育学校（民办高校除外）属于行政事业单位，基本都是由国家投资建设的，具体由各级财政或主管部门拨款建设，因而学校的绝大部分资产均为国有，学校只有使用权。高校国有资产是确保学校各项工作顺利展开的重要物质基础，也是学校竞争力的一种体现。高校国有资产主要分为下列几类：流动资产、有形资产、无形资产和对外投资。

（3）高校国有固定资产

固定资产是指其单位价值在规定标准之上，使用期限超过一年，并且在使用过程中基本保持原来的物资形态的资产。根据《高校会计制度》规定，高校各种设备的单位价值是：专用设备在 1500 元及以上、一般设备在 1000 元及以上。根据现行的财务制度，固定资产可分为六大类：第一类为房屋及建筑物，包括教学、行政和后勤用房、学生和教职工宿舍、业务辅助用房和土地等资产；第二类为专用设备，包括电子设备、医疗卫生器械、仪器仪表、印刷设备、计量器具、机电设备和标本模型等；第三类为一般设备，包括计算机、电教设备、打印机、复印机等设备；第四类为文物和陈列品；第五类为图书；第六类为其他固定资产。

2.高校国有固定资产特征及管理的构成

（1）高校国有固定资产的特征

国有固定资产是高校国有资产非常重要的一部分，具有下面几个特征：

①使用无偿性

高校固定资产的购置经费主要由国家财政拨款、事业性收入和社会各方面的捐赠等方式获得，主要用于教学、科研实验、行政管理、后勤保障等工作的开展，为社会教育事业的不断发展提供必不可少的物资保障。基于高校教学科研事业和购置经费来源的特殊性，高校的固定资产都是非营利的，无偿使用的。

②种类多样性

高校的固定资产一般被分为六大类，由于高校固定资产的品目众多，其实际管理工作中呈现出复杂和多样性。为便于具体管理，一般允许各高校在日常管理中结合具体使用情况对固定资产进行适当分类。

③核算特殊性。由于高校固定资产购置费用基本为无偿获得，所以在学校财务处理上实行一次性入账，同时按目前国家的财务有关规定，高校固定资产不做折旧处理，因此在财务报表上将仅体现固定资产的原值。

（2）高校国有固定资产管理的构成

高校固定资产的配置主要由政府财政部门、上级主管单位、高校专职机构根据我国有关法规和指定流程进行购置或者调剂的。因此，高校固定资产管理原则上由财政部门或上级单位监督指导，由高校自身具体实施。高校对固定资产的管理内容为申购审核、设备采购、验收入账、资产盘点、核查统计、监督考核等。为确保固定资产购置的合理、使用的有效和处理的规范，从固定资产的形成、使用到报废处置的每个环节都需有规范的管理制度和流程。

二、高校国有固定资产管理的发展历程及模式分析

1.高校国有固定资产管理的发展历程

随着我国改革开放的不断推进，我国高校的国有固定资产管理也在与时俱进。具体的发展可分为以下三个阶段：

（1）形成阶段

在旧体制下，我国高校是根据计划经济的模式运行。高校国有固定资产大都是政府财政购买，高校免费使用。在当时的大环境下，因环境因素影响，高校的资产数量不多，大多都是一些基础的实验设备，对资产的管理基本都采用原始的流水记账法。管理理念落后，高校关注更多的是使用，往往忽略了管理，在资产整个生命周期中不计使用效率，不做折旧处理。改革开放之后，我国经济突飞猛进地发展，在该趋势下，高校已意识到管理的不足之处，国有固定资产管理模式随之也发生了相应的变化。高校要飞速发展，提高自身的综合实力，仅凭国家财政的拨款和分配调拨仪器设备已远远满足不了发展建设的需求。不少学校纷纷向银行申请贷款来添置高精端的设备。银行对该些学校进行了资产评估和调研，将风险降到最低。如何提高固定资产的使用价值，将其效益最大化，成了高校思考的问题。高校开始考虑大型设备的使用和管理，并制定了相关规章制度来对其规范。

（2）发展阶段

20世纪90年代初，随着我国经济的飞速发展，教育体制不断地完善，高校资产经费来自不同的渠道，政府财政拨款已不再是唯一的来源方式，高校购入了大量的固定资产。很多高校除了开展教学和科研任务之外，更热衷于市场的开拓，各个高校都有自己的公司和校办企业，成为当时的一股热潮。高校除了办公设备和实验仪器这些非经营资产外，新增了这些公司和校办企业的一些经营性资产。通过借鉴西方国家的管理方式和对自身管理方式的思考，各高校基本都建立了资产管理处，统筹管理学校的国有固定资产，让资产得到合理利用，提高其使用价值，加速了改革的步伐。在教育部的要求之下，各所高校在全校内开展大规模的清产核资，全面摸清校内固定资产的价值数量及使用状况，为后期的管理工作打下了扎实的基础。

（3）规范阶段

在管理办法的要求下，高校通过清产核资全方位了解学校固定资产数量和使用状况。因此也发现了不少问题，普遍存在未充分发挥其使用价值，闲置率高，管理方式跟不上发展的进度，产权管理混乱，报废处置较为随意。这些现象都由管理不当造成的。高校国有固定资产管理工作与时俱进，管理制度与机制在进一步地完善中。但其管理中仍有很多方面不适应当今高校快速前进的步伐。高校国有固定资产管理的完善仍需要更大的努力、更新的理念、更强的改革勇气，积极探究符合我国高校实际情况的国有固定资产管理机制。

2.高校国有固定资产管理模式

（1）集中管理模式—主管校长负责制

这种管理模式的特点是由主管校长负责管理整个学校的国有资产，对国有资产进行统一领导和集中管理。不建立专职管理机构，各管理职能由各部门负责人兼管。例如财务处专门负责固定资产的预算和入账登记，资产管理处则承担购置审核、采购、验收工作。固定资产数目少，分类简单的高校可采用这种模式。

这种管理模式的优点是：命令统一、上令下行、指挥方便、执行速度快、反馈迅速、信息及时，并且人员配置精简，降低了管理成本。缺点是虽然管理职能统一，权力集中，但各部门领导负担加重，并且降低了基层职工的工作热情。同时由于缺少资产管理的专职部门，固定资产的管理仍停留在账面管理上，缺少整体化管理，资源配置方面有所欠缺，未充分发挥资源的利用价值。小规模的学校可以采用这种模式。

（2）分类管理模式—按品种管理

这种模式是根据学校资产的种类进行分类，将管理职责具体落实到各部门，进行归口管理。各部门在各自管理权利内，可直接安排下属部门的工作内容。

这种模式最为突出的优点是：职责明晰，管理简单，减轻各管理部门负责人压力，能将更多的精力投入到如何完善改革思考中。

缺点为：管理职能不集中、指令不一致、沟通不及时、响应不快、容易导致矛盾的发生、配合不默契。问题一出现，无人承担，只会造成相互之间推诿。这种模式适合于固定资产种类单一的学校。现代的高校固定资产的数量之多，品目众多，该模式已跟不上现代高校发展的步伐。

（3）宏观管理模式—分级管理

这种模式是统一领导、分级管理。设有专职的管理机构，对全校所有的固定资产进行统一筹划，并且各级分工明确。这种模式较大的优点为：对学校的固定资产统一筹划，掌握具体数量价值及使用情况，便于摸清"家底"。具体管理职能下放，使用部门都加入具体的管理中，提高了各使用部门工作的热情，在使用管理中发挥更多的力量，并且减少了专职管理部门的业务量，能将更多的精力和时间投入到资产管理模式的构建中。显著的缺点为：使用部门都加入管理队伍中，管理队伍庞大，极易导致因分工不明确造成相互推诿，无人承担责任。一旦管理不妥就容易造成从大家都参与管理到无人担当的局面。综合性的高校适用于该种模式。

3.高校国有固定资产管理现状

随着我国经济和教育的改革，我国高校的办学规模、教学模式以及管理方式等都在积极完善和与时俱进。如何管理好高校国有固定资产，使其在使用中发挥最大的效益，已是高校管理者面临思考的问题。

目前我国高校的管理分为中央或省级管理，绝大多数高校由省政府直接管理。我国高校固定资产主要由国家财政或省级主管单位分配，但由于各高校资产的配置来源和管理部门的不同，其资产管理的方式存在不同之处。如教育部直属高校的资产由财政部综合管理，教育部监督管理，这些高校的资产管理基本都是"统一领导、归口管理、分级负责、责任到人"而由地方政府直接管理的高校，其资产的管理基本是根据《行政事业单位国有资产的管理办法》进行管理，但由于各地方的差异，其管理方式也有所不同，基本为下列两个方式："统一领导，集中管理"或"统一领导，分级管理"。

近年来，我国高校在不断地创建一流实验室，更新实验设备，这已成为高校建设的重要一部分，由此高校国有固定资产的数量增加迅速，管理模式也在不断完善，但仍存在一些不足之处。如固定资产管理体制不完善，内部考核机制缺乏、固定资产使用效率不高、固定资产存在账实不符现象、固定资产管理理念落后、缺少大型仪器共享平台等，这些问题制约了高校发展的步伐，有待我们及时改进。我国高校固定资产管理模式从形成到发展再到规范，经历了数十年的改革和完善，每个过程都在不断地学习改进，虽然取得了一定的成绩，但仍有很多地方需进一步完善，固定资产管理改革的道路任重而道远，需要我们不断创新改进。

三、构建高校国有固定资产管理的优化机制

近年来，国家加大了对高校固定资产管理的重视，如何管理好国有固定资产已是一项重要的研究课题。新时期下，为适应时代的改革，我国高校国有固定资产管理只有不断改革和创新才能适应新要求。高校国有固定资产数量多，管理面广，是项复杂的系统工程，既不能按发达国家高校资产市场化管理方式来管理，也不能闭门造车。

在创建世界一流高校的口号下，高校资产管理的改革需根据学校实际发展要求，并借鉴西方国家丰富的经验，努力探索新时期高校资产管理的优化机制，并在具体工作中去不断丰富和改进。我国高校固定资产管理经过几十年的发展，已初步形成"统一领导、归口管理、分级负责、责任到人"的管理模式，但由于"产权不清晰、职责不明确、管理制度落后、人员素质低下"等原因，实际管理状况为粗线条的模糊化管理，与新时期我国高校跨越式发展的新要求已越来越不相适应。

1.重建制度流程

（1）提升管理能级，理顺管理职权

根据产权制度理论，高校国有固定资产属于明显的产权要素分离形态，政府与高校之间的关系，是一种典型的委托代理关系。学校最高管理层（理事会或校务委员会）作为受托方将行使固定资产的占有权、使用权、收益权、处置权，理应承担固定资产管理的全部责任，建立并执行一整套系统的管理制度和责任监督制度。

在目前"统一领导、归口管理、分级负责、责任到人"的管理模式下，必须首先从制度上明确，学校理事会或校务委员会是学校资产管理的最高权力或责任部门，对资产的总体预算与决算以及重大资产采购与处置等重大事项有最终决定权；归口管理部门必须对全校所有资产有管理权和分配权；各分级部门乃至各部门责任人的管理责任与权限都有明确的规定。并建立定期联席会议制度和报告制度，确保管理制度和责任落实到位。在整个管理体系中，学校最高层作为最终责任人是核心，只有提升管理能级，才能使管理体系有效

运行；同时，理顺各级管理层次的职责权限也是整个体系的关键，只有这样，方能使"分级负责、责任到人"制度真正落实。

（2）完善管理制度，实现流程再造

按照产权理论和资产管理法规，高校固定资产属于政府投入的准公共资源，学校职能部门不仅要保全固定资产，更重要的是要提高其使用效率和实际效益，以达到政府资金促进教育和科研事业发展的目的。为此，高校管理机构必须不断完善管理的各项规章制度，并建立一套完善的管理流程，让固定资产管理整个过程：预算审批、资产采购、资产配置、定期清点、报废处置的每个环节都有具体明确的制度与审核机制，做到事前须审批、事中要监管、事后有核查。同时，应从高校资产管理中存在的问题着手，完善审批流程、规范财务制度、建立量化指标、确保合理配置、提高使用效率。并将制度执行情况与各单位的资产购置和预算安排挂钩起来，建立一套奖惩办法，使管理机构与监督部门互相配合、良性互动。与此同时这些信息也将给政府部门进一步改进固定资产有效投入、优化固定资产经费配置提供第一手资料。

（3）突出关键环节，加强精细管理

1）资产管理必须与预算管理相结合

现在高校各部门之间都各自为政，相互之间缺少工作上的沟通，特别是财务部和资产部在工作上是两个密切相关的部门。创建资产管理与预算管理相结合的制度，使经费分配更为规范、有序，资产配置更优。当各部门提出申购需求时，应根据该申请部门的工作内容、实验需求和学校内固定资产的存量状况进行综合的论证分析，经各方面权衡后进行决策判断。这就需财务和资产两个部门之间加强沟通，信息共享，对具体的配置、分配做出明确的预算规制，从源头控制，让科研经费利用最大化，使有限的资源得到最优配置。资产管理与预算管理的结合，重点是查清家底，对库存进行管理，对增量进行控制。通过库存管理实现预算管理精准化，积极做到盘活库存，调节增量，从而达到建设资源节约型高校的管理目标。

2）根据国家采购法规范采购和公开采购过程

高校固定资产采购制度，应严格按《政府采购法》和《政府采购管理办法》制定，按照"公平、公开、公正、竞争和择优"的原则进行。

①由资产管理部门负责采购事宜，并成立专门的采购中心，对学校国有固定资产统一采购，规范采购行为。

②预算审核通过的项目，不能随意改变预算计划或经费用途，有特殊情况，需上报上级管理部门和财务部门，经批准后才能变动。

③集中采购项目，在市政府采购平台中列出的大类，需在该平台进行购置。

④分散采购项目，单价在20万元及以上的，需委托第三方有资质的招标代理公司进行招标，若是单一来源，需在政府采购网上公示一周。

⑤分散采购项目，单价小于20万元的，采取竞争性谈判或询价。

⑥新增的固定资产单价在10万元以上，需进行"可行性论证"，组织专家组进行可行性评审。

⑦单价或批量价格在超过1万元的，需跟供应商签订合同，由审计部门审核后，方可执行合同。

规范采购制度，公开采购流程，让各部门能了解采购的进程和采购信息，起到监督作用，减少因个人利益而导致设备重复购置或有意提高购置设备的档次，避免滥用职权，徇私舞弊现象的发生。

3）严格资产处置制度与处置执行制度

资产处置包括对资产的出租、抵押、转让、报损、报废等内容，资产处置管理是高校国有固定资产管理中的一项重要组成部分。制定严格的固定资产处置审批程序和详细的操作流程，规范各类固定资产，特别是重大资产的具体处置方法与相关责任认定，对防止国有固定资产流失、杜绝国有固定资产浪费、堵住滥用职权和徇私舞弊的腐败漏洞都具有重要作用。

2.强化评估考核

（1）建立约束机制，强化监督职能

高校固定资产的所有权即产权属于国家，但占有权即使用权和管理权属于学校，处于产权要素的分离状态。在这种现实制度下，只有在高校固定资产管理全过程（申请审批、询价采购、分配使用、报废处置等）的各个环节都引进约束机制，才能有效防止"一人作主管理不当、随意决策资源浪费、以权谋私资产流失"现象的发生。只有通过约束机制的建立才能使固定资产管理流程更加规范、管理过程更加透明、管理质量更加提升。约束机制的建立，必须做到全过程、全要素、全人员的覆盖，不遗留死角、不出现盲区。如：实行两级审批制度，建立独立招投标平台，采用资产效用评估机制，实施人员岗位轮换制等。每年进行学校内部的清产核资，定期对仪器设备的使用情况进行评估，对使用部门及人员实施阶段考核。尤其是对重点环节(资金申请、资产采购、设备处置等）必须定期进行第三方核查。

另外，对于重大资产和大型仪器设备等必须要做到责任落实到部门、到具体人员，并定期开展专项检查。若在监督管理中发现违法违规行为，或因管理不当导致固定资产损坏或流失等严重问题的，必须依法依规追究责任，按规章制度进行相应的处罚。同时，还要加强固定资产管理的宣传与教育工作，努力营造全体教职员工共同参与固定资产管理，人人珍惜学校资产的良好氛围。

（2）明确激励机制，完善评价体系

目前我国高校国有固定资产管理中的激励机制明显缺乏，导致固定资产管理效率低下，管理人员的工作积极性不高，其他人员更是漠不关心。为此从以下三个方面来完善评价体系，明确激励机制，调动各方潜能。建立明确的评价准则，高校虽然有相关的评价制度，但在具体考核中常常职责模糊、责任不清，往往仅局限于制度挂墙且执行不力，更谈不上激励惩罚作用。特别是与那些和职工利益息息相关的职称评定、岗位评聘、薪酬调整等没有真正关联起来，因此实际考核所发挥的作用很微弱。

再加上"轮流上榜"是普遍现象，考核更是成了虚设的事项。所以设定和执行明确的评价标准尤为重要，是建设激励机制的必要条件。马斯洛需求层次理论表明，当一个人的物质基础得到满足后，他/她将进一步追求精神方面的需求，如管理权力、表扬荣誉、工作成就等方面的需求。

而目前高校管理中主要侧重于对一线教师的激励，对资产管理人员的激励，特别是他们的精神需求往往被忽视，如职业尊重、职业培训、职业发展、职务晋升等。在管理中应明确职责范围，给予员工充分的信任和相应的管理权利与职务，如实验室仪器设备负责人、部门资产负责人等；对优秀管理人员要及时表扬奖励，提供培训机会，建立职业发展计划等，以充分激起管理人员的工作热情和调动他们的主人翁精神。每一位员工都有自我实现的愿望，都隐含着巨大的潜能。高校管理者应善于发现资产管理人员的特长，了解他们不同层次的需求，通过安排相应的挑战性的工作来唤起他们的工作热情，实现他们的工作愿望；同时通过提供合适的职业培训机会，拓展他们的职业发展空间，以充分激发起每位管理员的巨大潜能。

第五节　绩效评估控制

高等教育的发展依附于国家政治与经济的发展，也决定着高校财会工作的改革与发展。近几年来，教育经费使用效益评价指标的实施，为高校财务运行和管理带来了积极的变化，在优化经费支出结构，提高资源使用效益，促进学校各项事业均衡发展等方面发挥了积极的作用。新的高校财务制度、会计制度相继实施，预算编制的改革及伴随的财务决算的变化，为高校财务管理工作增加了新内容，提出了新问题。针对原有经费使用效益评价指标体系在运行实施中反映出的一些不足，根据新形势的发展要求，有必要对高校财务绩效评价进行完善、改造和创新。

一、高校绩效评价理论依据

1.高校绩效的界定

高校的经济效益，是指高校教育要素的投入与这些投入所得到各种符合社会需要的教育产品的比较。在这一点上，它和企业的经济效益是一致的，都是对投入产出的对比关系的反映。但是，评价企业的经济效益可以围绕成本和收益等可计量的标准化因素进行，而对于高校而言，由于其投入产出测算的困难及其关系的模糊性，很难对其经济效益进行评价。因此，采用绩效代替经济效益，以成绩和效益综合说明教育产出的效益状况，以对财务资源的取得和运用情况的评价代替收入和利润的衡量。

2.高校绩效的财务特征

高校评价的是绩效，这和高校的财务特征是分不开的。高校作为非营利组织，在财务上的许多方面与营利企业很相似。尽管如此，高校财务和企业财务之间还是存在着显著的差异：

（1）组织的目标

企业是为了所有者的利益而追求财富的增长，高校则是为了社会的利益而扩大其可得的财务资源。

（2）经营成果

企业的经营成果在会计上表现为产品在市场上竞价出售后获得的收入和利润，同时在市场上还以股价的形式表现；高校的经营成果无论是人才还是科研成果，都难以体现在高校的财务报告中。

（3）管理和控制

高校作为非营利组织，由于不强调净收益，其投入资本和收入大体没有分别，而且可以从各种不同的来源获得财务资源，如捐赠等。在很多情况下，高校必须在没有盈利的情况下努力实现它们的目标。因此，评价高校的业绩和运营成果是很困难的，由于没有经营利润，使利润评价既不是有效行为的指示器，也不是自动管理器。

二、高校财务绩效评价

1.高校财务评价的主体

财务绩效意味着采用财务标准来评价高校的运行绩效。由于高校作为非营利性组织，不可能存在一个公允的市场标准对其绩效进行衡量，而只能通过财务报表上的数据进行分析，因此，高校财务绩效是指投入一定的教育资金后产生的能用数据表示的效果、效率和效益。

高校财务运行绩效的评价主体应该是与高校利益相关的主体，即高校教育资源的提供者和获益者，主要是国家、地方政府、投资者及其他投资者。

2.高校财务评价的内容

具体地说，针对单一的评价主体而言，根据高校财务绩效的定义，主要包括三方面的评价内容：

（1）高校财务效果

高校的财务效果是指高校人才培养、科研成果、产出方面的数量和质量，反映的是学校获取收益的能力。需要指出的是，由于高校的收入和投入资本金没有本质的区别，获取收益实际上也就是获取经费，因此，评价高校财务效果可以从以下几个方面进行：

1）学校从政府获得拨款和自筹经费渠道获得经费的能力。

2）学校通过横向的科研和技术开发、技术咨询等技术服务、委托培养和开办成人继续教育等手段获取经费的能力。

3）学校通过兴办校办产业获取经费的能力。这些信息都可从高校的月度资产负债表和收入支出表的相关指标中获得。

（2）高校财务效率

高校的财务效率是指高校有关教育资源的使用效率，它综合反映了资金潜力的发挥程度。具体包括：

1）人力资源的使用效率，主要是教师的利用率：即专职教师占全校教职工人数的比率、教师人数与学生人数的比率等。

2）资金的使用效率，如事业发展资金的使用效率、科研资金的使用效率、校办产业的资金使用效率。

3）资产的使用效率，包括各类设备、仪器、图书等的使用效率。

（3）高校财务效益

高校的财务效益是指高校资金投入后预定目标的实现程度和经济利益的实现情况。具体包括：

1）办学效益：反映学校事业发展的经济效益。

2）产业效益：反映校办产业的经济效益。

3）对外服务效益：反映对外服务及科研的经济效益。

3.高校财务绩效评价的功能

高校作为非营利性组织，其财务绩效评价主要是服务于政府，成为政府教育工作决策的依据。具体包括以下几个方面：

（1）规范功能。

（2）导向功能。

（3）激励功能。

（4）目标功能。

4.高校财务绩效评价的方法

目前各种综合评价方法的特点各异，但归纳起来，具体流程如下：

（1）明确评价的目的和目标。

任何一项统计分析评价工作，都是针对某一目的进行的，对其进行综合评价，首先要明确为什么要进行评价，评价问题的哪一方面，评价要说明什么问题，评价的精确度要求如何等。

（2）建立评价指标体系

对象系统的评价指标体系常具有递阶结构，尤其是复杂对象系统常具有系统规模大、子系统和系统要素多、系统内部各种关系复杂等特点，因而使得描述这类系统的评价指标体系呈现多目标、多层次结构。按照人类认识和解决复杂问题地从粗到细、从全局到局部的分层递阶方法，明确评价的目标体系，选用合适的指标体系，明确指标间的隶属关系。在明确了评价的目的和目标之后，就应该对问题进行分析，找出影响评价目标的各层因素。分清其总目标层、准则层、指标层，找出其各自的指标体系。

（3）确定定值和转换方法

评价指标可以采用不同的综合指标形式，如绝对数、相对数或平均数，再加上量纲的不一致，这就需要采用各种不同的指标转换方法，将每个指标进行转换，以保证指标间的可运算性。

（4）确定指标权重

权重就是表示各指标在总体评价中重要性系数，一般是以相对数形式表示。指标权重大小对评价的结论会产生重要影响，同一指标，权重不同，就会导致截然不同甚至相反的评价结果。目前关于权重的确定方法还很不成熟。

（5）求综合评价值

对于综合评价值求法常用的主要有加权算术平均数法、几何平均数法及混合平均数法等。这些方法虽然简便，但存在很多不足，随着计算机技术和评价理论的不断成熟，这些方法已经被取代。

（6）比较和排序

评价的最终目的就是为管理和决策服务。因此，在评价值确定后，要对其进行横向和纵向的比较，以便找出薄弱环节，发现原因，以便管理或决策者做出决定。

5.高校财务绩效评价结果和评价报告

高校财务绩效评价最终目的是得出真实全面的评价结论，并做出评价报告。评价报告要根据高校目前的各项财务及其他相关指标比对上一期数据、进行绩效变化的比较分析，从以下几个方面可以对高校经营成果和管理水平是否有所提高以及对存在的问题提出整改意见：

（1）由固定资产总额、固定资产占总资产的比重、固定资产中学生宿舍、教室、实验设备、图书等与教学服务相关的资产所占比重可以看出学校的资产结构是否合理。对科学配置学校资源，优化资产结构提出整改意见：依据教育部关于"普通高校基本办学条件指标合格标准"，对已达到办学条件基本要求的项目应减少投入，甚至短期内可不再投入，对尚未达到办学条件要求的，应增加投入。建立健全资产管理责任制，应进一步加强对教学科研仪器设备、购入的办公家具、房屋等固定资产使用的管理和考核，提高资产的使用效率，避免资产的损失和浪费。要有计划、有目的地对固定资产进行维护和修理，降低固定资产的维修费用，等等。

（2）对学校的收入、支出结构数据对比分析，结合经费自给率、资产负债率、人员经费支出比率、公用支出比率等技术指标，以生均培养成本(生均培养成本是学校培养一个标准学生的平均成本，包括人员支出、公用支出、对个人和家庭的补助支出、固定资产折旧等四个部分。)为基础对学校在维持正常运转过程中的资金结构、经营效益提出风险预警。督促其合理编制预算，对预算执行过程进行控制和管理。建立预算的跟踪、分析和评价制度，完善预算控制制度，优化资金支出结构，确保资金正确使用，提高资金的使用效益，使预算更趋公平、合理、透明。

（3）针对高校对未来的发展预期，按照教育部办学条件合格标准，比如：教师数、具有研究生学位的教师数、教学行政用房(平方米)、教学科研仪器设备(元)、生均图书册数、具有高级职务的专任教师数、占地面积(平方米)、学生宿舍面积(平方米)、学生配教学用计算机数(台)、学生配多媒体教室和语音实验室座位数(个)、年新增教学科研仪器设备价值(元)、年进书量(册)等指标，将高校办学条件各个项目的理论值与实际值进行比对，进而得到在各项指标上的差距，并以此对高校未来资金投入方式与方向加以指导，促使其合理利用现有资源，弥补不足，根据其未来资金流入量合理制定发展规划。

三、高校财务绩效评价问题与对策

高校财务管理的内外环境变化使财务绩效评价不仅成为可能，而且成为高校财务管理必需的工作。财务绩效评价可以理解为运用科学、规范的绩效评价方法，对照一定的标准（非市场），按照绩效的内在原则，对高校财务行为过程以及结果进行科学、客观、公正的衡量比较和综合评价。高校财务绩效评价已成为高校财务管理的主要内容之一，对财务管理工作的促进和完善起着重要作用。

1.我国高校财务绩效评价存在的问题

高校财务绩效是指运用科学、规范的绩效评价方法，对照统一的评价标准，按照绩效的内在原则，对高校财务行为过程以及结果进行科学、客观、公正的衡量、比较和综合评价。充分应用好评价体系，能够促使高校资源充分利用，优化支出结构，规范资金的使用，避免资源的浪费。比如在高校发展规划方面，通过财务绩效评价，才能使高校在资源有限的基础上确保计划的科学性、有效性、合理性、规范性。此外，通过科学的财务绩效评价，可促使高校发展规划制定的预算方案及按照预算方案做出的收支计划便能环环相扣，提高高校财务管理水平。但是，由于我国高校财务绩效评价机制尚未健全，在实际工作中，财务绩效评价仍存在诸多不足。

（1）对财务绩效评价认识不足

目前，高校财务绩效评价是由当地的财务主管部门以及学校内的财务工作人员共同完成，加之高校作为教学、科研、创新科技的产出单位，在财务管理上面，特别是对于高校财务运行中的绩效评价缺少一定的认识。表现为"重改革，轻管理""重投入，轻产出""重教研，轻管理""重使用，轻跟踪""重分配，轻监督"，如此导致财务收入与支出无法做到协调发展，更有甚者将财政收入和财政支出混淆不清楚。

（2）缺乏行之有效的评价体系

财务绩效评价体系必须包括三个要素：评价指标、评价标准和评价方法。但目前我国高校评价体系缺乏完整性和有效性。表现为：

1）评价指标虽能较全面地涵盖高校财务各个方面，但是如何运用这些指标进行绩效评价，各个指标对评价影响程度仍然没有结论。

2）财政部门采用的指标主要有财政教育支出总量及其占的比重、公共财政教育支出结构、教师总量、学生总量和结构、教育行政事业性收费总量和结构等量化指标。这些指标虽然具体、可操作性强。但是单纯追求定量化，过于简单，而且客观性不够，对公共财政教育支出的根本使命和目标实现绩效反映不明显并存在以偏概全的现象。

3）高校经费的投入产出，既有经济方面的因素，又有社会及文化方面的效果，非财务指标评价如何进入评价体系的范围，在评价中如何发挥其作用，也是当前指标评价的薄弱环节。

4）评价标准是对评价对象进行分析评判和考核的依据，与评价指标一起构成了整个财政教育支出绩效评价的核心内容。在我国目前的评价工作中，高校财务绩效指标基础数据比较缺乏，评价标准值的确定存在很大的困难。一些评价标准的确定，依据的是评价人员的经验和判断，因而具有较强的主观性和随意性。

（3）缺乏监督和考核机制

绩效监督作为现代监督的主流，是管理监督、管理控制和管理效果的趋势和方向，是财务绩评价体系的重要机制。财务绩效监督机制的缺失，导致高等教育资金错位、冗员严重、高价设备闲置浪费等"隐性消耗"。同时还会导致资金使用的不规范，高校不能够集中优势资金办理急需解决的问题。

2.提高高校财务绩效评价工作质量的对策

（1）提高重视度

务工作渗透到学校的各部分和每个人，因此要做好财务绩效评价工作必须获得各部门的支持和配合，这就要求各部门要提高对财务绩效评价工作的认识，转变观念，树立绩效至上的管理理念。尤其是领导，要加强对财务绩效评价的重视，他们的重视是做好财务绩效评价工作的组织保证。比如可以通过宣传、讲座等，让所有的工作人员充分认识财务绩效评价的重要意义和作用。

（2）构建完善的评价体系

高校财务绩效评价体系是一个多目标的系统，它应能正确地反映高校在运行过程中以效益为核心的管理要求，从财务指标上全面提示高校财务绩效综合水平。因此，必须建立一整套高校财务绩效评价制度、办法及财务绩效评价指标体系，明确财务绩效评价的标准、范围、对象和内容。最少应包括3方面的内容，即：财务综合实力指标、财务运行绩效指标和财务发展潜力指标。其中财务综合实力指标要体现出高校资产、负债和净资产的结构、财务状况及其变化趋势、多渠道筹集资金的能力，各项收入的构成和各类支出的投向。财务运行绩效指标要对高校财务运行效能、效率、效益等多种产出形式进行综合评价，促使有限的资金获取最大的直接或间接的经济效益和社会效益。财务发展潜力指标反映了高校负债状况和对财务风险的承受能力及其事业发展能力，特别是在市场经常环境中，高校资金来源已从单一政府拨款转变为多渠道筹集，因此必须全面考核和评价高校发展潜力。

（3）形成合理的激励和约束机制

由于政府在投资责任上没有形成合理的激励和约束机制，致使许多高校成本意识不强，办学效益不高。因此必须建立有效的约束机制，对高校财务绩效评价进行有效的约束，正确引导和规范高校办学行为，促使高校将现实利益和长远利益相结合。同时，将财务管理的行为引导绩效上来，并给予适当的奖励，调动参与财务绩效评价工作职工的积极性，形成真正的激励先进、能上能下的财务绩效评价激励机制和约束机制。

第六节　高校科研专项绩效评估

高校科研专项资金绩效考评尚处于起步阶段，绩效考评指标方面存在一些问题。本文按照定性与定量相结合、全面性和特殊性相结合以及科学性与可操作性相结合的原则，从业务指标和财务指标两个层面构建科研专项资金绩效评价体系，改善高校科研专项资金的绩效评价。

一、高校科研专项资金的理论基础

1.高校科研经费

（1）高校科研经费概念

科研经费指的是所有用在科研创新和发展上的资金，由政府或者企业拨发主要是发给那些将成果产出作为目标的科研项目。卿文洁提出高校科研经费是指，高校或者教职工以学校名义或者利用学校的资源来开展科研项目、研究合作、为相关的部门和单位提供技术咨询等服务工作，在这个过程中取得的经费收入。

科研经费是科研活动顺利开展的重要保障，也可以促进国家科学事业的进步和发展，经费的投入情况在一定程度上可以反映这个国家的创造力，因此很多国家都非常注重科研经费的投入。对于高校来说科研经费伴随着整个项目从启动到结束的整个过程，一般都是以课题或者项目研究为单位，为科研活动提供资金的支持。其中包括所有与项目有关的直接和间接费用，直接费用指的是与项目本身直接相关的花费，例如物资和材料的购买费用、科研设备的维护等费用，间接费用包括水、电等项目不直接相关但不可或缺的物资保障经费。

（2）高校科研经费分类

高校作为科学研究的重要主体既拥有丰富的高等人才资源，又是我国科研项目的主要承担者，因此关于高校科研经费的分类方式也比较多。

1）根据高校科研经费来源分类

根据经费来源可分为纵向科研经费和横向科研经费。纵向科研经费是指高校承接的国家级、省部级、市级政府机构规划的科研项目，由政府部门或者国家自然科学基金等机构来划拨费用。

纵向科研经费包含：国家重大基础研究"973"计划、国家高新科学技术发展"863"计划、国家自然科学基金、国家社会科学基金、各省、市、自治区提供的科研项目经费。

横向科研经费主要是指高校与企业以及事业单位间的项目合作，横向科研经费在高校科研项目经费中所占比重也比较大，特别是近年来伴随着经济的不断快速发展，各个高校和企业之间的合作需求关系变得愈发强烈，通过两者之间的合作，高校的优质科研资源可以为企业的科技创新发展提供保障，企业也为高校的科研工作提供了一定的资金保障。

总的来说，学校和企业之间的联手是互惠共赢的结果，学校为企业提供了创新的高新产业技术，企业为学校的科研提供了资金方面的保障。横向和纵向的科研经费虽然来源不同，但都是由学校财务处来进行统一的经费管理，在经费的报销过程中要严格执行国家以及学校的各项规章制度。

2）根据高校科研经费去向分类

根据经费去向的不同可以分为直接和间接费用。直接费用是项目进行过程中与项目本身存在直接关系的花费，包括购置物资的费用、外出的差旅费、设备的维修和维护费用、会议花费、劳务费用、专家咨询费等其他直接费用。间接费用一般是指无法在直接费用中列出的花费，主要包括项目实施单位提供的仪器设备、水、电、房屋等的消耗，还包括组织为了提升工作业绩而产生的一些支出。不论是直接经费还是间接经费都为高校科研活动的开展提供了保障同时也为项目的完成提供资金支持。

2.高校科研经费管理

（1）高校科研经费管理概念

高校科研经费管理是一项经济管理活动，由学校相关的职能部门比如财务处、科研处和审计处等，监督和管理在整个项目进行中资金的使用情况是否符合国家相关法律政策和学校的规章制度。项目从开始申请、实施、执行、评估、验收直到完成归档全程监管，这些对项目顺利实施起到至关重要的作用，目前我国的管理方式就是向美国等有经验的西方发达国家学习。横向科研经费是合同管理方式，在项目中会注明经费的用途、使用范围等，在考核管理时主要看这些方面的开支是否符合国家法律和学校规章制度。纵向科研经费管理不同于横向是预算管理的方式，对于这类项目的管理要求项目实施过程要在预算管理的范围内进行，同时也是要符合相关法律和规章制度。

（2）高校科研经费管理模式

针对不同项目类型需要有针对性采取不同的管理模式，对于当前我国高校科研经费的管理方式主要有两种，分别为课题制和合同制的管理形式。

1）课题制管理模式

课题制是把每一个科研项目按照一个课题来对待，从立项、预算编制、核算管理、到审计的全过程实施监督管理。课题负责人将高校作为项目承接单位，组织项目参与人员进行项目申报，只要达到立项要求就可以获得资金的支持。对于高校申报的课题组织进行全面考察如制度的完善程度、课题所需软件和硬件设施配套情况。学校和项目负责人之间是双向关系，学校对项目负责人起监督作用，项目负责人为学校创造科研成果产出，两者之间很好的配合才可以达到最佳的管理效果。课题制目前多用于纵向科研项目中，高校自身具备承担申报课题的能力且具备完成各项课题所需的硬件和软件配套设施，要拥有完善而健全的科研管理办法和监督机制来确保该项目可以顺利开展。另外政府部门或基金组织要对课题运行了解才能对实施的过程起到监管作用。

2）合同制管理模式

合同制是学校与外部组织来签订，在签订合同之前双方会就所要达成的目标、所要花费的资金数量、使用范围等一些基本情况达成共识。一般情况下横向科研项目多采取这样的管理方式，因为其主要就是与外界企事业单位签订合同并要符合相关规定。相对而言纵向科研经费的来源主要是政府或基金机构来划拨，符合相应的条件和相关规章制度就可以批准也不需要签订合同。

（3）**高校科研经费管理特点**

高校在教育及人才培养方面的职能具有多样性和特殊性，因此它具有区别于专业科研机构、企事业单位的突出特点，主要体现在以下几个方面：

1）科研经费管理

涉及管理活动的各个方面具有一定的复杂性。纵向来看贯穿于整个项目的实施过程，同时连接了从申请到立项到实施整个过程。横向来看其包含的内容比较丰富，一般是由政府、企事业单位选择高校合作团队，以委托的方式将项目交给该团队来做，在这个过程中会拨付一定的科研经费给团队，以保障整个项目的顺利实施开展。从横向来说资金的管理不是单方面其包括了实施过程中的每个环节，所以科研经费以各种不同形式融入项目的开展中，要是想将其单独分离出来很困难。

2）科研经费管理

对于未发生的情况具有预测性。从项目的申请、立项、实施以及评估，如果可以充分做好提前的预算管理，科研项目实施中所面临的不确定性都是可以被及时避免的，使得项目管理更灵活有弹性。说明科研经费的发生需要提前做好预算工作可以很大程度防范财务风险的发生。

3）科研经费管理

具有一定的主观性。目前高校科研经费大多数采取的是课题制，这样一来科研项目的负责人在整个项目管理过程中承担了很重要的角色。不论是预算的制定、经费的使用、成果发布等各项重大环节都是需要课题负责人来做决策。即使再公正的个人决策都难免会带有一定的人为因素和主观意识，这使得科研经费管理具有一定的主观性。

4）科研经费管理

需要各个部门协调与合作。不论是横向科研项目还是纵向科研项目在实施及开展的过程中都包含了科研经费管理的整个全过程。从项目的审批、执行、审核、结项等环环相扣，缺少了任意一个环节都很难保证该项目可以顺利开展和完成。因此一个项目的顺利开展需要高校各个职能部门之间做好协调工作的，例如，一般在一个项目中会涉及很多部门的参与，在项目经费的预算编制阶段会涉及财务预算编制部门，在项目审核阶段会与审计部门发生联系。因此，在一个项目开展过程中它不是单独存在的，其中包含了多个部门，只有这些部门之间互相做好组织协调，充分考虑各方目标和利益，这样才可以保证科研经费的高效使用。对于项目的负责人，如何将各方利益充分考虑，做好协调也是保障项目顺利开展和个人组织协调能力的体现。

二、高校科研专项资金绩效评价指标存在的问题

1.评价指标片面化

现在很多高校在科研专项资金的绩效评价指标上，仅仅考核财务方面的指标，关于非财务方面的指标设计不全面，没有形成一套完整的科研专项资金绩效考核指标体系，无法实现实现高校自身的可持续发展。

2.定量指标单一化

当前，高校建立的科研专项资金绩效指标的非财务部分大都是定性指标，而定性指标的考核受到主观因素的影响很大，考评结果难以让人信服，缺乏客观性，很难实现公平公正的要求。定量指标往往都局限于财务部分，仅仅依靠财务指标的定量考核很难体现出科研专项资金的真实绩效水平，具有片面性，而对于科研专项资金的其他方面缺乏具体的定量指标考评。

3.指标体系不完善

与国外高校科研专项资金的绩效考评体系相比，我国高校科研专项资金绩效考评起步晚，没有建立完善的绩效考评理论和指标体系，而且在考评过程中，没有运用具体的绩效考核理论和绩效考核方法评价，没有形成科学、合理、公平、公正的科研专项资金绩效考评体系，各高校科研专项资金的评价指标缺乏系统性和全面性，无法真实的反映科研专项资金的整体绩。

三、科研专项资金绩效考评指标确定的原则

经济性、效率性、效果性是建立科研专项资金绩效评价指标过程中应该遵循的三大原则。经济性是指用最少的成本去实现既定的目标，效率性是指用最小的成本获得最大的产出结果，效果性是指实际取得结果和预期取得结果的差距。

1.定性指标和定量指标相结合

高校科研专项资金的支出评价指标，有的可以用数字进行衡量，比如参与科研项目的教师和学生发表的 SSCI 或 CSSCI 等核心期刊的论文数量，但是有的效益是无法用数字进行考量的，比如科研成果带来的社会效益，包括对生态环境的改善、对人口素质的提高程度等是无法用数字进行考量的，考核科研专项资金的社会效益要求高校建立相关的定性指标。

2.全面性和特殊性相结合

因为高校科研专项资金的来源包括政府和企业，所以，科研结果代表的立场也会有所差距。比如政府拨款支持的科研项目可能更注重科研结果的社会效益，而企业赞助的资金更注重科研成果的经济效益。所以，制定高校科研专项资金绩效考评指标时：

（1）按照普遍性原则，制定通用的评价指标，体现了指标体系的全面性；

（2）根据科研专项资金的性质和来源的不同，根据具体的实际情况制定不同的指标衡量，体现特殊性。

3.科学性与可操作性相结合

在制定高校科研专项资金绩效评价指标体系时，要遵循统一的标准，采用正确的方法确保评价指标的客观全面，在科学性的基础上，确保绩效考评指标的简便操作性，这样有

利于科研专项资金绩效考评工作的开展。

四、高校科研专项资金绩效评价指标的构建

基于上述三项原则，提出了高校科研专项资金绩效评价指标的两大主要层面——业务指标和财务指标。

1.业务指标

（1）目标完成度

包括资金的支出效果比、仪器设备的利用率和科研项目进展速度。其中，资金支出效果比=实际取得效果/计划达到的效果×100%，仪器设备利用率是指用专项科研资金购买的设备实际上使用的开机时长在总开机时长中的占比，用来评价仪器设备的配置是否科学合理。科研项目的进展速度主要用于评价科研工作是否分清轻重缓急，人员、资金及设备的配置能否顺利推动科研工作的开展。

（2）组织管理水平

包括管理制度、支撑条件保障和质量管理水平。科研专项资金的绩效评价需要一定的管理制度作保障，只有建立了完善的制度，绩效评价工作才能有序开展。支撑条件保障主要是指完成科研专项资金绩效评价的硬件保障，包括评价高校在开展科研工作时对科研工作人员、科研资金、科研技术、科研活动等各方面的支持力度。质量管理水平的评价指标主要包含对科研工作的财力、物力的实际考核，账实是否相符，确保科研资金的规范化使用。

（3）经济效益指标

主要包括科研成果的实际应用转换率和投入产出比，旨在尽可能地将科研专项资金的绩效评价指标进行量化考核。其中，科研成果的实际应用转化率=已经成功转化为实际应用的科研成果数量/科研成果总数量×100%，投入产出比是实际取得的成果的总价值和实际付出的成本的总价值的比值。

（4）社会效益指标

主要是指科研成果对社会的发展贡献和对高校自身教学及工作的促进作用。对本地区的经济和社会发展的贡献包括科研项目的结果是否改善了当地的生态环境，是否有利于节能减排降耗，能否直接或者间接地改善公共设施与社会公共服务，能否提高公共安全与防灾减灾能力，能否提高人口健康水平。对高校自身的科研工作及教学工作的促进作用主要表现为参与科研项目的教师和学生发表的 SSCI 或 CSSCI 等核心期刊的论文数量，取得成果的水平以及获得的奖项情况等。

2.财务指标

（1）项目经费预算与实际到位情况

即实际到位的科研项目经费与预算是否吻合，涵盖三个层次：完全吻合、基本吻合、不吻合。专项资金到位率是实际专项资金到位金额和预算总额的比值，专项资金到位率评价了上级主管部门能否按时按量将专项资金及时发放给高校。

（2）项目经费预算与实际支出情况

包括三个层次：严格按照预算支出、基本按照预算支出和未按照预算支出，用来评价资金支出结构合理程度。预算支出完成率代表支出金额占专项资金到位总金额的比例，预

算支出完成率用来评价资金支出的实际效率。资金违规率代表违规金额占专项资金到位总金额的比例，资金违规率用来反映专项资金是否按规定专款专用，是否存在擅自挪用专项科研资金的现象。

第六章 高校内部审计监督控制系统

第一节 授权审批审计监督

一、学校财务支出报销审批程序设计的背景

财务支出报销审批程序有两种。

第一种：经办人在原始凭证上签字→相关领导签字→会计人员核算→报账和入账。

第二种：经办人员出具原始凭据→部门负责人证实业务的真实性→会计人员根据有关计划、合同进行审查核算→相关领导进行审批→会计人员入账。

第一程序其实就是先领导审批签字，后会计人员进行核算报销入账，使本可以做到的会计"事前监督"变成了会计"事后监督"。

在这样的程序下，在实际工作中，碰到了领导签字完毕，结果发现很多已签字完毕的报销单子有很多细琐的错误：直接支付，授权支付、公务卡支付报销选择的单子不对；出差住宿费标准不对；明细数和总合计数核对不符等等。当然也会出现领导已经审批而财务这边资金都没有到位的情况。这样领导先表态，会计审查发现问题后，再要求经办人去重新审批，会计人员就会被动很多，随之也就困难很多；或者说领导先表态，会计人员却说资金没有，这样领导的权威性也会受到影响，会计人员做起工作来就处于被动状态，出现领导与会计人员出现沟通不畅通的情况。

第二种程序其实就是先会计审查后领导审批。对学校财务支出而言，一味选择第二程序也会出现很多问题。在实际工作中一个单位如果所有大大小小事项的财务支出都要经单位分管领导，分管财务领导，单位负责人审批，严重影响工作效率。在实际工作中还碰到有些项目，会计人员只知道项目名称，至于下达项目的初衷不了解，设置项目的最终目标不了解，看着各种发票在报和不报之间纠结，这样一来，就出现对会计人员的专业素质要求太高、责任太大的问题。所以选择第二程序时还要结合单位的实际情况跟预算管理、授权制度、处室部门等三方面对第二程序进行优化。目前，学校在实行国库集中支付后，在职人员和退休人员实行财政统发，其他人员又归并到公用支出，为此本文就学校公用支出和项目支出两个方面作财务支出报销审批程序的设计。

二、学校财务支出报销审批程序设计

1.对学校公用支出预算进行细化，确定授权额度

依据学校的预算管理，我们应对年度的公用支出进行细化，下达年度支出额度控制数，额度内的支出由处室负责人批准，超出额度的提请分管财务领导、单位主要负责人批准。举例说公用支出中办公费年度预算金额为 15 万元，把 15 万元中的 3 万元作为授权额度由相关处室负责人进行日常有关业务的审批。

2.对学校公用支出预算进行细化

确定授权额度后，还应跟处室部门进行结合财务支出报销审批程序与处室部门相结合。内部控制是整个单位全员参与的过程，控制财务支出不仅是财务部门的职责，而且是整个学校所有处室部门的职责。学校财务支出往往与处室部门有特定的联系，为此在财务支出报销审批程序设计中让这些处室部门加入是非常有必要的。承接上段的例子：公用支出中办公费 15 万元中的 3 万元作为授权额度由相关处室负责人进行日常有关业务的审批，这其中的相关处室可以根据单位日常业务发生的情况进行分配，3 万元分成办公室 1.5 万，后勤 1.5 万。

3.设立"项目监督组"

对学校项目支出在预算管理、项目分类管理、处室部门管理的基础上设立"项目监督组"对学校的项目进行总的预算基础上，对项目进行分类，然后有针对设置责成处室部门。

"项目监督组"的主要职责是对项目实施进行监督检查，对项目资金的执行情况进行数据分析，督促项目经费在核定的预算范围内使用。具体如学校住宿成本维护项目设想是由后勤处牵头落成，但是这个项目在预算安排是多少，具体是如何使用这笔预算的，项目完成以后效果如何，这个项目的实施是否达到了设置该项目的初衷，这个项目的实施是否改进了学生住宿条件真正的改善等要求"项目监督组"来参与、来评价。

"项目监督组"由校长负责，除校长室成员外，还要由财务部门人员、学校各处室负责人共同组成。项目管理组这样的人员结构有利于改变以往在项目资金的管理中财务人员只承担会计核算和资金支付的角色；有利于改变项目监督空白或者只受经办处室监督的现状，处室部门之间相互牵制，形成制约。

4.加强对处室部门审批的公用支出和责成的项目支出

监督和考核建立处室部门绩效考核制度，强化行政监督。校长室应在财务部门的协助下对处室部门审批的公用支出和责成的项目支出进行分析、及时发现存在的问题和成因，并提出解决措施和确定考核的结果。要发挥绩效考核的约束，导向作用，绩效考核应当在一定范围内通报，并为下年度公用支出授权额度大小和责成项目支出资金安排的重要依据。通过绩效考核，对处室部门产生直接约束作用。

三、学校财务支出报销审批程序操作特点

1.选择第二种程序

对学校支出中的公用支出和项目支出选择第二种程序，是由于学校公用支出的多样性和项目支出的重要性。在正式审批之前经办人拿着财务原始票据领取报销的审批单子，指导填写。这样就可以避免处室部门、分管领导审批之后到了财务这儿发现单子不对、标准不对、资金没有到位等问题。

2.学校财务支出报销审批程序，实行分级授权审批

在一开始授权之初，一定要根据单位日常公用支出规模大小、学校领导事务繁简、处室部门负责人个人能力素质等综合因素考虑授权限额。

3.实行分级授权审批

学校财务支出报销审批程序，实行分级授权审批，紧密结合限额管理。对于部门负责人的审批额度要充分考虑部门特点、业务特点、历史记录等情况。授予处室负责人适当的审批权，有利于充分调动和部门的积极性和责任心。充分利用各处室部门的专业优势，职

能部门的专业优势，抓住管理要点，使工作易于实施。整个程序系统更加完整。会计人员通过这一审批程序，与处室部门以及分管领导，主要负责人有了交流与沟通的机会，拓宽了财务与和部门的信息交流渠道。

4.实行分级授权审批

学校财务支出报销审批程序，实行分级授权审批。能够解决实际工作过程中小额发票报销手续复杂的问题，有些小的财务支出完全可以由处室部门审批，会计审查之后付款入账。这样就提高了工作效率，为领导节省常规的财务工作时间，有利于领导抓住工作重点，从而有更多精力做好学校管理工作。

5.每个处室都有其责成的项目

学校财务支出报销审批程序，将日常公用支出的授权审批和项目支出的责成落实进行结合，给学校各个处室一定的权利也承担相应的义务，基本上每个处室都有其责成的项目。

同时"项目监督组"形成互相制约的局面可以防止项目资金重争取轻管理、重投资轻评价，投入与产出失衡现象的产生

四、高校教育基金会财务授权审批流程优化的实例分析

目前，高校教育基金会实施网上自助报账系统、银校互联系统，部分业务实现了线上提交、投递机投递、系统接单的信息流程一体化。一定程度改变了面对面的业务办理方式，但部分业务仍需经办人员线下跑审批。为了简化高校教育基金会业务审签流程，保障时效，提高工作效率，现提出采用基于互联网技术的远程办公、工作协同、业务管控等工具，对财务报销及线上审批等工作进行全方位升级。尤其在重大突发事件的背景下，建设线上授权审批系统，不仅能减少接触降低风险，还能够较好的开展财务管理工作，有效控制财务风险，对高校教育基金会当前和未来财务管控的流程优化与应急机制建设具有一定的理论与现实意义。

1.高校教育基金会传统财务报销审批存在的问题

（1）信息传递方式落后

线下人工审签耗时长，易受时间、空间的限制鉴于内部控制要求，传统财务审批需要大量的线下操作。经办人员不仅需要大量原始票据、凭证、批复文件等支持其线上操作，还需要内部进行各种沟通及诸多业务的线下手工处理，人为增加了沟通与交流、手工处理与线上操作等管理成本。特殊时期多数审批人在家办公，受时间、空间的限制，事项审批时间较长，多重审批造成了会计数据的时滞。

（2）业务部门的审批流程与财务部门脱节

难以对决策过程进行跟踪和控制传统审批流程由"项目负责人审批—基金会秘书长或各院系财务主管审批—财务审核—付款"等。此流程经常会出现已经由相关领导审签完毕的单子传递到财务时却发现原始发票或者支出等不符合财务报销标准，需要重新审批的情况。财务审核处在流程末端，无法做到事前审批。

（3）传统审批流程内部控制与风险意识不足

传统的审批流程一般为相关部门负责人、副秘书长、秘书长等层层审批，此类审批机制容易造成表面上看多人审批实际上无人负责的状况。另外，授权审批范围设置不合理，几乎所有业务报销都需要经过秘书长的签字方可报销，导致秘书长审批业务太多，影响审

批质量，风险加大。授权审批表面上看是一种事前控制，但根据内部控制全风险管理、全业务流程、全过程控制等特点的要求，其控制活动应贯穿于整个业务管理过程。高校教育基金会部分经济业务可以做到事前申请与批准，但事中监督及事后反馈却比较薄弱。因事中、事后的信息掌握不全而导致错过解决问题的时机及造成一些损失难以避免。

（4）信息化滞后，缺乏突发事件防控应急机制

信息化滞后的局面下"线上办公"被迫变成"电话+微信+邮件"等低效的辅助办公方式。信息无法准确完整地呈现、无法共享，极大影响财务工作的正常运行效率。况且，在现代"零接触"办公方式的要求下，"面对面"的财务处理行为受到很大的冲击，需要建立起突发事件的长效应急机制。

2.实施线上授权审批系统的目的及优势

高校教育基金会审批系统的上线，进一步整合和优化审批流程，能够有效利用移动终端，共享业务信息，由"移动办公"代替"固定办公"，改变传统等待审批的状况，提高工作效率。实现经济业务网上申请、审批、办理、查询、反馈、监督等功能。其优势主要体现在以下几个方面：

（1）简化财务审签流程

实现随时随地审签，提高审批效率线上审批系统由传统手工、纸质、封闭的变为自动、电子、开放的审批方式，简化所需单据，审批人不受办公方式的限制，通过电脑终端及手机 APP 进行审签，节省审批时间，解决报销审批难的问题。

（2）有利于授权审批信息的反馈

便于领导作出决策建立科学的授权审批控制制度，实施线上授权审批，便于信息及时、畅通的在各管理层级及部门间传递。管理层不仅能及时掌握经营管理与内部控制的重要信息并进行应对，而且能在第一时间快速解决管理过程中出现的决策失误、漏洞、堵塞等问题并将相关政策信息予以落实。

（3）提高内部控制水平

授权审批制度是内部控制制度的重要组成部分。审批权限设计的合理性、科学性及有效性直接影响着内部控制目标的实现。在信息化环境下，以经济业务为主线，通过分工、授权、审批、复核、监督等行为，将业务流、资金流、信息流同步有序流转，利于高校基金会实现控制的自动化。线上授权审批系统不仅可以实现留痕审批意见而且可以使信息相对公开，此特点对审批人是否认真履行岗位职责、是否仔细审阅经济事项、是否作出合理判断等起到有效的规范作用。同时，将财务审批意见痕迹化管理，便于事后跟踪、查询和统计。此系统不仅具有审批权限，还具有监管功能。有关监管部门可借用此系统实现项目监管，提高决策过程的可控性，降低资金支付风险。

同时，建立授权审批控制活动的评价系统，通过高校基金会高层领导或其他权力机构定期对授权审批制度的有效性进行评价，形成评价结论。对于不认真履行职责的部门，启动问责约谈机制。

（4）有利于应急长效机制的建立

线上授权审批系统与账务系统、自助报账系统、票据系统、银校互联系统、项目管理系统等专业化的管理系统相融合，将因部门职责不同而人为被拆开的信息系统合并到一个完整的、严密的流程中，打破信息孤岛，让各流程的审核人员更好地利用互联网手段，随

时随地审核各类单据并达成有效沟通。结合现代化信息科技的需要来讲，线上审批系统正好可以发挥"零接触"的财务管理效果，有助于应急长效机制的建立。

3.高校教育基金会财务授权审批流程设计思路

从治理结构角度，根据事项重要程度分为一般审批和特殊审批。高校基金会基本项目支出包括管理费用、筹资费用、其他费用等支出，院系负责的项目支出包括设备费、测试加工费、差旅费、会议费、材料费等业务活动成本。一般审批是对于日常发生的常规业务如差旅费、办公费等，性质比较明确的业务如税金、水电费等，相关负责人可根据预算、计划、制度等要求在其权限范围内进行审批，无须经过秘书长或院系财务主管批准。特殊审批是指除了一般审批事项以外的业务及"三重一大"需要领导集体决议的事项。根据审批侧重点，可以分为业务审批和财务审批。高校基金会实行"先业务审批后财务审批"的审批流程。业务审批是确认事项发生的必要性、真实性、合规性，需要有各事业部门负责人审批管控，将业务与预算填报、合同签署等固定流程相结合，将风险点前移，有效缓解财务审批的压力，实现业务与财务更好的衔接，降低资金支付风险。财务审批即资金支付的审批，财务的各级审批人需在其授权范围内进行审批，涉及银行代扣等常规事项无论金额大小无须经过事项审批，真正实现常规业务简单化，特殊业务流程化。

为避免多头审批与重复审批，在设计财务支付授权审批时，充分考虑一些如采购、服务合同、差旅费预算、会议费预算等审批事项所涉及的金额及付款方式已被基金会秘书长等相关负责人审批，财务付款审批环节可以简化处理无须再次提交基金会秘书长审批，直接进入付款环节。这样可以大大减少审批环节、提高审批效率。针对因分权度不高导致审批流程较长的问题，本方案建议将审批权限卜放全各部门领导，建立分级次的授权审批机制，所有经济业务均应由具有相应权限的人员进行审核后方可办理。从内部控制角度，为有效防范审批人处理经济业务失误或有意图侵害基金会利益的行为，本方案针对不同业务性质及金额大小确定不同审批部门。

（1）由高校教育基金会负责的基本支出

按业务性质分类，确定授权主体。经由资产的管理公司对外进行的投资，由资产管理公司经理和基金会秘书长共同审批签字后方可对外付款；直接对外进行的投资，根据基金会投委会决议由基金会秘书长审批签字后方可对外付款；购买理财产品时，由基金会秘书长及资金运作部部长签字审批后方可付款；基金会各银行账户之间转账由资金运作部部长签字审批后方可转账；基金会项目原则上不进行超支核算，特殊情况需要进行超支核算的由基金会秘书长审批同意后，由财务处机构财务监管办公室进行相关业务处理；基金会管理费用及筹资费用支出，由部门负责人签字审批后方可付款。金额超过 20 万的支出由基金会秘书长签字审批。

（2）由高校各院系负责的项目支出

根据高校财务授权审批权限来制定。单笔或多笔小额支出由院系项目负责人审批即可，单笔大额资金支付除需要项目负责人审批外还应该遵循以下授权管理：

1）单笔支付金额符合下列条件的，分别按照相应的授权审批权限经审批后方可付款：金额不超过 20 万元的支出，在有关合同（批件）完备、资金足额的情况下，由项目所在单位的负责人审批同意即可支出；金额超过 20 万元且不超过 50 万元的支出，由财务核算高级专员根据有关规定审批同意方可支出；金额超过 50 万元且不超过 500 万元的支出，由财务部核算中心副主任根据有关规定审批同意，方可支出；金额超过 500 万元且不超过 1000 万元的支出，由会计核算中心主任根据有关规定审批同意，方可支出；金额超过 1000 万元的支出，由财务处处长和会计核算中心主任共同审批同意，方可支出。

2）以下情况可免于财务部门审批：基金会理事会决议对外进行的付款；基金管委会决议对外进行的付款；基金会秘书长对相关业务进行过审批的；涉及秘书长相关开支业务由副秘书长签字审批的；符合财务制度和捐赠协议的规定，转移支付给银行等金融机构代发的劳务费、奖学金、助学金等个人收入；向学校后勤部门支付的正常水电费等。

4.高校教育基金会线上审批流程的具体规划

随着高校基金会内部控制体系建设的逐步推进，在风险评估完善制度、优化流程的基础上，依托互联网等现代信息技术将经济活动业务流程及授权审批等关键控制环节嵌入管理信息系统，减少或消除人为操纵因素，有效控制风险，提高工作效率，缓解高校基金会财务管理中出现的"报账难"等问题。

（1）将设计的流程固化到审批系统中

利用高校基金会的账务系统、网上自助报账系统、学校的信息平台、微信服务号、投递机等系统，加入即将推广使用的财务授权审批系统，实现业务从"申请—审批—投递—财务审核—出纳付款"等一站式流转并提供线上审批、在线查询、审批消息提示、微信推送、电子邮件等多种实时跟踪审批状态的方式，将审批事项、附件信息、办事流程及授权审批额度固化到授权审批系统中，系统自动提交并提醒下一级审批部门及审批人。

（2）设计输入"审批意见""盖章密码"等环节

为防止审批人员"只签不审"或注意力不集中影响实质性审批质量，设计输入"审批意见"然后再点击签字盖章的环节，调动审批人主观能动性，为了提高安全性还设置盖章输入密码环节。

（3）启用财务预审功能

为有效避免财务人员审核处在流程末端导致的经办人的重复劳动，同时在一定程度上实现了财务人员事前监督经济业务的职能，财务部门对在线提交的申请单据进行预审。审核通过的报销单，点击"通过审核"，相关单据自动进入待投递环节并系统或短信告知经办人。审核不通过，财务审核人员应找出所有的问题并以书面清单的形式一次性告知经办人。该清单应列出该单据存在的问题、应补充的材料或应补充的签字手续等，通过点击"退回"并系统或短信告知经办人。

第二节　财务审计监督

近些年来，高校参与经济活动的频率不断增加，学校内部的财务工作更加复杂，所面临工作任务也更加艰巨，为了能够确保高校在社会的地位，更好地与其他高校往来业务，高校经济管理力度必须要有所提升，财务审计监督是经济管理中的重中之重。本文针对高校财务审计监督的几方面内容进行分析探讨。

一、新时期高校内部财务审计工作面临的挑战

1.高校对内部财务审计工作重视不够

社会主义经济体制的深入发展，使得社会各个领域也都开始投入到经济体制的改革大潮中，高校作为重要的社会组成要素，同时也作为国家人才的输送基地，国家政府对于高校的发展非常重视，因此高校内部的财务审计工作也必然得到高度的重视。近些年来我国针对高校内部财务审计方面颁布了相关的法律、法规，旨在保障审计管理职能的发挥，促进学校会计工作的顺利开展。但是实际上很多高校并没有意识到这一点，不能明确财务审计的重要地位，对于财务审计工作并不重视。另外，高校属于事业单位，多年来受到传统计划经济思想的制约，总是认为只要完成了招生任务就可以了，在内部控制度以及控制工作方面并不重视，进而导致了审计监督工作职能的流失。

2.高校资金来源结构的多样性

由于高校参与经济活动愈发频繁，从而大大增加了学校内部财务审计的难度，同时高校近些年来与社会中各大企业之间的联系更加紧密，高校资金也呈现出多元化的趋势，其中包括各种基础建设、教育建设以及科研的巨大费用，除了政府给予支持外，还有很多是来自于社会的支持，比如，学校可以通过校办工商业、运输业实现各种资金的筹集，也可以通过贷款、贴息这样的方式实现资金的筹集，这样一来，高校资金结构更加多样化，财务审计监督工作的内容也更多、更复杂。

3.高校内部管理多元化

近些年来高校为了适应教学改革的要求，提高办事水平，在各种校内活动的举办上也更加频繁，学校中聚集了来自祖国各地的学生，他们操着不同乡音，有着自己的生活习惯，阅历不同，学习基础也不同，学校就好像一个小社会，在新的发展形势下，很多后勤群体也逐渐趋向于市场化和社会化的趋势，学校中的环境越来越复杂。高校中会计工作不仅包括基本的会计内容，还包括各种其他领域的会计核算工作。因此会计审计管理的难度也在加大，也面临着更加多元化的发展。

二、加强高校财务审计监督的措施

1.建立"三方审计主体"

为了更好地促进高校财务审计监督工作的开展，高校财务监督审计制度必须要不断完善和创新，不仅仅需要设立监审处，还需要配备相应的审计人员，以及各种监督控制机制等，正是因为目前审计工作中存在很多局限性，因此，建立各部门之间的联系，确立三方审计主体是非常必要的，只有这样才能够更好地实现审计工作的职能，发挥其强制性和权威性，高校必须建立内部审计部门，同注册会计师审计机构、国家审计机关等形成三方力量，这就是所谓三方审计主体，从而全面提升高校的审计质量。

2.发挥高校内部审计监督的职能

在高校中要形成三方审计主体是比较难的，因为作为国家审计机关以及社会审计机构，其职能触角往往很难深入到学校日常工作所有环节中，因此想要完全实现三方审计主体也不是一件容易的事情，所以说高校本身的审计部门必须要充分挖掘自身的潜力，提高监督管理的力度，做到权责统一，责任落实到位，并建立良性监督机制，努力提高学校资金的使用效益。

3.建立审计监督的激励和约束机制

高校审计监督作为一种管理手段，在高校发展过程中发挥着不可替代的作用，高校应该认识到这一点，积极构建审计监督的激励以及约束机制，建立高校审计监督专用资金，做到专款专用，在社会问题不断增多，高校经济活动日渐频繁的时期，审计监督所投入的资金也会更多，因此在审计监督信息的搜集还是人力资源的优化配置方面，都要全面落实好，而监督与激励制度的构建能够保障这些工作的顺利开展，将产生社会效益和经济效益的审计监督成果，应视同优秀的社科成果予以精神和物质方面的奖励。

4.加强对审计监督制度的执行

高校要认真贯彻执行教育部、财政部下发的有关财务收支审计、领导干部经济责任审计、重大经济活动的监督、资金安全的监督等加强学校财务管理的政策。审计部门每年必须对预算执行情况和决算进行审计；实施财务审计联网，审计人员在线对财务活动实时监督；建立和完善任期内经济责任审计制度，进一步增强学校财经工作的宏观管理和协调能力；在以校（院）长为首的经济责任制下，建立多层次的经济责任制体系；明确总会计师在学校财经工作和财务管理中的领导作用。

5.完善审计监督的实施机制

由于目前高校审计监督的实施机制不能适应审计监督的需要，因此必须对审计监督的实施机制进行重构和整合，其重点：①审计监督规范的制定和实施，要明确界定相关部门的权力和责任，使之具有相应的动力和压力；②参与审计监督的各审计主体之间应相互制约和监督，相互合作，实现整体功能的最大化；③建立和完善审计监督的纠错和目标选择机制；④理清审计监督思路，转变审计监督方式，提高审计监督的效率和质量。

6.加强高校审计监督队伍建设

从目前我国高校审计工作的发展情况来看，其中的发展空间还是很大的，高校只要重视人才的培养与吸收，建立各种能够吸引和培养的机制，强化审计监督队伍的建立力度，那么审计监督工作效率与质量才能够得以提高，人作为工作的主体，其自身素质的高低直接影响着工作的质量，因此审计监督队伍建设工作应该得到高校领导的重视。

7.建立对审计监督成果的绩效评估体系

为了能够保障监督效果，监督评价体系的构建是必不可少的，构建评价体系具体应该做到监督质量控制，如果发现审计报告的虚假行为，必须立刻给予处置，并且要实现审计监督信息的相关性。然后要实现审计监督的本质，实现高校会计的全过程监督管理，并组织专业的人员建立评估体系，最后通过建立审计监督网站以及意见箱，实现与社会各机构的沟通，从而了解监督的综合效果。

第三节　经济法律文书监督

在高校运行过程中，其教研工作及各项业务的开展使高校财务管理需要面对大量的经济活动，为了保证财务管理工作的高效使展开必须要通过对经济法律文书进行管理来使高校财务管理工作向着精细化的方向发展。通过对现今高校经济法律文书管理情况的调查发现，其受多方面因素的影响存在一些固有问题使财务管理工作的开展受到一定的阻碍，为了对这些问题进行处理以下从多层次剖析了其存在的根本因素，并针对高校经济法律文书管理的特点提出了相应解决措施。

一、高校财务加强对法律文书监督管理的必要性分析

1.高校财务为学校的建设和发展提供资金保障

依法多渠道筹集办学经费是高校财务管理的一项中心工作，是高等学校教学科研事业顺利进行，促进高等教育可持续发展的重要保证。而依法多渠道筹集资金，在社会主义市场经济条件下，除国家财政资金外，相当一部分是以法律文书的形式约定的，如开展教育服务活动中的人才培训法律文书，科研事业活动中科技开发与科研成果转让法律文书，进行资源配置，对外转让无形资产等法律文书。

2.高校财务肩负着规范校内经济行为，维护高校正常的经济秩序的重任

高校经济活动在由计划经济向社会主义市场经济过渡的过程中，由于长期受计划经济的影响，对市场经济行为把握不够，在对外经济交往过程中，特别是对外签署经济法律文书的过程中，对相关的市场调查了解不够，过多地延用计划经济时代的行政手段和方法，缺少应有的市场经济法律知识，如果财务监督缺位，势必会给学校酿成不良后果。因此高校财务发挥财务监督的职能，加强对校内经济活动进行管理，运用财务所特有的优势，对那些具有较大影响的经济法律文书所涉及的经济事项进行预测、分析和监督，从而保证经济活动的合法性，提高办学效益，维护国家、学校的财产安全和经济利益。

二、依法治校与高校财务对法律文书监督管理职能的转变

加强对法律文书的管理，是依法治校、规范校内经济行为、建立自我约束机制的需要。依法治校在经济上要求学校的各项经济活动必须在国家法律、法规允许的范围内进行。特别是那些通过市场以法律文书形式确定的经济事项(如联合办学法律文书、对外转让无形资产)一定符合要有法律、法规及相应的法律程序；只有这样，才能保证学校的正当权利，避免因法律文书不合法而给学校带来损失。

1.加强对法律文书的管理是维护学校正当权利的需要

法律文书签订以后，财务部门应督促有关当事人切实履行，将该收的款收回，将该付的款付出；对那些确因环境、条件的变化而无法履行的法律文书和协议，财务部门应及时将有关情况反馈到有关部门，及时进行变更，保障自身合法正当的经济权利。如某学校和当地煤气部门曾签订由其财务部门在该学校职工工资中代扣煤气事宜，在计划经济时代，居住在学校里基本上都是内部的职工，在工资中代扣职工煤气费可以方便职工，同时煤气公司采用委托收款方式，可以最大限度保护其自身利益。但到市场经济时代，特别是住房商品化、学校人事分配制度改革以后，居住在学校内的人员日渐复杂起来，如果再延用以前的代扣款法律文书，势必有部分在工资表上无工资的用户煤气款项无法代扣，而煤气公司仍然依照总表收款，结果是学校"出力不讨好"，赔进人力不说，还得赔上钱。稍不留神，一年赔上几万，也不是不可能。因此，在这种明显对一方不利的情况，财务人员要及时向有关人员提出变更意见，以减少损失，保护自身的利益。

2.加强对法律文书的管理是贯彻民主理财、提高经济效益的需要

一项经济法律文书，特别是金额巨大、影响深远的法律文书，往往需要集思广益，进行多方论证。高等学校人才济济，优势明显，充分发挥专家的聪明才智，在法律文书签定之前让更多的专家参与进来，采用"专家风暴法"，从多角度、多层面进行可行性分析，不

仅可以减少少数人才智的局限性、盲目性，而且是提高效益、降低风险、深化财务管理、贯彻民主理财的要求。专家的参与，不仅可以为法律文书的签订提供多方面的有用信息，提高决策的科学性，而且还可激发他们参与学校管理和建设的积极性，是保证财务管理迈向民主理财的重要途径。

3.加强对法律文书的管理是编制学校预算、加强监督的需要

高等学校预算是指高等学校根据事业发展计划和任务编制的年度财务收支计划，是年度内需要完成的事业计划和工作任务的货币表现，具有综合性、效益性、权威性等特征。预算资金的筹集、分配和使用，对学校的发展有着直接的、重大的影响。而对于重要法律文书，正是一种落实预算的具体体现。通过预算支出安排，落实招标采购法律文书，通过对招标采购法律文书的签订、履行、监督检查，使预算得到实施，资金的使用效率得到提高；对于那些分阶段跨年度实施的法律文书来说，其分期付款也是付款年度所编制预算必须考虑的因素；对于收入预算，应充分考虑法律文书可能存在的风险，按谨慎原则予以确认。

4.加强对法律文书的管理是加强财务档案管理的重要内容

由于法律文书具有证明力，记载了法律文书双方当事人约定的权利和义务，是证明一项经济业务发生、发展的重要资料，一旦产生纠纷，法律文书是主张债权的有力证据，理所当然应纳入财务档案的管理。加强对法律文书的管理，是有效防止贪污腐败的重要手段。通过对法律文书的签订过程、法律文书的履行情况、法律文书的执行结果的监督，可以有效防止失职、贪污和受贿行为。从而减少国有资产的流失，保证学校管理工作的廉洁高效。

三、高校经济法律文书管理中存在的固有问题

1.经济法律文书类型复杂，实际管理僵化

根据高校的经济法律文书来看，其主要分为两个种类，收款合同及付款合同。其中付款合同主要包括购置物资、劳务支付、对外支付、个人款项等，而收款合同则包括联合办学合同、资产租赁合同、对外投资合同、国有资产处置合同，接受捐赠合同，应收水电费、取暖费等合同。由此可见学校经济法律文书类型的多样化及复杂化，而在经济法律文书管理工作中由于高校每年都会产生大量的经济法律文书，可以说在高校日常运行中的随时都可能会有相应的经济法律文书进行履约，但是在管理工作中却无法对合同履行、签订情况进行及时的汇总及管理，无法做到全过程管理的效果，无法达到现今在高校财务管理中对财务合同动态管理的要求。

2.财务管理工作中审核工作与经济法律文书管理之间脱节

目前在高校财务管理工作中，经济法律文书及审核工作的进行属于不同的人员来开展相应的工作，因此在实际中存在着审核人员对经济法律文书的了解不够的情况，因此在报销审核工作中无法科学、全面、准确地对项目进行支付业务。如经办部门或者经办人员出现遗漏，财务部门再不精准地掌握合同内容，就容易造成多付款，少收款等问题的出现。

3.合同管理较为粗放

（1）高校的每个处室或部门出于职能需要，都会牵头与有关单位或者个人签订经济法律文书。

（2）高校财务部门和档案管理部门、纪检审计部门有时拿不到经济法律文书，或者拿

到经济法律文书时间比较滞后，也容易在有关款项催收，支付过程中出现纰漏。

4.合同管理意识不强

合同签订部门和人员作为经济法律文书管理第一责任人的意识缺失。经济法律文书签订的重点部门是学校的后勤基建部门，招生培训部门等。以上部门容易出现摸不清自己的家底，管不好自己的合同台账，尽不到合同执行第一责任人的义务，不能第一时间催收催办。

四、解决经济法律文书管理存在的问题的建议

1.建立完善、健全的经济法律文书管理体系

现今高校在发展的过程中经济活动越来越多，尤其是在现今市场经济的背景下，其参与到社会经济活动中需要面对较为复杂的过程及一定的财务风险，为此必须要根据高校实际的经济流动情况来制定符合其发展需要的规章制度，保证经济法律文书管理工作的开展做到有据可依、有迹可循。同时，对于管理体系的建立需要保证其内容的科学性、具体性、可行性等特点，通过管理体系来对合同管理过程进行规范、管理，以此来保证在合同管理工作的进行下可以有效地规避其存在的风险，并维护高校在经济活动中的合法权益，使管理体系可以作为管理活动开展的唯一依据。

2.重视财务管理人才的引进及培养

由于高校经济法律文书管理具有较高的专业性，为此在管理工作的进行中必须要保证管理人员具备丰富的专业知识及技术，并且在经济法律文书管理中高素质人才作为其在发展中的核心竞争力对管理工作的开展有着最直接的影响，因此在财务管理工作中要注重对人才队伍进行建设。

（1）需要扩大人才引进渠道，通过多种途径吸收更多的专业管理人才。

（2）制定完善的培训学习制度，保证经济法律文书管理人员可以得到良好的培养，吸收最新的经济法律文书管理知识，从而使其适应岗位职责。

（3）建立完善的考核制度，促使工作人员形成学习意识及竞争意识，从而有效的提升经济法律文书管理的综合水平。

3.做好经济法律文书全过程的审查及管理

在经济法律文书管理工作中其最重要的环节就是对其签订和审查过程的管理，这也是保证管理工作有效开展的重要条件，同时其也关系着合同的履约执行能力，根据就经济法律文书签订及审查的内容，需要做到以下部分。首先，需要加强对合同签订及审查的重视程度，保证在经济法律文书签订中可以做到组织审计、财务等部门等对经济法律文书管理进行共同的审查及管理。其次，相关工作人员在管理工作中必须要对合同的条款内容进行校对及审查，保证后续工作可以得到高效的开展及进行。

4.经济法律文书履行情况动态化管理功能

经济法律文书网络动态管理平台构建最关键的一个功能就是要实现财务数据动态化录入。财务部门要设定录入端口，由主管会计根据各项收入和支出的动态情况，依据合同目录及时录入收入和支出金额。实现此功能的前提是财务数据要及时更新，对已经收付的款项，在记账软件下账后，要同时在经济法律文书网络动态管理平台中登记。

第四节　采购和招标监督控制

一、高校采购管理及内部控制的作用

高校的采购管理活动是保障院校各项科研教学活动正常展开的一项重要工作。高校需按照国家招投标法及政府采购法等制度，结合学校教学、科研运转的实际需求完成采购任务，而高校机构设置较多，组织结构较为松散，各单位需求差异大，采购需求分散，同时政府采购的支付要求和采购周期较为紧迫，因此，高校加强采购管理及内部控制不仅是国家深化"放管服"工作在高等教育领域的一项重要内容，而且能够更好地保证高校各项工作顺利开展并促进其良好发展。

二、高校采购管理及内部控制的不足

1.采购管理制度及内部控制体系不完善

由于我国高校发展现状，和政府采购管理的特点，高校的采购管理主要结合招标投标法以及政府采购法等制度进行采购，对采购细节没有规定，程序约束力和规范性较差，不利于操作执行。内部控制制度不完善，使得整体采购效率大打折扣。另一方面采购流程审批环节程序周期较长，流于形式，内部审核环节设置较少，造成制度漏洞，无人监管。

2.采购管理制度没有严格落实

高校各类物资、服务、工程的采购品种繁多，涉及面较大；同时招标采购活动的流程较长，在招标采购活动的立项申请、编制文件、发布公告、开标、评标、组织评标委员会、签订合同等一系列活动中，由于缺乏细节的内部控制制度支撑，加之有些采购工作人员业务水平和责任心不强，没有严格遵循相关制度开展采购工作，导致采购纠纷和履约不及时不完善等情况，影响了整个采购工作的效益和效率。

3.缺乏合理有效的岗位设置

岗位职责不明确，制约机制和监督机制得不到有效的实施，监管流于形式，出现推诿扯皮，执行效率低下，或者监管真空，滋生腐败的情况。在高校采购工作中，往往由于缺乏专业的评审专家组及验收工作组，对采购需求论证不充分，或采购验收环节流于形式。对质疑答复和投诉处理缺乏专业和专职的工作人员，导致不能有效及时的解决和处理可能的质疑和纠纷，打击了投标人的积极性，不利于形成公平公开公正的竞争环境。

4.档案管理工作不规范，不系统

招标档案的整理却没有足够的重视，部分高校缺乏专门的招标档案整理人员，通常是高校档案管理人员代为处理，没有完整、规范的档案保存、使用、管理制度，往往信息保存不及时，或缺乏完整性和真实性，档案整理工作和招标工作出现了脱节的情况。

三、高校招标采购的风险控制

1.完善采购机制

建立健全政府采购预算与计划管理、采购活动管理、验收管理等采购内部管理制度。根据高校实际情况及发展需求，制定完善的内部控制制度，为相关部门协同工作，完成采购管理提供了制度保障。采购预算纳入学校整体的经费预算管理；政府采购计划根据实际金额、经费不同，实行不同部门、不同预算由各级单位分级分层管理。采购活动中建立采购执行、资产管理、财务收支付款、内部审计、纪检监察等部门或岗位相互协调、相互制约的工作机制，保证整个采购过程协调一致，有序高效。

2.合理设置关键岗位

根据各高校实际情况，按照实施采购管理及内部控制的要求，合理设置关键岗位，明确相关岗位的职责权限。确保采购需求制定与内部审批、招标文件准备与复核、合同签订与验收、验收与保管等不相容岗位相互分离。建立预算编制、政府采购和资产管理等部门或岗位之间的沟通协调机制。

3.建立健全内部监督机制

并完善信息公开制度，充分利用网络信息化，建立公开、公平、公正的竞争环境，设置畅通有效的监督渠道，积极接受投标人以及社会的广泛监督。建立完善的监督机制，使得监督工作不仅参与到开评标过程中，还要加强监督工作的专业性，扩大监督的范围到采购需求和采购预算，以及合同的订立与履约验收付款的全过程监管。同时高校应制定切实有效的信息公开管理办法，确保采购公告各项内容和信息的全面、规范发布，采取尽可能广泛的途径同时发布在除校园网的其他媒介和平台，增加潜在投标人受众面。利用科技化平台，合理使用电子化、信息化手段开展招投标过程，增加采购工作的透明度和公开性。

4.建立完善验收流程，明确验收人责任

根据政府采购文件并结合学校组织结构和采购特点等实际情况，建立分类别分层级的验收制度，由指定部门或专人严格按照论证方案、合同条款及有关技术标准对所购产品及服务进行验收，并出具验收证明。结合学校实际工作，明确验收人员职责，按照采购文件、合同条款逐项进行验收，确保采购需求计划的实现。

5.建立完善的档案管理制度，加强档案管理工作

高校要安排专门的档案管理人员对招标文件、合同进行整理，并且在整理过程中可以应用电子信息技术，在实际工作的过程中将招标合同等文件录入电子档，并且在电子信息设备中建立起完整的档案目录，这样才能够提升档案管理工作的有效性以及档案的利用率。通过定期对相关档案资料进行分类统计整理存档，并通过分析整理，可以对照相关采购制度进行自查自纠，进一步改进后续工作，提高工作水平。同时完善的档案管理制度，和完备的档案备份，可以有效地开展后续的监督审查工作，加强对采购各项工作的事后监督，保证了采购工作的质量和效果。

第五节　信息披露和新会计制度

一、高校财务信息披露的问题及治理

1.高校财务信息披露的理论基础

（1）高校财务信息披露的相关政策

1988 年，十三届二中全会着重加强预防腐败，把政务公开作为加强党风建设的一项重要措施，要求各机关单位尽可能公开办事规章制度，以便接受群众的监督。1997 年，十五

大提出深化对政务公开的认识，将政务公开与基层民主紧密联系起来。2002 年，十六大提出政务公开是建设社会主义法治建设的前提。2006 年，十六大六中全会把政务公开作为促进和谐社会的重要保障，依法维护公民的知情权、参与权与监督权。2017 年，中共中央印发《中国共产党党务公开条例(试行)》，该条例是基础性党内法规，将党的领导活动，有关党建的事务在规定时间在党内或者党外公开。由此可见，随着经济社会的发展，政务、党务公开对整个社会发展起着举足轻重的作用。

（2）高校财务信息披露应遵循的原则

根据 2007 年《政府信息公开条例》中第五章附则的规定，与人民群众利益密切相关的事业单位的信息披露参照本条例执行，对高校财务信息披露同样有着约束作用。依照《政府信息公开条例》的有关规定可知我国高校财务信息披露应遵循的原则包括公开性、充分性、真实性、及时性和相关性，加上高校特殊的单位性质和财务信息的专业性，高校财务信息披露遵循的原则还应包括可比性和通俗性。

1）公开性

如果高校没有一套完整的财务信息披露的制度，利益相关者就无法深入全面地了解到高校的经营成果与财务状况。高校财务信息披露可以更好地维护利益相关者的知情权、参与权、决策权与监督权，也正是因为财务信息的披露，利益相关者才能做出正确的决策，同时更好地对高校进行监督，有利于高校的健康发展。2010 年教育部发布的《办法》中指出各高校以公开为原则，不公开为例外，但是如何界定公开与不公开的界限，作为信息拥有者的高校则有着自由裁量权，直到 2014 年《清单》规定了各高校应披露的 10 大类 50 条事项，第 3 大类"财务、资产及收费信息"下细分 7 条事项，进一步的细化了披露内容，明确了具体范围。因此，公开性是高校财务信息披露的首要原则。

2）充分性

只有充分披露信息，利益相关者才能在信息披露的前提下，获得足够完整的信息，从而做出全面的、良好的、理性的判断。凡是《清单》规定的可以公开的信息，高校都应根据要求披露相关财务信息，不得随意减少或者有意隐瞒信息。同时可以根据自身需求发展，披露除《清单》规定以外的财务信息。充分披露分为形式披露与内容披露，两者缺一不可。形式与内容均充分披露的财务信息有助于防止披露中的不正当行为。因此，充分性是高校财务信息披露形式与内容完整性的保障。

3）真实性

真实性原则要求各高校披露的财务信息从收集、处理、审核到披露都应保持客观独立性。高校为了追求"面子工程"或者为了应付上级政府的要求，随意或者恶意篡改信息内容，会损害了利益相关者的利益，引发与利益相关者的矛盾与对立。严格根据国家相关法律规定进行信息搜集，全面核算高校发生的经济事项，客观独立地进行内部审计。因此，真实性是高校财务信息披露的基本要求。

4）及时性

无论是财务信息的收集、处理、审核，还是财务信息的披露，都需要讲究时效性。《清单》要求各高校建立及时公开制度，对清单所规定的信息逐条说明，信息年度公开报告要在制作完成或获取后 20 个工作日内及时公开。高校及时披露财务信息，信息需求者才能在决策前获取到所需信息，这样的财务信息才能发挥时效性。由于信息需求者在获取财务信息上存在时间的不对称性，因而产生弊端，所以高校更加需要制定合理的财务信息披露流程，加快信息披露速度，使得信息最大程度发挥时效性。因此，及时性是高校财务信息披露的重要原则。

5）相关性

相关性指的是高校披露的财务信息是信息使用者决策时需要的相关财务信息。不同的信息使用者有着不同的信息需求，高校需要"对症下药"，也就是财务信息披露需要讲究相关性。如学生更多的想要了解学校的教育收费、奖助学金等。捐赠者则更多的想要了解基金会的运行情况，捐赠资金的使用情况来决定以后的捐赠计划。投资者则需要了解学校的经营成果、财务状况、营运能力来决定是否对高校进行投资。

6）可比性

可比性分为横向可比性和纵向可比性。财务信息横向可比性指的是同一时间，不同高校发生的经济事项的财务信息具有可比性。高校与高校之间的联系密不可分，不同高校同一时间的财务信息对比不仅可以让高校发现彼此差异，更好的切磋交流，更能让利益相关者在投资与筹资上精准的定位。财务信息纵向可比性指的是不同时间，同一高校发生的经济事项的财务信息具有可比性。高校的发展是连续的，不是单独存在的，同一高校的不同时间的财务信息对比有利于利益相关者更加直接地看到该高校长期的发展过程，以便预测高校以后的财务成果和经营状况，更加准确地做出相关决策。

7）通俗性

财务信息具有一定的专业性，有关的财务报告、报表对于非专业人士阅读理解有一定困难。而利益相关者来自各行各业，摘取决策有用且可理解的财务信息比较吃力，通常会影响财务信息披露的效果。因此，高校在披露财务信息的时候，尽可能地使用通俗化的财务语言，多使用简单明了的方式（图表，比率等）呈现，对专有的会计名词加以文字解释说明，让利益相关者轻松地获取所需财务信息。如收学费业务，财务上为借方—现金或银行存款，贷方—事业收入—学费，通俗化则表达为将学生的学费收入存到银行。

2.高校财务信息披露的问题

（1）高校财务信息披露的功能缺失

近年来，随着高等教育事业的持续稳定发展，在办学质量和效益不断提升的同时，高校财务、经济等问题也日渐突出。

财务信息披露是高校会计核算和财务管理职能发挥的关键环节，而高校经济腐败现象的根源就在于高校财务信息披露的监督功能缺失，导致相关职能不能发挥或无法充分发挥，进而使得现有的的高校内部治理失衡和外部监督缺失。具体来说，体现在以下三个方面：

1）部分高校高度集权的管理模式下，校领导掌管财政大权，财务信息不公开、不透明，导致相应的监督部门无法获得相关信息，进而使得内部对上级或同级的监督缺失导致权利结构失衡。

2）部分高校存在外行分管内行的现象，分管财务的校领导不懂财务专业知识，导致内部被内行的下级架空并弱化了内部监督作用。

3）尽管有些高校权利结构相对合理，但是由于高校财务部门缺乏科学的理财观念，没有及时将有关的财务运行状况和信息披露给管理层，导致出现状况。

总体而言，在现有高校治理结构中内部监督权弱化的前提下，由于信息的不对称，使得财务信息披露在高校运作过程中的治理功能几乎缺失。

（2）高校财务信息披露的范围有限

高校财务信息披露的对象范围和内容范围非常有限。当前，高校财务信息披露的方式主要有两种：①通过编制年度会计决算报表报送给高校内部管理层以及教育主管部门；②根据当前政府部门信息公开的规定公开有关财务预决算信息及资产管理信息。但是，这两种方式都存在较大的缺陷，前者存在披露对象上的局限，后者存在披露内容上的局限。正是上述两种披露方式的范围局限性加剧了高校与利益相关者（如社会公众、教职工、学生）之间的信息不对称，使得内、外部监督乏力。

对于第一种方式来说，决算报表反映的高校内部运作的相对完整的财务信息，而这披露的对象范围相当有限，仅仅局限于高校管理层和主管部门，仅有个别公办高校和少数民办高校根据董事会有关规定对全社会公布年度会计报表。而在境外，高校像上市公司一样公开披露年度会计报表已成惯例，如香港、美国、英国等。

对于第二种方式来说，尽管近几年在《高等学校信息公开办法》（教育部令第 29 号）实施的基础上，教育部连续出台了关于做好高校财务信息公开工作的有关通知，严格规定了相关的披露内容，但从全国各地方高校以及部属院校实际执行情况来看，大部分没有严格按照文件政策规定的财务信息披露内容进行披露，或者只披露财务制度和收费标准，或者只披露预决算报表的部分报表，存在"偷工减料"和"缩水公开"的现象。例如，根据陈盈等人对京、津、沪、鲁、冀、辽六省市共 521 所高等本专科院校财务信息公开工作的调查结果发现：按照宽松口径统计（包括在信息公开专栏或财务处网站公开信息，内容包括文件规定的全部或者部分财务信息内容）的公开财务信息的高校仅有 87 所，比例仅为 16.7%。另外，山西、陕西、广东等地也存在类似的公开内容不完整现象。

（3）高校财务信息披露的质量不佳

高校财务信息披露的充分性、及时性、真实性等是影响披露质量的关键因素，但是从当前来看，这些方面都没有做到，使得高校财务信息披露的效果大打折扣，进而无法发挥在高校管理和运作过程中的监督和治理作用。

1）财务信息披露不充分

财务信息的完整性是在形式和要素上对披露质量的保障，而财务信息的充分性则是在实质上对披露质量的保障。在当前高校财务信息披露的实务工作过程中，部分高校负责人以部分财务信息涉及高校核心利益和机密为由，进行笼统或模糊的披露。例如，尽管部分高校按照高校财务信息公开有关规定披露了预决算的 8 个表格信息，但是，相对于那些非财务人员的高校教职工以及社会公众来说，由于没有同时披露相关的分析报告、说明及附注等辅助信息，使得财务信息披露的质量和效果大打折扣。

2）财务信息披露不及时

高校财务信息披露时间的及时是提高财务信息披露质量的保障。按照有关规定，高校应在预决算批复后 10 个工作日内，将学校网站作为主要信息公开载体，主动向社会公开相关内容。但是，从全国各地方高校以及部属院校实际披露的情况来看，这一时效性规定几乎都没有实现。很多高校都是在预决算批复一两个月甚至更长的时间后才披露。

3）财务信息真实性缺乏保障。财务信息的真实性是财务信息披露质量的根本保障和要求。当前的高校财务信息披露制度体系，尽管对高校财务信息的真实性在会计核算、报表编制、财务管理等方面都有所规定，但是从当前高校财务信息披露内容来看，无论是对已经进行披露的部分还是未披露的部分，信息的真实性都缺乏保障。部分高校上报教育主管部门的年度决算会计报表，尽管有高校审计部门的盖章，但是大都是走形式，没有实质意义的内部审计，更不用说像国外高校一样，经过社会审计后才披露（许慧清，2014）。因此，这种财务信息的披露，一方面无法充分发挥其应有的监督和治理作用，另一方面也存在误导信息使用者的问题。

3.高校信息披露问题的治理机制

在完善我国高校治理结构的趋势下，利益相关者的需求成了高校治理体系改革的指引方向。完善我国高校财务信息披露体系能够满足不同利益相关者的需求：对于高校内部而言，可以满足高校管理层依法治校的需求；对于高校外部而言，可以保障社会公众和政府的参与权与监督权。总而言之，不断完善高校财务信息披露体系，可以为实现高校治理能力现代化保驾护航。因此，高校财务信息披露体系的工作要融入现代大学治理的结构中，建立可持续发展的高校财务信息披露体系框架，具体如下图 6-1 所示。

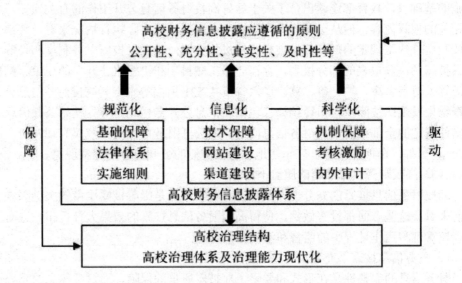

图 6-1 高校财务信息披露体系框架

高校财务信息披露体系框架的总体思路是：从高校治理结构为出发，围绕高校财务信息披露体系，从规范化、信息化、科学化三个角度进行基础保障(包括健全法律制度保障和明确披露实施细则)、技术保障(包括提高网站建设水平和开设多样披露渠道)、机制保障(包括健全考核激励机制和加强内外审计保障)，从而提高高校财务信息披露的质量，最终实现高校治理能力现代化的目标。

（1）健全法律制度保障

当下高校财务信息披露备受关注，已然成了大趋势。但是如何更好地维护利益相关者的参与权与监督权，划清好披露与不披露的界限，还得需要健全的法律制度来保障。《办法》《清单》都是必要的原则性规定，没有从法律层面做原则性规定。只有将高校财务信息披露从规定层面上升到法律层面，规定社会公众可以从高校获取哪些财务信息、获取的方式与渠道，充分保障利益相关者的参与权与监督权。

（2）明确披露实施细则

1）细化财务信息披露内容根据《办法》《清单》的内容，对高校财务信息披露进一步完善和细化，指导和规范各高校应披露的内容，具体如下表 6-1 所示。

表 6-1　高校财务信息披露实施细则

	披露内容	实施细则
校财务信息披露内容	财务、资产管理制度	差旅费管理办法、资金管理内部控制制度、大额资金使用审批规定、收费票据管理办法、水电费管理办法等
	受捐赠财产的使用与管理情况	包括捐赠清单、基金会财务报告、工作报告、基金会专项信息审核报告、基金会审计报告等。
	校办企业资产、负债、国有资产保值增值等信息	包括资产负债表、利润表、现金流量表、所有者权益变动表等
	物资设备采购和重大基建招投标	包括招投标项目、招投标流程、开标、中标、中标单位等
	高校年度财务报表	收支预(决)算总表、收入预(决)算表、支出预(决)算表、财政拨款支出预(决)算表、"三公"经费支出表、资产负债表、现金流量表、政府性基金收支表等
	高校教育收费情况	包括收费项目、收费依据(批准机关及文号)、收费标准、收费范围、收费程序以及投诉方式等
	高校年度财务审计	包括财务报告审计、基建工程审计、内部控制审计和领导干部经济责任审计等

2）明确财务信息披露时间

高校财务信息的及时性是衡量该校信息质量的重要因素。《办法》规定各高校应该在信息制成或者获取之日起 20 个工作日对外披露，然而，《办法》并没有对制作完成的时间明确规定，使得有些高校在执行过程中存在拖沓的嫌疑。

根据高校财务信息的分类，可以将信息分为实时披露和定期披露，比如受捐赠财产里的捐赠清单、招投标、科研经费、财务收入等情况应实行实时披露。而年度预决算、校办企业财务报表等情况应实行定期披露，尤其需要对定期披露的时间做出明确规定，以保证信息需求者获得的信息质量不会因为时间的滞后而降低。

（3）提高网站建设水平

有些高校信息公开网站设置混乱，有的沿用校务公开网，使得信息公开网站形同虚设。追根究底，原因在于我国高校信息化建设处于初期，网站及运行往往由高校自行研究设计，缺乏系统性，导致网络信息资源分散。因此，要解决当下问题，建立具有普适性的网络平台是关键。教育部门也应组织专业技术人员和高校信息工作者共建具有普适性的信息网站，降低高校的披露成本，规范信息栏目，提高网站建设水平。为确保高校信息的安全性，高校需要集中管理 IP 地址，防止他人的不正当用途。当然高校需要做好信息公开网站数据的实时更新工作，定期优化网络系统，加快高校财务信息披露信息化进程，更好的构建全民信息公开网站。

（4）开设多样披露渠道

各高校应该结合实际情况，通过学校网站、校内媒体、新闻发布会或者简报的方式披露高校信息。在如今大力提倡互联网+的时代，高校更加应该以信息公开网站为重要的披露渠道，同时采取当下新型媒体形式，如微信公众号、学校 APP 等，将现代手段和传统手段相结合，进一步加大信息披露的范围，满足不同利益相关者的需求。

（5）健全考核激励制度

将高校财务信息披露的责任具体落实到人，提高工作人员专业素养和责任意识，避免出现有问题时互相推诿的现象。在高校内部，将财务信息披露质量的结果与工作人员的绩效考核挂钩，进一步完善教职工的考核机制，实行激励奖惩制度，上至高校管理层，下至高校教职工，端正态度，明确义务，使得相关工作人员负责任的对外披露财务信息。

同时，政府机关部门也需要对各高校财务信息披露质量进行定期考核，对高校信息公开网站的建设随机考察，构建一套切实可行的具有普适性的质量评价体系，将政府资金补助与各高校财务信息披露质量挂钩。对信息披露质量好的高校进行表彰，也要对信息披露质量差的高校进行公告批评，并对高校领导进行惩处。这样高校内外部更加积极配合主动公开高校财务信息，重视高校财务信息申请公开工作，推动高校财务信息披露工作的进程。

（6）加强内外审计保障内外部审计是保障高校财务信息披露内容真实性的主要途径。内部审计缺乏 定的独立性，我国高校内部审计主要是辅助高校开展内部管理的机构，通常称为审计处或者审计室。审计处和学校纪检部门密切的行政关系无法保障内部审计人员的独立性，进而影响审计人员出具的审计报告的客观性，从而导致了高校内部审计部门的形同虚设。同时高校内部审计人员通常是高校的财会人员，由于他们缺少工程、管理、经营等多方面的经验积累，内部审计人员的缺乏专业性也是忧患之一。

因此，改进高校内部审计模式，加强审计人才队伍建设，引进先进的审计方法与手段，最重要的是学习美国英国高校引入外部审计对高校财务信息独立审计，并出具客观的审计报告，定期向社会公众披露，不仅增强了财务信息的真实性与可信度，也有助于高校绿色健康发展，利益相关者可以更准确地做出相应决策。

二、高校新会计制度的分析和实施

近年来，随着高校教育与公共财政等体制改革的深入，高校办学体制、经费、支付形式、后勤保障及校办产业管理等相关内外部环境不断改变，此种形势下，高校预算、财务及资产等管理面临新的要求，直接影响到高校会计核算工作。

1.高校新会计制度产生的正面影响

（1）新会计制度背景下，高校会计基础改变。众所周知旧会计制度以收付实现制为主，而新会计制度则是根据权责发生制原则，其报表体系对会计基础进行细化，尤其是核算并账项目的基建，对高校财务状况反映比较准确。

（2）新会计制度下，高校资产管理水平不断提升

新会计制度下，要求除了图书档案、文物、陈列品及动植物外，其他固定资产进行折

旧计提，明确了高校固定资产有关的会计核算；资产折旧与摊销计提，为资产实际与成本价值核算提供了方便，从而准确掌控高校各类资产。

（3）增强学生准确成本核算意识

新制度细化支出分类后，支出核算与管理增强，与完善的固定资产折旧统一起来，规范了高校教育成本核算模式。在此基础上，学生培养成本得到准确反映，从横向角度实现了校际对比，优化配置教育资源，一定程度上提升了学校教育质量。

2.高校新会计制度带来的挑战

（1）新会计制度下，高校面临更大的会计核算压力

与旧会计制度相比，新会计制度细化了会计科目体系与核算办法中的收入与支出等科目。近年来，新会计制度执行过程中，因分类标准不够详细，具体会计实践中，一定程度上加大了收支科目分类操作难度，甚至出现分类混淆问题。细化分类标准不足的情况下，财务管理人员凭借主观经验判断开展会计处理工作，从而使得校际不统一或不同时期校内会计录入标准出现不同。有时凭证录入过程中，一项业务出现多种选项，加大了财务核算工作任务。

（2）固定资产规定操作比较难

新会计制度提出，折旧或摊销，根据平均年限计算资产，不得不重新分类认定高校校内资产。在此过程中，新旧制度过渡不充分，从而加大了操作难度。明确新资产定义后，需要从不同角度认定新固定资产，同时新旧资产分类不同，也就造成国有资产出现流失。新会计制度具体执行时，因折旧或摊销补充规定不够详细，高校间缺乏统一的折旧计提规范与标准，此种情况下，使得固定资产清理工作中，校际出现明显差异，参考与对比性不断下降。

（3）对高校财务从业人员综合素养提出了新的挑战

高校财务管理工作中，新会计制度对财务管理人员综合素养要求更高。财务管理人员亟待提高自身成本意识，新会计制度背景下，财务、资产及收支管理，要求在财务实践中，必须要具有成本节约与控制意识，从业人员必须要熟练掌握新制度，以此提高自身综合业务素质。另外，高校资金来源以国家财政补贴为主，新会计制度基础下，高校建立健全财务风险与核算制度是十分必要的，由此对财务工作提出新的要求。严格规范财务管理、增加管理透明性，这都是从业人员综合业务素质要求提高的表现。

3.高校实施新会计制度的建议

（1）对财务核算工作进行完善，加强财务制度建设

高校实施新会计制度过程中，对财务报表提出了新的要求，要求财务报表必须要提供更加详细的数据。此种背景下，高校建立系统化核算数据显得尤为重要，准确的数据，才能提高已生成报表的使用效率。报表间的数据是密切相关的，因而做好基础数据非常重要，以此为后期所需报表提供更加的准确的财务信息。高校财务核算工作中，资产也是重要构成部分，因而资产数据库的建立也是必不可少的，以此逐步构建并完善固定资产折旧与无形资产摊销等工作，为后期资产计提摊销提供保障。另外，结合高校实施新会计制度调整资产科目情况，及时清理部分数据，为后期建账提供方便，在此基础上，为高校更好的实施新会计制度奠定良好的基础。

（2）高校对财务预算加强管理

高校财务管理工作中，财务预算管理工作也是非常重要的。高校预算工作是结合本校事业发展计划与任务，而编制年度财务收支计划，为本校会计核算与财务管理工作指明了方向，所以，高校加强自身财务预算管理显得尤为重要，对本校特色财务预算规定与流程进行完善，基于发展计划部门、财务部门、业务部门与学院，构建统一协调的内部预算统筹机制，加强业务工作计划，有效衔接经费预算安排，以此保障本校各部门支出需求得到满足，借助财务信息管理平台与预算监督执行情况，增强绩效目标对预算安排的约束，以此对内控机制进行完善，提升财务预算的科学与权威性，为本校更好地进行会计核算工作创造良好的实施氛围。

（3）加强人才队伍建设，提升财务管理工作水平

高校财务工作人员在实际工作中，要主动学习新业务知识，不断更新知识结构，从而更好地满足新会计制度下，高校财务管理工作的要求，不断提升自身财务管理水平。相较之新会计制度，旧会计制度比较简单，不重视核算管理，且财务管理比较松散。但新会计制度实施环境下，高校财务工作要与企业财务工作接轨，更加重视经营成本与办学成本核算，优化配置资源，这已成为新市区高校财务管理工作发展的新方向。

当前，高校办学模式多以借贷为主，新会计制度利用明确的债务与利息核算，一定程度上提高了高校财务风险控制能力。此外，高校管理者也要不断加强财务管理意识，有效配置资源，为办学效益的提高奠定基础。

（4）财务人员积极转变自身角色

1）新旧会计制度下，对高校财务从业人员提出了不同的要求。

旧制度下，高校财务工作简单，以会计核算为主，个重视财务管理，此种情况下，财务从业人员日常工作以简单的记账与报账为主，这就严重束缚了财务管理作用的发挥。而实施新会计制度后，高校财务管理工作者要及时转变角色，会计核算转向财务管理，对高校经营管理成本做出全面的综合考虑，包含重视办学成本与教学资源。

2）高校财务工作者要增强自身财务风险意识。

现阶段，我国很多高校办学为借贷模式，新会计制度的实施，逐步完善了高校负债与利息核算，当前财务管理重点更加突出，充分体现了高校财务风险控制要求。此种背景下，高校财务工作者在实际工作中，不能仅处于简单的记账与报账，而要积极主动发挥自身职能作用，增强财务管理意识，主动参与校内资金运作。

（5）高校管理人员要增强自身财务管理意识

高校实施新会计制度过程中，要充分融合本校运营管理情况，此种情况下，高校要结合自身实际情况，对财务管理制度进行健全与完善。必须要认识到，财务管理制度的完善，并非高校内部财务部门的工作，高校管理者的支持与认同也是非常关键的。作为财务工作的直接参与层，高校管理人员必须要提高财务管理认知，深入了解校内会计工作，以此确保本校财务管理制度与新会计制度实施要求保持一尺。高校管理人员重视财务管理工作基础上，才能加强校内各部门间的配合，重视高校财务管理，为财务管理工作实效的提升奠定基础，以此推动高校财务管理工作实现良性发展，优化配置校内各项发展资源。

第七章　高校财务治理的现状与困境

第一节　经济责任落实不清

一、高校建立经济责任制的意义

高校建立经济责任制是为了贯彻责、权、利相统一，其核心内容是将权利和义务相结合，明晰责任。建立健全高校经济责任制，旨在通过制度化建设，将高校的各项经济活动纳入制度化、法制化的轨道，进一步促进资金使用的规范化，增强资金安排的计划性和科学性，从而提高资源配置的合理性和有效性，避免重复和无效的建设，堵塞因管理不善而造成的漏洞。高校建立经济责任制，是高校依法治校的必然选择，是维护学校良好经济秩序的有力保证，是高校实现财务管理目标的有力手段，是建立和完善面向社会自主办学和建立自我约束体制的必然要求，是高校经济责任审计的重要依据。高校建立经济责任制对促进高等教育的发展有重要的现实意义和战略意义。

二、新时期高校贯彻落实经济责任制工作中存在的问题

1.认识不够到位

经济责任制是一项涉及面广、政策性强、任务复杂而又艰巨的工作，关系到学校的经济秩序和财经活动，关系学校改革和发展大局的事情。但长期以来，有些学校的经济管理工作者存在对经济责任制认识模糊，对高校落实经济责任制的重要性认识不足，造成对经济责任制工作不关心、不重视，甚至认为只是财务部门的事情而与己无关，把经济责任制工作当成额外负担；有的认为，经济责任制工作抓不抓无所谓，作为学校只要把教学和科研搞上去就行。这些问题的存在，关键是思想上没有认识高校落实经济责任制的重要性、必要性和紧迫性。

2.工作不够到位

主要表现在：在组织领导方面，有些高校还没有把经济责任制摆上学校工作的重要议事日程，只把这项工作完全推给财务部门。还没有真正形成"统一领导，分级管理"和"一级管好一级，一级带动一级，下级向上级负责"的管理体制和科学合理的经济责任制体系。在责任分解方面，有的没有进行责任分解，没有明确领导班子的每位成员的责任；高校中层领导干部涉及的岗位较多，学校对他们在经济方面有些权力和职责不明确，存在责任交叉和责任空档，出现"有利大家争，有弊大家推"的现象；有的甚至只明确权力，没有明确责任，根本不把经济责任制当回事。在经济责任制考核和责任追究方面，没有形成科学合理的考核指标体系和考核程序，甚至有些高校根本没有建立经济责任制考核和责任制追究制度，采取既不考核也不追究的态度。

3.措施不够到位

目前各高校虽然建立了以校长为主的各级经济责任制，但这些经济责任制措施不具体，

大多数只是把相关职能部门的岗位责任制加以明确或汇总，往往只是为了应付上级检查，没有把落实经济责任制看作是促进高校管理体制改革的深化，高校财务管理目标的实现，办学效益和教学质量提高的重要举措；有些高校的领导对落实经济责任制只停留在口头上，没有具体落实到实际行动中。

4.监督不够到位

有些高校对落实经济责任制，只满足于开会做布置、发文提要求，缺乏深入细致的思想发动、帮助指导和督促检查；没有真正在组织上形成一套抓经济责任落实的体系，常常是上级有了要求，才抓一下，上级不做要求，就没有人去理睬。高校内部的监督机构，如审计、纪检等部门是在校长领导下的二级机构，其领导由校长任命，其工作对校长负责。这种"内部人"的监督机制，对校长经济责任缺乏应有的牵制和约束机制。制度执行应达到的监督作用往往是表面化和形式化的。经济责任审计大多还是采用先离任后审计的形式，审归审，用归用，审用分离；从保护干部的角度出发，发现问题也是大事化小，小事化了，监督只是停留在口头上。

5.奖惩与追究不够到位

目前各高校对落实经济责任制工作的好坏没有明确的评价标准，没有形成一整套客观、公正、可靠的评价机制。既没有指定考核机构，也没有组织专门的考核人员对经济责任制工作进行考核，有的高校出现了责任问题也视而不见，没有组织力量予以调查，往往是不了了之，责任追究成为空谈。

6.管理者的素质不够高

多年来，高校经济工作没有得到应有的重视，经济工作在低水平徘徊，经济管理工作者的素质相对较低。表现为：①业务素质低，缺乏必要的经济管理知识，缺乏敏感性和分析问题、解决问题的能力；②职业道德水准低，对不正之风不能坚持原则，经济责任意识不强，财经法纪观念淡薄。

三、高校领导干部经济责任审计中存在的问题及原因

1.高校领导干部经济责任审计中存在的难点问题

（1）审计评价难

现阶段我国关于高校领导干部的经济责任审计法律法规在审计原则和审计内容等方面都做了较详细的规定，但是却没有明确规定审计工作的具体实施细节以及审计评价的标准体系，没有明确的标准审计人员很难形成统一的评价考核指标，对审计工作造成了一定的难度。高等院校的工作重心是教育，其经济活动的特点是非货币化。高校的教育主要关注人才的培养，但是其效率效果性难以评价，目前，高校领导干部经济责任审计尚缺乏相应的法律法规，没有统一的审计评价标准，也没有完备的评价指标体系，经济责任也难以量化考核，因此审计评价的难度很大。而且高校领导干部经济责任审计往往涉及的时间长跨度大，甚至有的领导在任期间达十年之久，在任期内政策法规又是不断变化，导致审计的评价依据复杂，不能仅仅用现在的制度政策评价以前的经济事项。高校领导干部经济责任审计评价难体现在以下几个方面：

1）经济责任划分不明确给审计评价带来困难

高校领导干部审计的审计对象相对于其他经济责任审计特殊复杂，高校的各个部门的

经济运行模式不同，各职能部门、科研、教辅部门的运行方式都不一样，审计对象的经济责任难以确定。而且在部分高校中还存在一些制度上的漏洞，高校没有给上任的领导干部签订责任状，使得部分领导干部对其所应承担的经济责任不明确，只是按部就班工作，并不关注工作成果。

2）审计内容偏离经济责任审计，审计评价目的不明确，引起审计评价难

部分高校审计部门将财务审计、内部控制审计以及专项审计同经济责任审计一起进行，经济责任审计建立在被审计单位的财务收支审计的基础之上，导致审计工作偏离经济责任审计的内容，造成审计评价目的不明确的问题。

（2）审计方法和技术不完善

目前我国高校的经济责任审计的方法依照财务审计，主要还是使用检查财务账本的方式进行，希望用账本中出现的问题来对高校领导进行判断和经济责任的审计，然而目前高校的经济业务逐渐拓宽，仅仅从账面之中已经很难发现问题，并且有些高校的账面并不反映出某些违规现象，这样就不能准确地反映高校领导干部相应的经济责任是否履行和承担。这样的审计方法单一具有主观性，并没有形成较为完善的经济责任审计的指标体系，缺乏有效的审计评价指标。国家重点高校和部属、省属、市属高校的情况不同，不能单纯依靠审计人员的职业判断来评价被审计领导干部的经济责任。审计重要性标准也应该结合高校的规模和发展划分为不同等级，制定适合不同层次高校的经济责任审计评价指标，否则审计就不能够真实、客观的判断领导干部经济责任的履行情况，审计的效果也就大为折扣。另外，委托方与高校领导人之间也缺乏明确的受托责任考核标准，这也增加了经济责任审计的指标建立难度。

（3）审计证据不够真实

全面现阶段，高校领导干部经济责任审计的审计资料来源于会计资料，审计人员无法从现有的会计资料中获得全面的审计资料。经济责任审计要求监督领导干部经济决策、财务收支、经营管理等职责的履行情况，还要审查领导干部有无贪污、受贿、腐败等经济犯罪的问题，然而，实际审计中很难从被审计单位的会计资料或财产清查中获得全面的、真实的审计证据。审计人员除了需要常规的原始凭证、会计凭证等作为支撑外，更重要的是需要相关领导干部的授权批示、会议纪要、表决意见、单位档案等文件性的资料，还需要对相关知情人进行访谈，探讨细节问题，从侧面了解被审计领导人的职责权限和是否有口头命令等不规范的指示问题，而这些单位的内部文件有可能由于保管等内部管理问题无法完整的获得，以至于不能够对审计结果中的责任判断、责任性质提供准确的依据。

（4）审计人员专业水平不高

专职的经济责任审计人员缺失。高校经济责任审计人员的专业水平不高首先表现在审计部门缺少经济责任审计专职人员。高校中单独设置经济责任审计专职人员的情况较少，审计职责没有细分，而目前经济责任审计发展迅速，越来越受到社会重视，经济责任审计风险也越来越大，导致很多高校只能委托社会审计机构完成大型的经济责任审计事项，一定程度上增加了学校的经济负担，有能力的高校应当适度安排经济责任审计专职人员，有针对性的提高审计人员的业务能力。虽然社会审计机构从业人员多、力量足，但是由于受到年度审计和季度审计的限制，审计人员在时间上不能很好地配合高校的经济责任审计，有时候与企业年度审计时间相冲突时，社会审计人员认为经济责任审计相对轻松，不够重

视，从而不能充分的投入到经济责任审计中。

审计人员的素质还存在以下缺失：首先是从事高校领导干部经济责任审计的审计人员理论基础不扎实，所掌握的财务知识、管理理论以及相关法律法规等不全面；其次是高校领导干部经济责任审计的审计人员没有得到良好的后续教育；最后是高校领导干部经济责任审计的审计人员对先进的审计方法与审计知识没有及时掌握。

2.高校领导干部经济责任审计难点问题原因分析

（1）重视程度不够

因为在我国高校实行经济责任审计制度开始时间较晚，在高校内的领导思想认识上没有一个正确的认识，往往把它当作一个走过场的常规行政事件，没有引起足够的重视，审计部门长期处于边缘地带。部分高校的各级领导和部门积极推动高校领导干部的经济责任审计，取得了一些较理想的进步，但是审计部门在财力、物力以及人员配备上还是与财务和其他行政部门相距甚远。加之有关高校领导干部经济责任审计的相关法律文件缺乏，尤其是评价指标的不完善，使得高校经济责任审计重视程度不够。从理论层面上看，关于我国的高校领导干部经济责任审计的研究较少，审计实务没有可以支撑的先进理论成果。

（2）高校经济责任审计人员自身素质不高

由于经济责任审计所涉及的经济活动复杂多样加之经济责任评价复杂，这就需要从事经济责任审计的工作人员具有较高的洞察力，较精准的专业能力，以及多层次的知识水平。但是现在我国高校中从事领导干部经济责任审计的审计人员，大都由财务人员转岗过来，或是没有经济责任审计经验的人员，对整个审计理论以及经济责任审计的理论与实务知识掌握得不够全面。随着科学技术的发展，传统的审计方法已经不能适应现阶段的经济责任审计，这就要求审计人员掌握先进的审计技术，增强后续教育，但是高校在审计人员后续教育这方面做得还是有待加强。审计人员的思想认识也应提升，对高校领导干部经济责任审计，不仅仅是对领导干部履行经济责任情况的一个评价，更是为以后干部任免机制提供一个参考，只有发现问题才能解决问题，使得高校健康快速的发展。

第二节　高校债务压力大

一、高校债务风险特征

1.债务风险的概念

根据企业财务管理理论，所谓风险是指企业在实现其目标的经营活动中，遇到的各种不确定性的事件，这些事件发生的概率及其影响程度是无法事先预知的。这些事件将对经营活动产生影响，从而影响企业目标实现的程度。这种在一定环境下和一定期限内客观存在的、影响企业目标实现的各种不确定性事件。这种不确定性包含三层含义：①暗含了事物结果有不确定性，风险是在特定情况下未来结果的客观差异；②人们受认识客观规律能力的限制，对事物未来发展态势无法通过主观努力加以准确预计，因而风险是无法预料的，实际结果与预测结果之间存在差异；③不确定性只存在于一定条件下和一定时期内，随着时间的延长和条件的改变，不确定性也逐渐地消失。简单地说，所谓风险就是指在一个特定的时间内和一定的环境条件下，人们所期望的目标与实际结果之间的差异程度。从企业本身来看，风险可分为经营性风险和财务性风险。

财务风险是指企业财务结构不合理、融资不当使企业可能丧失偿债能力而导致投资者预期收益下降的风险。财务风险是在市场经济条件下资金流转运动的必然产物，具体表现为资金的流入、流出、借贷之间可能产生的不平衡现象，导致的预期收益的无法实现，也可称之为债务风险。

高校是准公共产品属性的社会主体，其债务风险一般是指由于外部环境、客观条件以及高校的资金供需求量变化等因素发生变化，使高校的负债给正常运营和发展带来的不确定影响。一方面，高校的债务风险容易受到政策方面的影响，银贷政策是根据国家经济发展的要求变化而不断改变的。高校贷款成本也是随着国家的财政政策而上下浮动的；另一方面，高校的决策者的管理理念有待提高。我国大部分高校没有有效的融资项目，缺乏可操作性，负债经营没有相应的监督机制，容易增加高校债务风险发生的概率。

随着我国高等教育事业改革的不断深化及高校扩招、扩建等办学规模的日益扩大，高校在国家拨入资金不足的情况下，为了改善条件，积极拓宽筹资渠道，因而加大了融资风险。同时一些高校管理层风险意识不强、财务管理制度不健全及以收付实现制为记账基础的高校会计核算，无法全面真实地反映高校的负债情况，也给高校带来了一系列的债务风险。其具体表现在以下几个方面：

（1）偿债风险

高校贷款的资金量是庞大的，其主要用于开发新校区，建设教学楼和学生公寓等基础设施上。在财政拨款投入不足的情况下，其他融资渠道所筹集的资金也非常有限。为缓解到期无法偿还债务的压力，高校只能以借新债还旧债的方式连续举债，周而复始，一旦资金链崩溃，则高校的正常运转将会受到影响。

（2）资金周转风险

高校的教育事业收入除了维持教职工工资，水电费等硬性开支外，还要按期支付银行贷款的利息，致使高校的资金周转困难。为了不影响学校的正常经营运转，高校势必会压缩其他方面的开支，如科研经费、学生活动经费等。从而形成恶性循环。

（3）信贷政策风险

银行的信贷政策是随着国家的调控政策而变化的。一旦国家实行银根紧缩的政策，势必会影响到高校的债务的还款状态。因为高校收入的很大一部分是借入资金，随着银行信贷政策的变化，高校的资产负债结构也将随之调整。对贷款的过度依赖，将使高校的债务风险暴露无遗。银行方面也会因政策的变化，调整贷款的投放力度，减少不良资产，避免金融风险的发生。

（4）学费政策的风险

虽然近十年我国高校学费收费标准增长迅速，但教育成本的提高，也带来个全社会各界舆论的压力。教育关乎老百姓的切身利益，关系社会的稳定发展。因此，教育主管部门连续发出通知，明确规定保持高校学费标准的稳定，不得随意增加收费项目。保证高校收费的合理性和透明度。

同时，各相关纪检部门加大抽查力度，切实做好严防高校乱收费行为的监督工作。另一方面，我国高招学生的适龄人口呈逐年下降趋势，而高校之间的竞争却越演越烈，适龄学生的持续减少，学费标准无法提高，这在一定程度上减少了高校的教育事业收入。

2.高校债务风险的特征

（1）普遍性

如从地区经济指标上来分析，东南经济发展较好地区的高校，债务相应也较多，平均债务达到上亿元。

（2）产权责任模糊

从社会属性上看，高校教育活动属于非营利性社会公共产品，具有公共产品特有的非竞争性和非排他性，尽管在高等教育的消费上存在着个体差异。从法律地位上看，高校具有法人资格，可独立承担民事责任。但是其是公共产品的社会属性决定了高校所使用的资产，归国家所有。本着教育部提出的"谁贷款谁负责"的原则，高校如果发生债务风险，风险主体应该还是其管理者—主管政府。而政府仅仅是承担了高校债务问题的监管不力的责任，实际上，高校债务最终会转移到普通民众身上。因此，在产权不清，责任不明的情况下，高校一旦发生债务危机，对社会的和谐发展造成的影响也是巨大的。

（3）政府政策导向不明确

首先，不管是向银行等金融机构贷款或是从其他渠道取得融资，如果没有政府方面相关政策的支撑的话，在收益率和风险程度不明朗的前提下，高校是很难融资成功的。

其次，政府作为管理者或者说是投资人，应对其所管辖的社会主体的经营性融资活动加以防范和控制。高校，作为政府的非营利性公共产品，其所发生的贷款行为应在其制定的相关政策的监管下进行，因此，政府政策的制定，直接影响到高校债务的进程。

（4）收益与风险不确定性

根据财务管理相关理论，风险越大，所获得的收益就有可能越高。而高校债务的收益和风险在很大程度上是不相关的。

①高校在一些基础性项目的投资立项上，并没有采用谨慎性原则，不经过严密的科学论证和可行性报告的分析，盲目上马。忽视项目招投标管理模式的重要性，违背市场经济条件下的项目管理体制，缺乏对项目风险的有效控制和妥善处理风险的方法，最终导致风险由政府承担。

②高校与一般企业在经营目标上存在差异性，高校执行事业单位会计核算方法，无法对分析经营成果类的指标进行分析，也无法反映出负债发挥的杠杆正效应的作用。因此，对高校债务来讲，其风险和收益是极不对称的，有可能出现风险极高，但收益不高的情况出现。

（5）隐蔽性

①高校的贷款形式主要以信用贷款为主，抵押贷款为辅。信用贷款特点是期限长，利率高。现阶段，高校的社会公共产品的特性决定了其破产的可能性极小，而高校的负债风险是周而复始、日积月累的，只有达到一定程度时，才会集中爆发，引起连锁反应。短期内不会显现出明显的迹象，这也掩盖了高校对到期债务无法偿还的担忧。

②现阶段还无法准确地对高校的信誉、学术科研水平和人力资本等无形资产以货币的形式计量，银行贷给高校的资金也难以用投资回报期和投资收益率等财务指标来衡量。银行只能通过社会舆论的评价及自身对高校扩大办学规模、提高学术科研水平和增加教学质量的预期值来判断，对高校贷款的可行性及收益值。而没有可靠的数据作为支撑，所以，负债风险存在较大的隐蔽性。

二、高校负债的成因分析

高校债务的成因是多种多样的，大致说来有三大类八个方面。主要是政府、银行、高校三大方面以及如图 7-1 所示的八个方面。

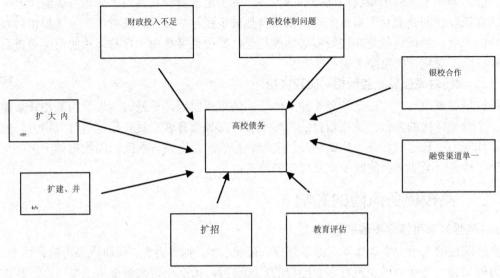

图 7-1 高校债务成因示意图

1.政府方面的因素

扩招是造成高校负债办学最直接的因素，随着我国经济的快速发展，对高素质和高学历人才也随之有着越来越大的需求，近年来，我国高等学校不断扩招，高校在校生人数大量增加，高校原来所能承受的能力已经达不到扩招后的各方面需求，为了满足高校学生正常的学习以及生活方面的需求，需要投入相当大的人力、财力和物力，使高校必须要多方面寻求筹资经费，然而，目前国家财政投入的教育拨款严重不足。所以，优化高校办学条件所需要的新增的流动资金和对固定资产投资所需要的经费只能依靠向银行贷款，也就由此产生了高校负债办学的现状。

2.高校方面的因素

（1）高校盲目追求扩大规模

在我国经济高速发展的状态下，许多高校为了适应竞争压力，寻求自身跨越式的发展，过热地投入到"教育产业化"的发展规划上。各高校盲目地追求高标准和高品位，利用国家的优惠政策，过度的扩大学校建设规模，力求一步到位。于是高校在不考虑自身的财力状况和偿还能力的情况下，不断向银行借款，贷款越借越多，负债规模越搞越大，而所预期的高校各方面收入根本都弥补不了巨额债务。

（2）高校融资渠道狭窄

在我国，由于高等教育经费很大部分是由国家和政府直接拨款，高校一旦出现资金短缺状况，尤先想到是利用银行贷款来补充高校资金不足的问题。这种单一的债务融资方式造成高校抗风险能力不强，高校负债是高等教育市场化的结果，高校被市场化以后，开始了自主经营自主管理。恰恰相反，高校负债正是因为高等教育市场化程度不高而出现的结果。为什么大多高校最终都走向了贷款，为什么会产生如此巨大的贷款金额，这正是由于高校缺乏多种的融资渠道。我国高校的融资途径有限是个不容置疑的事实。

3.银行方面的因素

（1）银行信贷管理体制改革

有利高校引发高校债务,随着市场风险的越来越大和不确定因素的越来越多,相对而言,高校所面临的风险于企业相比要小的很多。为了追求自身利益最大化以及规避风险,具有较强风险性的企业对于银行来说,高校自然成了银行放贷的首选对象。出于扩招后办学经费的短缺,银行贷款是高校发展必然的结果,高校大多是出于自身需求的角度而盲目向银行贷款,对贷款的风险考虑得非常少。

（2）银行对高校贷款监管相对比较宽松

高校贷款规模过大,还款计划不能具体落实的重要原因,正是因为银行为高校贷款提供了一个较为宽松的平台。站在银行的角度来看,高等教育客户具有稳定的财力物力、较强的还款能力、稳定的行业、广阔的发展前景、持续经营比较有保障。因此相对于企业来说高等学校是一个非常大的既安全又可靠的投资市场。

三、高校债务风险的影响

1.对高等教育可持续发展的影响

高等院校的竞争力主要体现在办学规模、管理水平、师资力量,科研成果等的评估上。竞争力的增强,势必会增加教育事业经费的足额支撑,给高校带来资金需求量压力。高校通过借贷的形式来筹集资金,短期内可以促进高校教育事业的快速发展,但在债务达到一定量的时候,当高校无力偿还到期债务的时候,就会使学校因过度举债而发生债务风险危机。从而影响高校自身的稳定、持续发展,甚至影响到整个经济社会的可持续发展。给我国高等教育事业带来不可预计的损失。

主要体现在以下几方面因素:

（1）积极因素

高校多元化的筹资方式,将原来的单纯依靠财政拨款的经营方式改变成以财政拨款为主,其他筹资为辅的经营方式。借贷资金成为高校收入构成中的重要部分。这种变化直接影响了高校资产的积累,办学条件的改善,管理水平的提高,教学科研能力的转化,增加了学校的竞争力。

（2）消极因素

一方面,银行贷款也给高校带来了巨大的债务风险,导致高校正常经费运转紧张。在其他收入有限,财政拨款不足的情况下,高校不得不加强成本核算意识。在制定当年度财务预算时,除去当年到期的贷款本息和人员工资经费等硬性支出外,不得不压缩在教学办公经费、学术科研经费、学生活动经费和国际交流经费的投入。严重影响到人才的引进、专业的建设、教师的培训和学生实践活动的开展,日积月累势必会影响到科研水平和教学质量的下降另一方面,目前高校从银行取得的贷款,主要用于新校区建设或旧校区更新改造等基础建设项目中去。资金的使用、项目的管理缺乏配套的监督机制,容易造成资金的挪用或资源的浪费。施工进度无法保障,或基础工程完成后,相应的教学设备配备不足,一旦造成高校资金链的断裂,将导致大量贷款本息到期无法偿还。

另外,由于中国高校缺乏对未来高校的生源和教育资源的有效利用做出科学的预测,盲目扩大规模，随着我国适龄高校生源数量逐年下降，将造成大量的教育资源的闲置。因此，高校债务问题是现阶段高等教育事业发展历程中不容忽视的问题。只有深化教育改革，创新融资模式，才能寻找到高校债务问题的化解措施，将债务风险发生的概率降到最低，保证高校的可持续发展。

2.对经济社会和谐发展的影响

（1）加重政府的财政负担

在我国，高校属于非营利性的社会公共产品，国家拥有对高校资产的控制权，相应也承担着高校的经济责任。负债将影响到全社会的投资环境、社会稳定等经济活动的方方面面，政府在这里起到了决定性作用。政府将通过以下几种形式成为高校债务的最终承担者。直接转嫁：政府作为高校的管理者，承担着监管和扶持的责任。财政拨款在现阶段是依然是高校的主要收入来源。当高校因经费不足，贷款无法到期偿还而影响到正常的教学任务时，自然而然的要向政府求救。政府则会从大局考虑，为了促进经济发展、维护社会稳定，提高生产力水平而向高校倾斜，从而承担高校的部分贷款风险。

1）间接转嫁

当高校在正常教学的过程中，因经费不足导致到期债务无法偿还时，很可能寻找其他途径增加收入，例如提高学生学费标准、压缩职工福利、减少教学及科研经费等等。但无论以上何种做法，都会引起各方面舆论评价所带来的压力，进而引起政府的关注和协助，结果依然是将风险转移给政府。

2）强行转嫁

当高校的资金出现周转不畅，导致贷款本息到期无法偿还时，银行在保证自身利益不会受损失的前提下，和政府进行谈判或采取合法的方式来给政府施压。如要求追加债务人或走法律程序等。政府面临此情况最好的办法就是替高校承担部分债务责任。

（2）加重学生及家庭的负担

现阶段，我国执行的是九年义务教育的方针，高等教育已超出了义务教育的范畴。得到高质量的教育资源，就要付出一定的成本代价。而我国高等教育的直接受益人是学生及其家庭，这样他们就要为此付出一定的成本，直接体现为学费。不断增长的教育成本给大多数普通家庭带来了经济压力。高校在政府拨款投入不足的情况下，增加学费收入成为高校筹资的一种渠道。南昌大学甘筱青教授通过调查研究指出：近十年，全国高校生均学费已经上涨了5倍，加上学生在校期间的衣食住行等基本开支，对于来自农村家庭及城镇居民中的低收入家庭来说，经济负担巨大。

（3）影响经济社会的和谐稳定

1）高校在资金周转不畅的情况下，势必会影响到办学水平及教育质量的下降。用于教学及科研资金大幅压缩，教师工资及福利津贴得不到提高，对工作积极性影响很深，师资力量流动频繁。学生在校园内学不到翔实的专业知识，得不到锻炼的实践机会。随着扩招后入学的学生陆续毕业，走上社会，无法适应经济社会的就业岗位，引起失业等一系列社会问题。

2）高校的主要债务是来自于自身的扩张性建设，所筹集的资金主要用于扩张所需的土地和校园基础设施的建设工程中。我国在执行高校扩招的政策以来，对高校自身的硬件要求也提出了相应的标准。为达到国家硬性标准，提高学校竞争力，纷纷大兴土木，改扩建校园、兴建二级学院、投资产业园等。再加上地方政府在土地的划拨、银行贷款等方面的政策上给予优惠，使得各高校扩张的过程中热情度过高，工程仓促上马，没有一个可行性的长期规划。致使所需资金严重不足，征地款不能按时给付，基础工程建设在尚未完工时不得不停工。资金不到位，失地农民得不到补偿款，后续生活出现问题。拖欠建筑单位工程款及工人工资，导致工人集体抗议，围堵学校，影响高校的正常教学秩序，在社会上造成恶劣影响。此外，工程投资没有有效的审计机制的监督，容易滋生腐败事件的发生。这些都严重影响了我国经济社会的和谐稳定的发展。

第三节　资金使用效益比较低

一、高校资金使用效益的含义

资金使用效益在人们的观念中通常是指一定的资金投入产生更多的回报，或一定的回报需要更少的资金投入。资金使用效益的这一界定对于高校财务来说应从两个方面理解：①一定的资金使用得到更多的教学资源，包括人力和物力资源；②一定的教学资源需要更少的资金投入。

对高校资金使用效益作此界定过于狭义，高校资金使用效益不仅仅是指资金的投入产出问题，更应包括人力和物力等教学资源的使用效益。如利用有限的资金按当时的市场最低价取得了某项教学资源，但取得以后没有有效使用，或是使用数量和质量很低，这也属于资金使用效益不高的范畴。为此，本文对资金使用效益的分析是建立在广义基础上的。

二、我国高校资金使用效益存在的问题

1.资金使用注重传统的节约，而不重视决策节约

资金使用的传统节约是指资金使用过程的细节节约，如在办公室或教室应"人走灯灭"，用水时"人走水关"等。高校资金规模日益扩大，传统的节约仍然具有现实的意义，但从影响资金使用效益提高的因素分析，更应注重决策的节约。可以说在目前的高校，决策的节约是最大的节约。高校有限的资金用于配置何种教学资源，其流向、流量的科学、合理直接决定着资金的使用效益。

2.资金使用存在明显的攀比效应

不同的高校由于其管理模式、学科特点等差异，相应会导致资金使用的结构性差异，但比较不同高校的财务支出结构与方向，则存在着明显的趋同倾向，趋同的重要原因之一是攀比效应的存在。从高校层面看，高校需要配置何种资源受其他高校目前已有资源的影响，高校决策层面在决策时，甚至会超过参照高校。从部门层面看，相关部门在申请资源使用时，参照的是相关高校的现存情况，比如目前该部门有几个人、配备了什么样的设施与设备，而不会比较其背后因管理模式的不同而存在的任务差异。资源配置不是受制于承担的任务，而在很大程度上受制于攀比效应的结果，资金使用效益不可能很高。

3.重视资金的使用效益远胜于教育资源的使用效益

高校作为一个人力资本高度聚集的单位，具有提高资金使用效益所必需的管理素质，但在高校的财务资金的运作过程中，一般较为重视狭义范围的资金使用效益，即重视以最

少资金投入获得更多教学资源的问题，而对通过资金媒介所取得的教学资源的有效使用重视程度相对较低，这是目前高校教学资源使用的有效性相对较低，闲置、浪费现象较为严重等问题的重要原因之一。如果说对高校在人力资源使用方面是否存在冗员还不太好定性，那么在物力资源使用方面就表现得较为明显，资产有效使用低、财产管理不清甚至混乱并非个别现象。

4.财务部门的相对重视与使用部门相对轻视并存

高校财务资金使用过程中又一普遍的问题就是财务部门相对重视资金的使用效益，而使用部门相对轻视。受于国有单位产权虚置下管理不到位的影响，国有高校在资源使用过程中存在着资源使用效益与部门和个人利益呈逆向调节的利益机制，即部门占有更多的人力和物力资源，在有助于其更好、更快完成承担的工作任务、获得激励的同时，也可以减轻每人承担的工作量，而资源的占用成本并不需要其承担。受此影响，相关的资金使用部门和个人会首先考虑争取更多的人力或物力资源，以减轻其工作量或更方便地完成其承担的工作任务，争抢有限的资源，而不管资源的使用效益，这也就使其成了一个较为普遍的现象。

三、新时期我国高校财务资金使用问题的体制根源

人的行为是在特定约束条件下追求最大化利益的理性选择结果。最大化其利益的理性选择并不需要当事人做精心的计算，而是当事人在社会交往中，通过认知规则对相关约束的认知和判断所形成的关于互动博弈的一种信念浓缩，是一种共有信念系统。目前高校财务资金在使用过程中存在的诸多问题，也正是某种关于财务资金使用的共有信念系统作用的结果。资金使用效益的高低，在不同的约束条件下，其影响因素是不同的。

1.预算约束性不强，高校产权虚置形成的负面影响日益显现

在高校大发展的背景下，一是随着改革开放后国家财力的增强，财政对高校拨款有了较大幅度的增加；二是在政策上实行了教育成本分担机制，学费收入及其他收入在总收入中的比例得以大幅度提高，高校具有了一定的自我发展财力，但这些变化并不足以改变高校预算刚性约束。在国家财力不足以支持高校大发展的同时，政府推出了利用银行贷款满足高校大发展的筹资举措。利用银行贷款满足发展需要的新举措使高校财务一夜间从预算硬约束转变为了软约束，这对于存在产权虚置的国有高校来说，如同打开了潘多拉盒子，产权虚置背后隐藏的决策科学化、民主化问题充分暴露出来。如果决策者能充分地认识到资金使用效益对高校长远发展的重要性，本着负责任的精神与态度，决策者的个人素质可以有效抑制产权虚置的体制缺陷，但国有企业的无数事实告诉我们，依赖个人素质难以抑制体制缺陷。在局部、个体可能会取得成功的案例，而在全局、在整体上，体制缺陷就会通过各种问题表现出来。

诺贝尔经济学奖获得者弗里德曼教授提出的花钱办事的四种模式可能是对国有高校在产权虚置下资金使用效益问题的最好注解：①花自己的钱给自己办事，既讲节约又讲效果；②花自己的钱给别人办事，只讲节约不讲效果；③花别人的钱给自己办事，只讲效果不讲节约；④花别人的钱给别人办事，不讲节约也不讲效果。

2.利益不兼容对资金使用的负面影响

在国有高校因产权虚置影响资金使用决策科学化、民主化的同时，在资金的具体使用

过程中同样存在着影响资金使用提高的体制缺陷，这一体制缺陷从委托代理角度看表现得更为明显。在资金使用具体执行过程这一委托代理关系中，如何在信息不对称下，通过参与约束和激励兼容，有效抑制代理人可能出现的道德风险，实现委托人的意志，这是提高资金使用效益的关键。资金作为一种在市场经济条件下的资源媒介，本身就具有强大的诱导作用，在资金使用过程中相关部门及人员都在努力参与，尽可能多地占有资源，因而在资金具体使用过程中，更为关键的是要解决好激励兼容问题。在资金使用过程中，激励兼容要解决的是代理人占用资源积极性与资源使用绩效、资源使用成本协调一致的问题。但在资金具体使用过程可以发现，存在着较为严重的激励不兼容，部门占用资源与资源使用绩效、资源使用成本难以协调一致的问题。

表现为：

（1）普遍没有开展资金使用绩效评价，资金使用效益，特别是资金媒介后的资源使用效益好坏与将来的资金分配没有直接关系。

（2）在日益重视资金使用规范的同时，如何提高资金使用效益更多的是靠相关人员的素质，而不是相应的激励制度。资金使用效益好的，往往得不到相应的奖励，资金使用效益不好的，只要合规也不会受到惩罚，因而往往会在合规的表面现象下，出现资金使用浪费的问题。

3.高校资金使用上缺乏有效的信息反馈与监督机制

体制是特定约束条件下，各种利益均衡关系的外在表现，是特定利益均衡的结果。说体制是特定利益均衡的结果并不是说体制是静止的，相反一种有效率的体制是动态变化的，其应有自身的纠错机制，并通过不断地调整约束条件以解决体制存在的问题。如果体制有自身的纠错机制(自适应、自组织机制)，体制自身会沿着效率的方向自然演化；如果体制自身缺乏纠错机制，没有强大的外力推动，体制无法沿着效率的方向自然演化。体制无论是内生的，还是外在强制的，都是在不断的试错过程中接近事物的本质。体制的纠错机制需要有人意识到体制的错误之所在，这就需要有相应的监督与反馈机制。目前高校资金使用上缺乏有效的监督与反馈机制。

（1）没有建立相应的资金使用绩效考评机制

因受各种因素的影响，如对高校内部的绩效考核重要性认识不足，绩效考核指标设置困难，没有一个明确的部门专司负责等等，目前高校基本没有对资金使用进行相应的绩效考核，这就使资金使用中存在的问题难以显性化，并反馈到资金使用机制的修正中，出现对资金使用问题谈的多，而落实到资金使用机制修正中的少。

（2）对资金使用监督难以落到实处

高校资金使用的监督应从决策和执行两个层面进行，但从现实情况看，对资金使用效益影响更大的决策层面难以进行有效监督，而对执行层面的监督又受制于缺乏明确的部门和相应的手段而难以落到实处。

第四节 缺乏比较有效的约束和激励机制

一、激励机制的理论基础

*1.*激励机制的概述

在学校管理工作中，管理的重点是在教职工，提高教学质量、完成教学任务的关键也在教职工。但是怎样才能使在教职工充分发挥个体的主动性、积极性和创造性，怎样使他们在学校工作中获得成就感和满足感，这就要求管理者根据在教职工的需求和动机来正确适时地实行激励机制，既了解并尽力满足在教职工的合理需要，关心他们的切身利益，最大限度地挖掘他们的发展潜能，实现学校目标。

（1）激励机制的内涵

所谓激励机制就是创设满足个体各种需要的条件，激发其工作动机，使之产生为实现组织目标和自身目标而努力的特定行为。实际上，激励的过程就是需要、动机、行为和目标四者相互联系、相互作用的过程。其出发点是满足个体的各种需要，只有个体有某种或某些需要，才能激发相应的动机，才能产生为满足需要而努力的行为，最后才能实现组织目标和自身目标的统一。

（2）激励机制的有关理论

近百年来，在激励理论这一领域中产生了很多重要理论，并且众多学者在这领域取得许多理论成果。主要有 1943 年马斯洛提出了需要层次理论、赫尔伯格的双因素理论、麦克利兰的激励需要理论等。

1）麦克利兰的激励需要理论

美国管理学家麦克利兰提出的激励需要理论以马斯洛需要层次理论为基础并进一步发展而来。他强调，人的基本需要有 3 种：即权力需要、成就需要和归属需要。同样，在学校管理中也有相应的表现。

①对权力的需要

对权力的需要是指一种想使他人按照自己的意愿行事，即想要影响和控制他人的愿望或驱动力。麦克利兰发现，具有较高权力欲的人，通常比较喜欢承担责任，倾向于寻求竞争性的和领导者地位取向的工作环境，力求对他人施加影响。在学校，除了校长，其他许多在教职工也具有较强的权力需要，他们喜欢在小团体内树立自己的威望。

②对成就、归属的需要

成就需要是指想要超过或达到一系列标准，希望把事情做得比以往更好，愿意为成功而努力的驱动力。对正在进行的工作情况，他们希望得到明确而又迅速的反馈，以便及时地知道是否取得进步，另外一个表现就是他们还愿意接受挑战，对自己树立一定难度的目标，以取得更大、更好的绩效。他们往往会给自己树立一个高难度的目标，一个完整的计划，在规定的时间内朝着目标努力奋斗；具有高归属需要的人通常从友爱中获得快乐，并总是设法避免因被某个团体拒绝所带来的痛苦，只是喜欢学校快乐和谐的集体氛围。

2）激励机制的其他理论

①马斯洛的需要层次理论

马斯洛的需要层次理论，1943 年出版的《人类激励理论》中就提出了需要层次理论，将人的需要分成 5 个层次，从低到高分别是：生理需要、安全需要、社交需要、尊重需要和自我实现需要。其中，生理需要是人类维持自生存在的最基本需要，包括衣食住行等，只有在生理需要得到满足的前提下，人才可能去获得其他需要的动机。一旦安全感被获得，就不再成为激励因素。社交需要是人希望与他人交往，获得归属感的需要。尊重需要包括自尊和尊重他人，就能极大地激发个体的工作热情、创造力；就会充分挖掘自身潜力，积极创造条件发展能够在新的平台上到达一个新的阶段。

②赫尔伯格双因素理论

赫尔伯格的双因素理论实际上是工作激励理论，他认为在工作中，个体产生良好感觉的因素与产生厌恶感觉的因素是不同的。而激励因素则是指与工作内容联系在一起的因素，如成就感、责任感等，这类因素的改善，往往能激励个体实现组织目标发挥其创造性、积极性。

2.财务激励机制的主要内容

财务激励机制的激发对象是各财务治理层，调动他们的工作积极性和热情，为公司提供更优质的财务信息，为股东等利益相关者的利益提供保障，提升整个财务水平的质量和效率。财务激励机制在原先物质激励机制和精神激励机制的基础上，新增权利激励机制和市场激励机制，使得财务激励机制的内容更加丰富和完善，更能适应社会的发展和时代发展趋势。

（1）物质激励机制又称为经济激励机制，主要包括薪资、奖金、津贴、补贴及福利待遇等。薪资主要是支付员工一段时间内的劳动酬劳，如月薪。工资是按照工时或者完成的产品数量为标准来获取，分为计时工资和计件工资。奖金是对正常劳动以外的现金奖励。津贴和补贴是对特殊劳动者的补偿，生产性质的补偿称为津贴，生活支出方面的称为补贴。福利待遇是非现金形式的，如保险、实物、股票股权、带薪休假等。但福利待遇主要是获取长期受益的，其他的都是能够短期内激励主体，因此物质奖励机制要长期受益和短期受益相结合，能够将财务治理层次人员的热情和积极性最大限度地发挥出来，最终促进公司的共同发展。

（2）精神激励机制是复杂的变化，但大都是管理层来实施的。精神激励机制主要从三方面进行考虑，一方面是从管理层的角度，管理者要学会倾听员工的心声，与员工之间互相尊重和信任，同时也要严于律己，赏罚分明，营造良好的工作氛围；另一方面是从公司的角度出发，公司应该设置自身的制度和规则来保证公司内部的公平，如多者多劳、少者少劳，充分调动员工的积极性，培养他们的责任感，自主自觉的为企业创造更大的利润。

（3）权利激励机制。权利激励是将更多的权利交到各财务治理层的手里，如管理权和决策权，开展股东大会的财务决策尽可能地告知他们，赋予他们提建议的权利，确保决策的合理性。

（4）市场激励机制，该机制的重点是职业经理人和人才市场。外部市场的竞争力能够增强他们的危机感，迫使他们不断提高自身的修养道德，进而提升整体员工的综合素质。

3.激励机制在学校管理中的重要性

激励机制在管理中的运用，是为管理提供更好的手段和方式，是为更好地实现管路的目标。在学校管理中在教职工处于不断地学习、教学等一系列的活动中，从心理学的角度看，从事活动的动力主要是人的需要，这些需要既包括低层次的生理需要，又包括高层次的社会需要，是人行为的原动力，是个体积极性的源泉。事实上，人的任何行为的出发点都是为了满足某种需要，学校的在教职工也不例外。

（1）激励可以克服"职业倦怠"

促使在教职工处于一种积极的状态中，工作时思路开阔、思维敏捷、创造欲强烈。但是人长期从事同一份工作，就会缺乏工作热情，失去积极性。同样，在教职工长年累月从事教育事业，难免会出现"职业倦怠"。要是处于"职业倦怠"期的在教职工数量过多，学校就会呈现一种缺乏活力的氛围，这对学生健康快乐成长和学校管理带来严重的影响。要让在教职工克服这一致命弱点，用激励机制提高士气，培养引导在教职工树立良好的积极状态。

（2）激励强化学校在教职工的积极行为

满足在教职工个体发展，实现组织管理目标。根据美国心理学家斯金纳的操作条件反射理论，如果人的行为结果对他有利时，这种行为就会在以后重复多次出现，相反，人的行为结果对他不利时，这种行为就会减弱或消失。在教职工的日常工作中，学校管理运用激励的方法对在教职工的积极行为给予及时的肯定或奖赏，就会使这种行为得到巩固和强化，从而强化在教职工的积极行为。

要实现学校和谐发展和在教职工发展这两方面目标，就要通过合理的制度和管理激发在教职工的潜能、调动人的积极性和创造性，使在教职工的有限能力得到最大的发挥。在实现学校目标的过程中，通过有效的激励既能满足在教职工个体发展需要，又能激发他们的无限潜力，实现个人发展目标，真正达到双赢。

4.高校财务人员群体激励机制现状分析

（1）高校对财务管理工作和财务人员工作认识有偏差

随着高校的不断扩招，学生人数和经济业务量成倍的增长，传统的财务管理模式已经不能适用高校业务的发展的需要。可是很多高校的财务管理模式没有改变，对财务人员的工作存在认识偏差，简单地认为财务的工作是简单的"报账-记账-算账"，不重视财务人员队伍建设，相应的财务管理系统不配备。

（2）高校对财务工作人员激励机制偏低

物质需要是人类的第一需要，是赖以生存的基本保障，所以，无论何时都是一种有效的激励机制。在高校，绝大多数激励机制都偏向于教学、科研人员，使学校各类群体的收入差距拉大，特别是财务人员，由于受坐班制和繁重、繁杂的工作缠身，没有时间和精力从事第二职业；在加之财务人员在职称评定上属于非主系列，编制名额偏少，和同等条件下教学、科研人员相比较，处于劣势地位，晋升机会较少，收入偏低。

（3）高校财务人员自我实现和满足感偏低

财务人员掌握着一定的专业知识，财务工作属于一项技术性很强的工作。导致财务人员流动性很差，长期被锁定在某个岗位上工作，加之学校不重视财务人员素质及能力提升的培养，外出学习和交流的机会偏少，长期以此财务人员接受新事物和创新的能力偏差，工作积极性减弱，自我能力的实现受到限制，满足感偏低。

（4）缺乏对财务人员科学的考核评价标准

各高校目前很少有哪所学校有专门针对财务人员单独的考核评价标准，大多数学校的考核评价标准都是以其他管理群体的考核评价标准来考核财务人员，不考虑财务工作的特殊性，技术性。由于考核评价标准的不完善，不科学，导致评价的结果难以真正的反映财务人员的实际工作，从而不公平的因素增多，严重影响了财务人员的工作积极性。

二、财务约束机制的主要内容

财务约束机制是对各个财务治理主体进行适度的约束，使得他们各司其职，避免出现贪污腐败的现象，能有效地预防权利失衡导致的财务效率低下等问题。该内容主要包括法律约束、市场约束、合同约束、道德约束等等。

（1）法律约束是财务约束机制中最基础和最基本的。但由于我国的法律法规制度比较欠缺，因此应该加大在法律方面的约束来促进中国特色社会主义的发展。

（2）市场约束主要指职业经理人和人力资源市场，这些外部的市场竞争也为财务机制的发展有一定的约束作用。市场准入机制为那些水平较低、能力较弱、信誉不好的经营者设置了一道"高门槛"，使其直接被淘汰。然后，合同约束主要是任何员工进高校前都会和高校签订合同，有保守商业机密的义务，通过双方订立合同，对经营者的行为进行有目的的约束，保证企业各利益相关者的权益。最后，道德约束主要是对经营者和员工的行为、信念等进行约束，树立爱岗敬业、忠诚于企业等良好的道德品质，有助于道德素养的进一步提高和提升，最终起到道德约束的作用。

三、高校财务激励约束机制存在的主要问题

1.法律法规不健全

当前我国还处于社会主义初级阶段，在财务激励约束机制方面的制度还不健全和完善。合同法以及劳动法虽然已经建立，但还不能充分的对经营者和员工的行为有效的约束。法律法规是各财务治理管理层进行财务工作和奖惩的行为准则，是最有效或见效最快的武器。再有监督制度的不健全，也是激励约束机制不能够有效实施的阻碍。根据现代企业制度的要求，在所有者和经营者之间相互制衡的情况下，不仅仅要鼓励和激励经营者，更要加强董事会、监事会对经营管理者的监督，避免造成更大的损失。

2.经营者产生机制不健全

经营者产生的机制不健全的很重要的原因是我国目前为止没有形成完善的、一定规模的经理人市场。一般情况下国企的经理或财务助理都是空降的，即政府任命，而家族企业是继承人掌握着整个高校的财政大权，明显的形成高校由内部人控制，这样就会导致高校的财务不受外部监督，加大资产流失的速率和加快破产的步伐。财务信息不对性也是阻碍财务激励约束的重大影响。市场上交易的双方都会或多或少存在信息量的差异，拥有信息量大的就会获得更多的利益，而拥有信息量小的就会探索更多的渠道尽量挖掘到更多的信息，来弥补两者之间信息不对称产生的差异。信息不对称的存在加大约束的乏力。再有外部结束机制也不健全，经理人市场等不健全，也会阻碍激励机制的发展。

第八章　新时期高校财务的治理策略

第一节　完善高校财务组织结构

　　随着高等教育事业的不断发展，高校对财务信息的需求不断增加。只有调整财务组织架构与职能职责，才能在完成会计核算的基础上，实现提高资金使用效益、提供财务预测和分析、绩效评价等目标，完成从"账房"到"管家"的转变，参与高校管理，提升高校决策效率、决策效果，驱动高校发展.

一、高校财务组织机构改革的必要性

　　2014年，财政部印发了《关于全面推进管理会计体系建设的指导意见》（财会［2014］27号）；2016年，财政部发布了《关于印发〈管理会计基本指引〉的通知》（财会［2016］10号），指出了全面推进管理会计体系建设的重要性和紧迫性。2019年1月1日，《政府会计制度》的施行也要求财务从"核算"型会计转向"参与管理"型会计。不同于传统"核算型"财务会计，管理会计重视基于各种经济信息与财务数据的预测和决策，强调财务人员"参与管理"，对强化单位内部管理、提高经济服务效益有重要意义。

二、高校财务组织机构设置的改革路径

　　为适应高校发展的新环境，适应会计制度变革的新局面，适应业财一体化的新趋势，适应师生对财务服务与管理的新期待，适应监管部门的新要求，高校财务组织机构设置要兼具核算和管理职能，核算注重合规性、服务性，管理注重发展性、驱动性。其中，图1是高校财务处结构框架。

　　1.高校财务组织机构设置的原则

　　（1）统筹性

　　指统筹考虑全校财务活动状况，明确校财务部与各二级部门、附属单位的财务机构、人员的权责分工，建立畅通的信息沟通与管理机制，做到全校业务一盘棋、财务覆盖无死角。

　　（2）驱动性

　　指财务组织机构的设置要体现出积极的管理型会计转型的理念，运用管理会计的理念，对财务数据进行分析、报告，对经济事项进行预测、计划、评价，帮助管理层形成最优决策，提高经济效益，以此推动教学、科研等活动良性发展，驱动高等教育事业向着更好的方向前行。

　　（3）指导性

　　指体现财务管理对财务核算的指导作用，决策、管理的职能要统一起来，并站在管理的高度上指导基础核算业务施行，管理与核算在思想高度上要保持一致，业务操作上要各有侧重。

（4）连贯性

指既要考虑整体层面的连贯性，即预算、核算、决算的一条线财务工作要求，也要考虑单项业务事项的连贯性，做到单个业务流程自始至终有归口、有执行、有反馈。

（5）合理性

指各业务事项在实际工作中要易于操作，流程合理、分工合理、要求合理，方便财管内部管理的同时考虑教职工与学生的办事体验。

（6）安全性，指坚决执行内部控制制度要求，落实不相容岗位相分离的原则，严守底线，防范各类财务风险，将内部控制融入机构设置、岗位设置与工作流程中去，确保财务工作合法、合规，保障学校资金安全。

（7）预见性

指财务组织机构的设置不仅要注重现有的经济活动与财务事项，更要用发展的眼光预见未来，搭建好上层架构，尽量保证让今后可能发生的财务革新能够较容易地在现有架构上进行机构设置修正，实现平稳过渡。

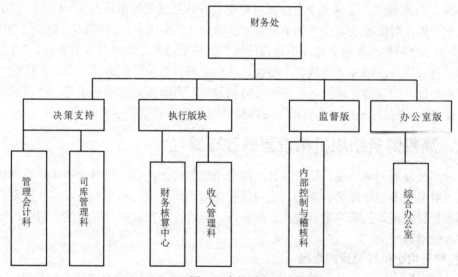

图 8-1 高校财务处结构框架

2.高校财务组织机构设置的优化方案

根据功能定位的不同，将财务组织机构划分为决策支持板块、执行板块、监督板块与办公室板块，再在各板块下设置科室。

（1）强化管理职能决策

支持板块是从"核算"向"参与管理"转型的中坚力量。下设的管理会计科与司库管理科分别从财政拨款收入、预算资源配置、绩效评价与资金调拨、流动性管理的角度对高校的运营决策提供决策支持。同时，决策支持板块还对执行板块的各类业务进行必要的指导和支持，承担着提高财务部门内部管理"总阀门"重任。

（2）优化收入管理

高校收入来源众多，现行高校财务体制中，有的高校实行财务部门不同科室对口校内不同的职能部门，同时又设定不同科室分管不同的会计科目，如科研经费收入、收费类收入、附属单位上缴收入等。这样，在收入科目的区分上，受到各职能部门分工的影响，没有体现经费的本质属性。因此，设立收入管理科统筹管理各类自筹收入，既能规范收入性质的确认流程，也能为政府会计制度下权责发生制的施行打好基础，与各口径合同管理对接，实现规范化管理。

（3）规范支出核算

财务核算中心将传统财务机构分科室设置的制单、复核岗与出纳岗整合起来，同时兼具受托代理资产和受托代理负债核算、对外报税的功能。

1）报账事项在一个中心完成，有利于提高教职工的报账体验。

2）同一科室政令统一，规范支出口径，使核算工作制度化、规范化。

3）能够为未来财务工作的信息化改革做好铺垫，目前高校报销业务种类、数量众多，支出核算工作基本占用了半数高校财务人员，报账流程的信息化改进能做到何种程度，直接关系着能够释放多少人力资源投入管理会计的工作，基础核算工作的改进是财务工作转型的重点，全方位、深层次地分析、理顺各类报销流程，对未来财务信息化过程中支出流程设定具有十分重要的意义。

（4）加强风险管控监督

板块独立于其他所有板块，内部控制与稽核科负责包括财务部门在内的全校内部控制建设，同时负责财务部门各类会计业务的稽核，承担事后监督职责。财务职能的转型、财务工作的改进必须建立在防范风险的基础上，内部控制是保障业务平稳运行的必要基础，就内部财务部门来说，内部稽核是最后一道关卡，应保持相对独立性，履职尽责，不容有失。

三、推进高校财务组织机构改革的建议

组织机构改革、业务流程再造是一个循序渐进的过程。首先，高校要根据自身特点，将财务组织机构、流程设置与学校业务紧密结合起来，实现平稳过渡。财务定位不能停留在"数字核算"层面，要在管理会计的指引下发挥决策支持功能，上升到"资源配置"层面；"核算"型会计向"参与管理"型会计转型也对信息化建设提出了较高要求。其次，改革时要尽量做到财务机构内部业务全覆盖、环节全理清、分工全明确，保持信息沟通渠道畅通，科室间协同合作有效，并发挥考核机制的作用，培养"结果导向"的思维方式，营造积极向上的工作氛围。最后，财务机构改革不能违背内部控制的要求，要重视伴随改革产生的各种隐患，确保学校财务运行规范、安全、有效。

第二节　完善高校财务资本结构

高等教育的发展需要筹措大量的资金。现阶段，我国高校的筹资方式已由过去单一的财政拨款发展为多元化的筹资格局，筹资的主要方式主要有：财政拨款、学费收入、科研经费收入、联合办学分成收入、校办产业收入、资产运作收入、捐赠收入、信贷资金等。高校各种来源资金的构成及其比例关系形成高校的资本结构。最适合高校发展且综合资金成本最低时的资本结构形成高校最优的资本结构。

一、综合分析筹资成本

高等学校的筹资成本主要包括：筹资前期的准备费用、筹资后的资金使用费用以及筹资时支付的其他费用等。高校各种筹资方式中，主要筹资成本的排列顺序由小到大依次为财政拨款、学费收入、科研经费收入、捐赠收入、联合办学分成收入、资产运作收入、校办产业收入、银行信贷。这种划分仅是一种大致的划分，事实上，除了信贷资金的利息成本能够准确计算外，其他几种筹资方式的资金成本很难量化且相互交错，基本都和学校的综合实力、知名度有关，而学校综合实力的提高，又要涉及许多复杂的成本因素和其他因素。因此，降低资金成本最直接、最有效的途径就是减少信贷资金。

二、寻求最佳资本结构

广义的资本结构是指全部资金的构成，通俗意义上的资本结构是指债务资本占全部资金的比重。资本结构的理论研究表明，最优资本结构是存在的，高校最优的资本结构就是实现最大价值且综合资金成本最低时的资本结构。

*1.*增加优质资金来源在资本结构中的比例

（1）提高科研水平，争取更多的科研经费收入。

科研经费是优质资金来源，不用还本付息，还能提升学校的声誉，创造高校品牌价值。为此应从下列方面做出努力：

1）人才引进是提高教学和科研总体水平的有效途径，引进一个学科带头人就相当于引进一个科研团队。实践证明，高校人才引进，虽然一次性投入较大，但从长远来看，其创造的价值远远大于当初的投入，从筹资角度讲，是用较低的成本争取更多的科研经费收入。

2）要整合资源，强调高校各学院之间、不同学科之间（包括文理科之间）的综合、结合和融合，联合攻关，共建人文社科重点基地、高校产学研结合示范基地，争取基地建设经费。最后，积极鼓励和支持各种形式的应用研究、技术创新并特别抓紧和抓好科研成果的转化，吸引更多的科技性企业与高校建立横向协作体系，增加横向经费来源。

（2）确保学费收入

学费收入在高校资金来源中的比例高于 25%，且呈逐年上升的趋势，高校应加大收费力度，减少欠费，保证学费这一块稳定的资金来源。关于如何减少学生欠费，各高校已摸索出不少有效的方法，主要有：加强宣传教育，完善"奖、免、助、补、减"等助学体系，即推行和改进现有的奖学金制度、贷学金制度、勤工助学制度、定向助学金制度和减免学费制度，进行完全学分制改革，实行弹性学制，进一步推进"银校合作"，争取助学贷款等。

（3）争取捐赠资金，设置教育基金

设置教育基金是现代大学办学的重要手段，世界名校哈佛大学、耶鲁大学的资金来源中，基金收入和社会捐赠占据相当大的比例。我国许多高校也相继成立了基金会，并取得了显著成效。高校基金会要总结借鉴国内外高校基金工作经验，探索适合我国实际的高校基金工作经验，对于捐赠款做好相关配套工作，对于捐赠的团体和个人，以适当的形式表示敬意，如授予荣誉称号，或以其名字命名建筑物、讲座教授席及奖学金，或在校园内刻牌纪念。

如 2018 年，李彦宏（百度创始人）向北大捐赠 6.6 亿人民币（含部分等值资产），联合成立"北大百度基金",用于人工智能和其他相关学科的研究和探索、邵氏基金(香港)有限公司宣布捐资 5 亿元,设立北京大学(分数线,专业设置)邵逸夫教育基金,支持北京大学生命科学前沿研究机构的建设和发展,汇聚全球顶尖学者,开展前沿尖端科学研究,解决重大生命科学问题,增进人类福祉,助力北大跨步迈向世界一流大学前列。

另外,可以探索教育基金理财,利用暂时闲置的教育基金、投资风险小的国债、银行定期储蓄等,增加基金投资收益。

(4) 联合办学分成收入

在国际协作方面,如宁波大学国际交流学院,与澳大利亚、加拿大等国合作创办了学历生(2+2,4+0 模式)、非学历生(2+1)等教学模式,还开拓了来华留学生项目,生源非常稳定且逐年扩大招生。在国内教育服务方面,许多高校结合实际,举办各类短期培训班,成效也非常显著。联合办学由于充分利用了学校现有的办学资源,成为较低成本的优质资金来源。

2.控制银行信贷资金

(1) 摸清资金缺口,合理确定贷款规模

高校贷款首先要确定合理的信贷规模。要摸清资金缺口,根据自身的实际条件及筹资成本等因素量力而行。有些筹资方式所能筹集到的资金多少有时存在不确定因素,如科研经费需要立项确认,捐赠款受多种因素影响,校办企业及投资收益取决于盈利多少,资产运作收入取决于市场因素等。高校在分析资金需要量时,要想尽可能准确地摸清资金缺口,不仅仅是财务部门的事,还需要科研处、校基金会、后产处、基建处等相关部门密切配合。高校财务理财部门应根据学校的整体预算,并查看科研申报项目、资产出租合同等相关资料,了解校基金会等部门的工作进展,以合理确定贷款规模。高校可利用计算机网络建立信息平台,实现资源共享,从了解到的信息中分析判断各类资金来源的预计金额。

(2) 优化贷款组合,选定最佳筹资期限

高校如何确定长短期贷款组合,主要取决于资金用途和筹资人的风险偏好。从资金用途看,如果筹资是用于补充日常公用经费不足,宜选择短期借款,如果筹资是用于长期投资或购置固定资产,则宜选择长期借款。从风险性偏好角度来看,有中庸性、激进性和稳健性三种类型。高校财务理财部门应根据实际情况谨慎选择筹资类型,进行灵活的长短期贷款组合设计,尽可能减少利息支出。

(3) 建立网上银行信息平台,科学理财

利用网上银行,可以实现财务信息集中管理和监控,加快资金回笼,防止跑冒滴漏,杜绝定期存款和贷款并存的现象,减少资金成本,增加资金收益。

(4) 严格监控信贷资金使用情况,提高资金利用率

设置信贷资金使用台账,随时关注信贷资金使用情况,一旦贷款投资项目完成或因故取消,及时还贷;一般情况下,不得任意改变筹资用途,如因特殊原因需要改变的,应对改变后的投资项目重新履行审核报批手续。在资金的使用过程中,应当加强控制,提高资金利用率。

3.更新观念,采用 BT 投资方式

引入社会资金 BT 模式是 Build-Transfer 的简称,译为建造-移交,是企业或其他私营机构参与政府基础设施建设,并与政府在互利互惠基础上分配项目的资源、风险和利益的项目融资、投资和建设方式。

高校融资可尝试运用 BT 模式，既能迅速改善基础设施面貌，分期支付收购款又能充分缓解高校的资金压力。应建立 BT 应对风险机制，请专业人士核算其资金成本和融资的可行性。

4.树立经营理念

增加投资收益、资产运作收益高校以办学为宗旨，属非营利性事业单位，投资兴办校办产业、资产运作属于企业行为，要想从中获得较大的收益，就要引入企业管理的先进经验，按企业会计制度核算成本利润，以确保收益。

第三节　建立健全成本效益机制

随着素质教育力度的加大，高等学校的扩招力度也不断上升，为满足急剧增多的学生需求，各高校也加紧了建设新校区的脚步，但是由于在传统观念的影响下，许多高校在建设过程中存在预算超出、资源浪费的现象，导致资金运转困难，甚至出现拖欠职工工资的现象。因此应当改变以往落后的观念，树立起成本控制理念，使高校可持续发展。

一、建立成本效益机制的原则

1.战略发展原则

战略发展原则是基于高校的长期规划下，以适宜的成本控制机制匹配高校的办学目标、发展理念和实施计划，高校的战略发展和成本控制机制是密切相关的，首先战略发展决定了高校成本的支出，成本控制机制的制定和运行与高校的战略定位是不可分离的，因此成本控制需要以战略发展为原则；其次成本控制的目的不仅仅是当下的成本支出降低，其是长期发展和持续的过程，追求的是在良好的机制运行下，通过科学合理的指导，达成高校环境持续长久的成本降低目的，因此其也具备战略发展的性质。

2.全员参与原则

虽然成本控制机制的决策权在于高校的领导，但是其具体实施需要学校的全体员工协同共进，从校级再到各院系的部门，再到与教育活动相关的教职工和学生，均需要理解和支持此机制的实施，从而确保成本控制实施的顺利性。只有全体职工具备成本控制的意识和理念，注意到其重要性和可持续发展性，才能在共同参与下，通过日常的工作加以注意和节约，主动的寻求成本控制的措施和方法，齐心协力的贯彻实施成本控制机制，因此校方领导应当不断倡议和提升管理员工的成本管理动力和积极性。

3.成本效益原则

如果成本控制机制中运行的某一项的人力、物力以及其他资源的成本等于或者超出了其控制的成本，那么该项控制是不成功和没有必要的，在成本控制机制的建立中一定要遵循成本效益原则，分析统计成本和收益的关系，尽可能地用最少的支出赢取最大的利益，实现其最优结合。在高校教育成本控制中其控制环节和控制点相对较多，需要严密科学的运行机制才能取的良好的控制效果，但要综合其控制成本，提升其最终的效益。

二、新时期高校成本效益机制的治理方式

1.建立高校教育规范的成本核算制度

建立高等学校教育成本控制机制需要首先建立其规范的成本核算制度，其是成本控制的基础，对成本控制起着重要的作用，保证成本控制机制的顺利运行。可在现行的财务制度基础上对其进行改进形成规范有效的新制度，只有正确核算成本才能实现高校的可持续办学理念，在参照成功企业相关的会计核算制度的基础上，建立适合各院校发展情况的成本核算体系，例如其具体内容可报考核算目的、程序和细节、成本消耗定额以及分析和控制方法等。

高等学校在进行成本核算时，要依照学校成本的支出分为事业支出、基本建设支出和经营支出三项，其中事业支出应当包括教育事业、科研事业以及参与社会保障活动三方面的支出；基本建设支出为新校区的建设、维修和新建校内各项设施所等建设方面；经营支出则分为教育经费的支出、日常行政管理支出等为维持正常经营所耗费的成本。依据这三方面建立完善的成本核算规章，综合成本信息进行分析，通过有效的管理方式实现提升办学效益的目的。

在完善成本核算体系时，高校首先应当正确划分成本核算项目，教育经费支出中主要针对教师的工资和薪资以及各种补贴进行核算；学生事务的成本支出从每年的奖学金和助学金、学生每月的饭费补贴、学生的医疗费以及活动支出费用等进行核算；行政管理的成本核算为需要完成和实现行政管理的目标和任务而支出的费用。其次应当依据学校实际的重点对资金进行合理的分配，制定不同比例的分配方式，力争科学有效。例如教育经费可依据不同的专业需求，尽量将可算清的费用计入该专业的教育成本中，将学生事务和行政管理的支出则平均到各专业学生成本中。最后要保证成本核算的各项管理工作实施到位，例如建立完善的原始记录和相关凭证，针对仪器和材料设备的消耗做好验收、管理、保存和统计等工作。

2.建立高校教育合理的成本控制制度

为实现高校的成本控制目的，达成成本节约目的，需要对其建立合理的成本制度使其贯彻整个成本管理过程，包括成本预测、计划、控制以及分析和核算等。在制定合理的成本控制制度需要优先考虑教育成本，制定标准的教育成本制度，依据学校历年的教育习惯、办学理念和客观的条件具体分析核算，实现成本运行过程中的控制。可建立成本责任制度，限制成本运行过程中出现的偏差，从全员实施全方位的成本控制。建立合理的成本控制机制，还应当对其成本控制结果进行考核，增强机制运行和合理性，分析运行过程中存在的漏洞便于及时调整和改进。高等学校可依据成本控制结果阶段性地对数据和成果进行统计和分析，查找成本差异的直接原因，再依据具体的原因追查责任，做到有惩有奖提升众人对教育成本控制机制实施的积极性，控制偏差消除不利因素的影响，从而为改进成本控制制度提供真实有效的参考资料。

此外，要及时纠正成本控制制度运行过程中出现的问题和偏差，一旦发现执行过程中所取得的结果和预期的成本控制目的相差较大，应当及时依据偏差出现的原因和具体情况积极改进，制定合理的方案将偏差范围控制到最小。通常调整偏差的方式有两种，①第一种为修改教育成本的大小，降低成本控制的要求；②第二种增加投入的人力、物理、财力

等加强对成本控制的执行力度，提升成本控制效果。成本控制机制的运行过程较为复杂，受到许多不可控制因素的影响，为使其成为有效的系统，发挥最佳控制功能，应当持续不断的优化系统的结构，首先要健全责任机制，通过增强学校领导和职工的成本管理意识，而发挥其实施成本控制工作的能力，从而在明确各岗位成本管理职能基础上不断提升工作效率；其次要提升相关管理的人员的综合素质，可通过培训进修提升其管理财政和合理支出财政的能力。

3.从各个环节不断增强成本控制

建立成本控制机制需要加强各个环节的成本控制，首先要从人力资源成本上进行控制，高校的人员经费占据了教育费用的40%-60%，因此合理控制人力资源成本可有效降低成本支出。在人力资源成本控制中，第一要精简机构，在保证校园教育活动正常运行的基础上，通过压缩人员编制实现学校管理队伍结构的优化和调整，增强人员的自我提升、自我管理的意识。可将一些工作内容类似、联系紧密的机构进行合并，实现工作效率的提升。第二要在教师录取上推行全员聘任制度，满足新时代的人才战略需求，通过竞争流动的用人形式提升教师的质量，构建优秀的教师团队，尤其应当通过人才聘任制度引进善于后勤服务和成本经营的骨干人才，从而充分实施成本控制机制，发挥学校的人才优势，不断降低教育成本提升办学效益。

在基本建设成本控制中，高等院校在新建校区时花费了较多的成本支出但很少加以控制，据数据显示近几年一些建新校区的学校投入实际资金普遍超出预算的50%，导致了不断上升的经济压力，因此应当加强基础建设成本控制。在控制基础建设成本中，首先要强化对学校的相关负责人的培训，从学校的高层领导到建设的负责人再到财务掌管负责人，一定要具备深刻的成本控制意识，充分把握建设过程中的各项因素，针对各个建筑物建设的可行性、经济性进行分析，通过对最终的经济效益和资金情况进行科学的论证对比后，再做出最终决策。其次要在建设过程中建立内部控制制度，借鉴其他企业的管理会计的内控制度，在建设之前要参与预测和决策，在建设中间应当主动控制和管理，在建设之后予以客观的分析和评价，从而充分发挥财务内部控制的功能，减低基础建设的成本，提升其经济效益和社会效益。

第四节　建立激励机制和约束机制

一、要加强法制建设，增强法律约束

法律法规是自然人及法人经营行为的基本准则，也是企业其他约束方式能够生效的基础保障。企业的财务激励机制和财务约束机制能够完善和有限运行也需要法律法规进行保障。而法律法规的制定必须要合情合理，不断地进行完善。并且要通过高强的执法力度，高效的办案效率，杜绝有法不依、执法不严的事情，从而真正实现司法公正，司法廉洁。并且加强对于经营腐败的惩罚力度，大幅度提高经营者的违法成本，从而降低经营者违法现象发生。

二、完善经营者选择机制和经理人市场建设

经营者的选择机制会很大程度上影响到股票期权激励政策的运用的准确性，而股票期权的目标激励对象是企业家。但是我国上市的国有企业中大部分经营者还是由国有企业中原有的管理者直接组合而成，如此一来，股票期权激励政策就会受到影响，难以达成真正的激励作用。而在长期角度看来，职业经理阶层的形成和职业经理人才市场的发展是经营者财务激励约束机制建立的必然要求。我国现阶段应该努力学习财务经理董事会选聘机制的精髓，探索市场化配置的最优途径，从而建立一个完善的董事会，实现经理层的有效制衡。

三、制定合理的薪酬考核制度

一个有效的经营管理离不开合理的薪酬制度，不同层次的经理人的报酬形式应该采用不同的形式进行。一个合理的薪酬制度能够大幅度刺激经理人的工作积极性，产生巨大的激励作用，能够有效地促进企业稳定长期发展。所以在薪酬制度的设计上要尤其用心，既需要保证能够激励经营者，但又不能够让企业普通职工的积极性受到影响。所以在设计薪酬制度时，要以岗位为基础，通过基础薪资加财务管理绩效奖励两部分薪酬，刺激经理人提高财务管理意识，提高财务管理效率。

具体来说，将经理人的薪酬分为两部分。①第一部分是固定工资收入。②第二部分是财务管理绩效奖励，而财务管理绩效奖励以风险收入为主，例如股票、期权等。这样不仅能保障经理人短期积极性，还能够让经理人保持长期积极性。而薪酬制度的执行需要以一个完善的考核机制为基础。考核机制的设计也需要依据不同岗位进行客观和全面的设计。客观主要体现着考核标准上，而全面主要是在企业管理中的各内容，尤其是在多部门合作项目上也要依据各部门实际作用将其包涵到考核范围中。

四、高校绩效工资实施策略

绩效工资制度，顾名思义，是以工作绩效考核为基础核算并支付相应的工资酬薪。相对于我国高等院校传统的固定工资制度，绩效工资制度更加科学合理，并能够充分调动高校教职员工的工作积极性，提升责任心。现阶段，由于高校绩效工资制度推行实施时间尚短，因而在具体实施细节方面不可避免地存在一些不足。从财务管理制度视角，深入研究探讨高校绩效工资制度的完善，对于我国高校的现代化全面发展具有重要意义。

1.高校绩效工资制度

（1）意义

我国高等院校传统工资制度主要是以职位和资历为基础，工资分配强调平均主义，教职员工工资收入的多少与工作能力、工作内容无关，这样的工资制度显然不利于调动教职员工的工作积极性，也容易产生矛盾。绩效工资制度的实施则打破了传统工资制度中排资论辈的方式，将工作效率和工作价值作为工资分配的主导，这使得高校工资制度更加地公平化，对高校各项工作效率的提升具有积极作用。作为高校财务制度改革中的重要内容之一，实施绩效工资制度，在规范补贴津贴机制的同时，也使得以绩效工资制度为前提的激励机制、工资水平决定机制、宏观调控分配机制更加合理完善。高校绩效工资制度与其他

财务管理制度的结合，重新规范了高校财务收入和管理秩序，有效解决了劳动付出和劳动所得不相符的矛盾，促进了高校内部的和谐发展。同时绩效工资制度的推行进一步完善了高校教职员工的考核机制，全面提升了高校的教育服务水平，杜绝了出工不出力，敷衍了事等现象。

（2）原则

高校绩效工资制度实施必须严格遵循四项基本原则。

1）坚持"按岗获薪、突出岗位"原则，对内部教职员工结构从整体上进行优化，使岗位管理设置逐步得到完善。

2）坚持"优劳优薪、按劳获薪"的原则，在兼顾公平与效率的前提下，可将工资分配差距适当拉大，将各岗位教职员工的实际工资收入与学校办学效益、工作内容、工作责任、工作贡献、工作业绩挂钩。

3）坚持"责酬一致、明确职责"的原则，明确划分不同岗位需承担的具体工作责任和内容，协调酬薪与责任大小之间的关系，同时可根据具体情况制度合理的奖惩性绩效机制，进一步加强各岗位教职员工的积极性和责任心。

4）坚持"稳定增长、控制总量"的原则，高校绩效工资制度的实施符合国家财政政策方针，避免出现高校教职员工收入水平增长过快，出现与当前我国社会经济整体发展脱节的问题。

（3）影响

在财务管理制度视角下，高校绩效工资制度的推行，增加了高校财务管理工作内容，同时高校财务的预算、核算及分配直接影响绩效工资制度的落实。因而，在高校落实推行绩效工资制度过程中，首先应做好全体员工预算经费的控制工作，将各级学院（部门）教职员工的绩效工资预算经费，以及负责专项教学和科研的教职员工绩效工资预算进行具体细化。同时高校的财务管理部门还需根据绩效工资制度的需要，调整和改进现有的财务管理和会计核算制度，转变财务管理观念和模式，建立满足绩效工资制度实施的财务管理新模式。

2.如何从财务管理制度视角优化高校绩效工资制度的实施

（1）收入结构的科学构建

在绩效制度中，绩效工资、基本工资与政策性补贴三部分组成了高校教职员工的酬薪收入。其中绩效工资又被分为奖励性和基础性两部分的绩效工资。基本工资依据最新的《事业单位收入分配改革方案》（56号）以及不同地区的相关政策进行发放，其中包括薪级和岗位两部分工资收入。政策性补贴，根据地区公积金管理办法进行发放。由三者组成的高校教职员工收入结构的科学构建，需在国家财政政策的基础上，根据地区的不同以及高校的自身情况，因地制宜，在不改变基本结构的前提下，进行适当调整。譬如，政策性补贴中的住房公积金，可根据教职员工的实际购房需求，进行适当调整，以此平衡收入结构，避免出现不平衡的问题。

（2）财务制度的配套

高校绩效工资制度的落实需要高校财务部完善与之配套的财务管理制度，根据绩效工资制度实施要求，完善内部财务结构，调整各项预算经费的会计核与各项经费的发放制度。同时，高校财务管理部门还需做好基础会计工作，规范教学、科研、二次创收等经费发放制度，确保绩效工资额度在预算范围之内。

（3）经费预算的合理编制

大部分高校财务部门拨款绩效工资时，通常都是按照一定标准按人均进行发放，财务部门与人事部门之间缺少协商。实施绩效工资制度，需要高校的财务与人事两个部门对绩效工资分配预算额度进行协商，并各级学院的绩效工资总量进行认真细致的测算，并确保将其编全、编实、编细。财务部门在汇总绩效工资预算后，一旦通过审核批准，必须按照此预算严格执行。在执行发放过程中，各级学院（部门）的财务和人事，必须做好跟踪、分析和评价工作。高校实施绩效工资制度，应将其预算编制作为控制、管理、协调高校人事工作的重要工具，通过财务与人事提升绩效工资预算编制的效率。

（4）会计核算的规范

高校推行实施绩效工资制度，需要财务部门对会计核算进行规范，并设置绩效工资科目或专门的辅助账，以此对绩效工资进行统一核算，达到分账核算、专款专用的目的。同时会计核算制度的规范，对于不同性质人员经费的发放，以及绩效工资发放范围人员的发放区分具有重要作用。在绩效工资制度的实施中，规范会计核算相关规章制度，可有效避免出现绩效工资额度被占用的情况，有利于及时正确核算与监控统计绩效工资。

（5）加强监督和宣传

高校绩效工资制度的落实推行，还需要高校加大监督和宣传的力度。高校可通过校内网、发放宣传册等方式让教职员工熟悉绩效工资相关规范条例，同时高校可组织全体教职员工开展绩效工资专题讲座或会议，通过会议让全体教职员工更加深入地了解绩效工资制度之于自身收入和学校发展的作用。让全体教职员工正确认识实施绩效工资制度的益处，并达成一致。在宣传过程中，应特别强调劳务开支需按照绩效工资制度要求执行，尤其是报销内容的变化，应向全体教职员工进行明确阐述，获取理解和支持，防止实施绩效工资制度后产生不必要的矛盾。此外，高校应让全体教职员工正确认识绩效工资制度按劳分配的基本原则，实施绩效工资制度既非是降低工资收入，也非增加工资收入，而是通过改变传统的工资考核与结构，让教职员工的收入水平适应当前社会与高校的发展。

（6）拓展资金来源渠道

预算内和预外经费是高校办学资金的基本组成，高校实施绩效工资制度后，各地区政府财务主管部门应鼓励和扶持高校拓展预算外资金的来源渠道，并将这些预算资金按一定比例增加到绩效工资中。高校可通过利用自身的教学资源增设辅导班、进修班或培训班，在增加高校业务范围，提升教育服务水平的同时，通过收取一定费用增加预算外的资金收入。高校还可创办独立院校，目前这一模式已经逐渐普及，高校利用自身的品牌形象和教育资源，创办独立的院校，可大幅提升高校资金收入。尤其是创办收费标准较高的三本院校，在全国扩招，生源不断增加的背景下，创办这类院校无疑是高校增加预算外资金收入最行之有效的方式之一。同时高校还可通过对外租借闲置的教室、运动馆、科研设备等方式获取租金收益，此外高校的篮球馆、游泳馆、网球场等体育场所在假期对外开放，收取一定的入场费。社会助学资金捐助也是高校增加预算外收入的重要形式。高校可通过宣传科研成果和办学水平，打造自身品牌知名度，提高品牌影响力和价值，以此吸引企业合作，争取企业的教育基金赞助。高校在国家法律政策允许范围内提供自身预算外资金收入，对于高校绩效工资制度的实施推行具有积极的推动作用。

第五节　优化资金筹措机制

一、政府视角

1.完善高等教育成本分担机制

在高等教育成本分担机制过程中，一是要明确政府、个人与社会承担教育成本的限额，确保高等教育办学成本得到及时的补偿，避免出现政府投资不到位、加重个人成本分担的负担，进而影响高等教育的运行；二是要针对不同地区、不同专业以及不同办学主体的具体情况，分别制订成本补偿的标准；三是建立教育成本核算和控制体系，政府宏观调控的着眼点是对不同院校生均教育教育成本进行考核与控制，建立个人承担教育成本最高临界线的预警系统，从而达到不断降低办学成本的目标。四是完善投资办学与捐资办学的政策法规，区别盈利性和非营利性教育机构投资回报政策，引导社会资金进入教育领域，加快投资办学教育事业发展的步伐。

2.改革高等教育的财政拨款模式

由于中央与地方高等教育财政管理体制的不同，教育部所属高校及财政状况较好的省属高校大多采用"综合定额加专项补助"的拨款模式，而财政状况不好的省份大多采用"核定基数、经费包干"的拨款模式。但是，无论哪种模式考虑的主要因素都是规模与数量等单方面因素，较少考虑培养成本、办学质量、办学水平与科研能力等综合因素。借鉴日本的做法，我国现行财政拨款模式的改革应采取绩效评价与拨款相结合的方式，增强拨款的科学性和透明度，促进公平与效率，减少盲目性和固化因素，使有限的资源发挥出更好的效益。

3.强化法律的保障与约束功能

我国高等教育财政投入不足，除政府财力的原因外，相关教育投入法律体系不健全、不完善与执法不严也是重要的原因。需要以立法形式明确的内容包括：

（1）明确各级政府的高等教育财政投资责任，确保财政性教育经费占 GDP 的比例不低于 4% 的最低目标。

（2）落实财政性教育经费"三个增长"的要求，确保政府在教育投入中的主导地位。

（3）规定中央财政在地区差异的协调、困难学生资助(尤其是应加大国家助学贷款的补偿基金)、基础性科学研究、国立大学经费以及重大教育工程项目等经费责任。

（4）规定地方财政承担地方高等教育经费的责任，包括经常性教育经费定额标准、专项经费与基本建设经费的规模，并将高等学校的基础设施纳入城市公共事业范畴进行规划与建设。

4.营造多元化投资的法律制度环境

建立政府、社会与个人共同负担的教育成本分担体制，实现高校办学经费多元化筹措，关键措施是要完善相关教育投资法律制度体系，形成有利于高校多元化筹资的制度环境。

（1）要继续完善以政府为主导的财政性教育经费投入的相关法律制度，确保教育经费来源的主渠道功能。

（2）完善教育成本的个人分担机制，成本分担的主要依据是学科的成本及其人才市场的价格(投资回报)。在个人收费上学方面，除义务教育以上的各类教育实行成本分担，对公办教育实行个人部分成本分担，对改制学校和民办教育实行个人准成本或全成本分担；与此同时，还应特别注意学生的承受能力与贫困生的资助工作。

（3）要修订现行相关税收法律的规定，放宽对于教育捐赠的纳税优惠政策，鼓励社会资金更多地投资教育。在社会融资方面，要制定相关政策，积极引导、鼓励企业和个人投资教育。

二、高校视角

在政府教育投入严重不足、办学经费十分紧张的情况下，高等学校必须从高校自身做起，通过建立健全高校内部管理制度、优化教育资源配置，提高经费使用效益。

1.转变理财思路，增强效益意识

高等教育产品是准公共产品，其公共产品属性的一面，要求高等教育要由国家来投入，这就决定市场介入高等教育的运作过程是有限的；其私人产品属性的一面，决定高等教育可以按照市场机制进行经营。教育不能"产业化"，并不等于教育就无须进行成本的考核与管理，对已获得的教育资源应该合理利用，一方面，是要考虑开源，另一方面也要考虑节流，所以要强化学校运营的观念。大学不是以盈利为目的的机构，但要维持良性运转，同样需要很好地"经营"，同样需要有成本意识和效益意识。

2.改革财务管理体制，努力扩大财源

进行事权与财权的改革是财务管理体制改革的重点。

（1）在事权的划分上，应建立学校与学院(学部、学系)两级管理模式，将学校管理工作的重心下移至学院，明确学院管理的主体地位，强化学校的宏观指导、公共服务与综合协调三大职能。

（2）在财权的划分上，做到财权与事权的统一，实现责任、权力与利益的有机结合，建立"统一领导、分级管理、集中核算"的财务管理体制。学校的运行、教学科研与基本建设需要大量的资金投入，维持学校日常运转、与提高职工待遇也需要大量的经费支撑。然而，事业发展对经费需求的增加远远大于学校可用财力经费的增长速度。在政府投入不足、办学规模受到控制以及学费上涨空间有限的前提下，只有不断加强财源建设、多方筹措资金，才能有效解决学校发展所需经费问题。

高校扩大财源的主要措施有：

1）要依靠全校各级领导、各部门及全体教职工共同努力，力争国家和省各级主管部门的大力支持。

2）要加大争取收费政策力度，依靠学校办学实力争取收费政策的提高，增加学费收入；加大收缴学费力度，支持、鼓励各学院扩大办学规模与充分利用学校资源积极创收。

3）要努力提高校办产业的经济效益，争取校办产业对学校的"反哺"；同时，加速科技成果的转化，使科技成果在为社会创造巨大的社会经济效益的同时，也为学校的发展与职工福利待遇的增长做出更多的贡献。

4）要充分发挥校友联谊会的作用，积极争取校友和社会各界、各有关企业的支持，争取更多的项目与资金投入。

5）要积极探索多元化的办学体制，进一步做大做强独立学院与国际合作办学。

6）要积极引进社会资金，充分利用沉淀资金，适度、适时利用贷款资金，尽量利用中长期、低利率的贷款资金，降低融资成本，加速学校建设步伐。

3.优化资源配置，建设节约型校园

随着高等学校办学规模的扩大，学校内部的浪费现象特别严重，主要原因是责任意识与体制、机制方面的问题。因此，一方面要加强宣传教育，增强节约办学意识；另一方面要通过改革体制、建立制度与机制调整，明确责任，将节能降耗指标下达到部门与学院，变"要我节约"为"我要节约"，从而进一步降低办学成本，努力建设节约型校园。

（1）改革水电管理体制

现在的高校，水电的浪费很大、节约的潜力也很大。要通过相应的技术改造与管理制度的改革，将水电指标下达到每一个部门与学院，实行水电经费包干使用、节约留用、超支不补的措施；通过不断摸索与改革，最终按公式将水电经费纳入机关与学院的运行经费中，由后勤服务集团按规定进行收费。

（2）规范基建维修管理

现行的基建维修存在的主要问题是项目太多、计划不严、浪费大，进而形成新建基本建设项目与改建维修项目同时居高不下的局面。当务之急是必须从思想上引起重视，树立在学校大规模进行基本建设时，必须尽量压缩维修改造项目的观念；二是规范维修项目的管理程序、明确相应的管理权限，学校的维修项目必须根据经费的大小进行立项审批；三是相关职能部门要做好基建维修工程规划与年度实施计划，防止前面建设、后面拆除现象的重演。

（3）提高资源利用效率

资源的利用是促进办学效益的提高、提高人才培养质量、降低学校办学成本，最有效、最直接的手段。资源配置的原则是要结合资源的利用现状，防止贪大求全、一味追求先进，要从过去需要的角度配置资产、改为从利用的角度配置资源；资源配置的重点是要建立面向全校学生、面向基础课程、专业基础课程、校级层面的实验平台、课程平台，减少人力、物力与财力的闲置与浪费，资源配置的依据是要建立资源利用情况指标考核体系，并以此为依据进行学校层面的资源配置。

4.提高固定资产利用率

学校固定资产消耗分为自然磨损与机械磨损。只有把自然磨损降到最低，学校的运作成本才能降到最低，途径就是提高学校固定资产的使用效率。计划经济体制下高等教育是一个单纯的消费性组织，不考虑它的产出，因此也就不注重教育资源的使用效率。而今天为适应经济体制的改革，作为先导性、基础性产业的高等教育必须通过引进现代企业管理制度，在尊重教育规律的前提下，有效利用资源，这也等于相对增加了教育投入。

5.促进科研成果转化

在知识经济时代的大背景下，科技创新是新经济发展的动力源。占据科学技术高地的高等学校可凭借这一优势走产学结合的道路，通过加强创新机制建设，实现学研产学相结合，促进科研成果转化，为发展地方经济服务。这既可以扩大学校的声誉，也可以使教育科研经费和产学科研经费成为学校经费的重要来源。

三、美国高校经费筹措方式及对我国高校的启示

美国高校按所有权性质可以分为两类：公立高校和私立高校，而私立高校又包括私立非营利高校、私立营利高校。本文主要讨论的是公立高校和私立非营利高校，这两类高校的经费来源主要有以下几种(但比例有所不同)：联邦政府、州政府、地方政府的拨款，学费，私人捐赠，基金收入和社会服务(学校医院、校办企业、服务地方)等，美国高校经费筹措方式对我国高校具有一定的启示和借鉴意义。

1.政府投入

美国联邦政府、州政府和地方政府对于公立和私立大学均有拨款资助，但资助的比例和获得的机会有所不同。美国的公立院校受到政府的直接资助，其经费包括运行经费、科研项目拨款和学生资助，过去十年，在高校收入中占50%以上，其中州政府和地方政府拨款占40%，联邦政府拨款占10%；私立高校主要获得研究经费和学生资助，其获得政府拨款也能占到总收入的30%以上。近年来，政府拨款虽有持续减少的趋势，但根据美国国家教育统计中心(NCES)2015年的统计数据可知，四年制的公立大学与私立非营利大学从政府处获得的经费仍分别占其总收入的38.14%和15..1%。

在争取政府资金方面，高水平高校获得的研究经费资助十分可观。美国高校研发经费来自多个渠道，包括联邦、州政府和地方政府、企业以及其他组织及高校自有经费投入，高校的绝大部分科学与工程研发经费来自联邦政府，一般为60%或更多，而州和地方政府、企业以及非营利组织则各占约6%，另外则为高校自有经费。研究经费占学校总经费收入的比例，私立高校为10%～20%，公立高校则更高。美国高校每年执行的研发经费占全美的比例在10%～15%，这是一笔很庞大的收入。因此美国高校都重视特色学科和高水平科研团队建设。高校获得的研究经费包括直接成本和间接成本，前者含工资、福利津贴、材料费、设备费、不可预见费用等，后者相当于科研管理费，由学校提取，间接成本一般为直接成本的50%～70%。高校在提升科研实力的同时也为自身发展获取了更多的资金。

我国高校科研经费不仅存在着投入不足的问题，还存在着巨大的地区和高校间的不平衡，以及支出结构不合理等诸多问题。我国应继续加大科研经费投入，提高高校提取的管理费比例，鼓励高校加强学科建设，提升学术水平，形成研究特色。同时，因为我国高校目前其他收入(如基金收入或产业收入)都比较少，各级政府要提高对学校运营经费的投入，并且要引入竞争性机制，分类引导，强化绩效管理，加大对办学质量高的院校的扶持力度。国家要制定政策，要求和鼓励高校所在地的政府加大对高校开展非资金性的支持力度，如无偿划拨办学用地、高校引进人才享受地方人才政策以及将体育场馆、图书馆、创客空间等公共设施交由高校管理共建等。

2.学费

学费也是美国高校经费的重要来源之一，公立大学的学费收入占总收入的20%左右，而4年制非营利性私立高校则占30%以上，2年制非营利性私立高校更是达到60%以上。美国公立高校学费普遍在每年一万美元左右(其中本地学生和外地学生的学费还有较大差距)，社区学院则较低，私立高校是公立高校的两倍以上，而外国留学生的学费又是私立高校学费的两倍左右。外国留学生所缴的高昂学费成为美国高校重要的收入来源。全国平均看，私立高校(包括非营利性和营利性高校)的收入中，有80%的收入来自学费，10%多一

点是投资，捐赠次之。而对于斯坦福这样的名校，学费占 16%，捐赠占 21%，研究经费占 18%，医疗服务占 15%。哈佛的学费占 20%，捐款占 35%，科研经费占 19%。

近年来美国政府拨款呈下降趋势，学费占比上升，高校学费上涨较快，据统计，自 1999 年到 2009 年，美国高校的学费和食宿费标准除去通货膨胀因素，十年间公立学校上涨了 37%，私立高校上涨了 25%，声誉较好的私立高校的学费已相当于中值收入家庭的年收入，公立高校也要占到六分之一(全国家庭中值收入与平均收入是不同的概念，2016 年全美家庭年收入中值为 59039 美元，而平均年收入则为 83143 美元)。如果考虑美国的高税收情况，学费在家庭可支配收入中的占比更高，大部分家庭都无法支付高昂的学费。但美国针对高学费有相应的资助机制，保障学生能够顺利完成学业。首先是政府为学生提供足够的资助和低息贷款，在学生毕业后，又根据其收入情况而确定相应的能够承受的还款计划。学生用明天的钱来上今天的学，家庭负担较轻。

过去几年，我国居民收入持续增长，2016 年至 2019 年居民人均可支配收入年均实际增长 6.5%；城乡差距逐步缩小，2019 年城镇居民与农村居民人均可支配收入之比为 2.64，比 2015 年缩小了 0.09；中等收入群体规模扩大，由 2010 年的 1 亿多人增加到 2019 年的 4 亿多人，按此计算，我国高校的学费低于平均收入家庭的月可支配收入，大部分学生的学费由其家庭支付。我国高校的普通本专科招生数和学费标准基本都由政府规定好，高校自主权甚小。国家可以适当提高学费标准，但同时要加大政府资助和贷款的力度，确保低收入家庭的学生不以经济原因而辍学。在就业后还款阶段，可以借鉴美国的经验，根据学生还款能力确定其还款的年限，并与社会诚信和社会保障系统联网，防止出现因学致贫、因贷致贫。高校要提高办学质量，扩大对第三世界招收留学生，并收取与其培养成本相应的学费，过低甚至零学费，并不一定能让留学生珍惜学习机会，低物价不一定产生高销售，即使从传播中华文化的文化自信角度看，我们也不宜长期采取福利式来华留学生政策。

3.社会捐赠

美国社会有良好的捐赠文化，特别是有对大学慈善性捐赠的传统，在毕业生中也形成了普遍认同地向母校捐赠的观念。美国高等教育支出中，25% 来自社会捐赠，社会捐赠在公立高校和私立高校的经费来源中分别占 4.7% 和 14.4%，名校则更多。大学的基金会，往往由专业公司负责运营，其经费运作方式保证本金持续增长，高校提取其收益的部分作为运营经费，多余部分归入本金，一般情况不会动用本金，这使高校有稳定和持续增长的经费输入。

美国政府采取匹配政策鼓励民间资金捐赠高校，其政策优点表现在增加捐赠人的收益、设计严密并有一定灵活性、信息化手段运用充分和低成本高效率专业化的基金会方式运作等方面，对我国高校甚有启示。

美国高校有成熟的争取社会捐助的机制和丰富的途径，像有些私立高校校园文化具有一定的特色，如体育(橄榄球队、篮球队等)、艺术(摇滚、乐团等)，每年重要的文化节日，都是高校与商业领域合作的大好机会，一般能获得企业的高额赞助，广大的校友往往也在此时回校捐赠。我国高校社会捐赠的主体是校友捐赠，这些捐赠也具有巨大的地域和校际差异，地方高校获得校友捐赠的额度尤其少。

我国现行的《中华人民共和国公益事业捐赠法》《企业所得税法》《个人所得税法》等对于捐赠有一定的税费减免和其他优惠政策，但我国关于高等教育的捐赠税收法律制度与美国的相比有诸多不同，对企业、公民、校友向高校捐赠的激励度不够。建议国家、各级政府修订相关的法律法规，对于个人或企业对高校的捐赠，在税收上采取更优厚的减免政策；同时应鼓励高校校友会开展活动，尤其要重视支持高校设立教育发展基金会。高校也应该加强筹款意识，加强与校友的联系；在产学研合作过程中，建立与企业家个人的情感关联；欢迎企业家、校友等捐赠主题更多地介入学校生活，对于受赠高校的管理具有一定的建议甚至决策权。

4.社会服务

美国高校通过产学研合作、校办企业以及专利所获得的收入，在高校的经费来源中能占到20％到30％。有些学校的传统活动，如弗吉尼亚大学的橄榄球大赛，也会带来可观的门票收入。我国高校也十分重视社会服务，但从获取办学资源的效益方面看并不理想。政府应进一步扩大高校办学自主权，鼓励高校发挥人才和科技优势，从市场上寻找资源，提供更多的社会服务来增加收入，促进高校对社会资源的充分利用；鼓励高校科研人员实行科技成果转化，但要防止出现大批高校教师直接创办经营企业的情况，要有简单明确的法律规定清楚高校、教师的利益分配和权利义务关系；应鼓励社会力量建立更多的面向高校的科技创新服务公司，有条件的高校也可自行建立此类公司，帮助高校教师孵化科研成果，为科技成果转化创办企业提供专业的服务，并制定合理的利益分配制度。高校则应更加积极地利用自身的优势与行业产业合作，加强服务提高收益。

总之，从高校经费获取渠道和筹措方式看，中美高校有不少相似之处，但也有很大的差异。从我国高校现实的经费来源构成看，主体是财政资金或政策性收入(如学费)，而社会捐赠和其他教育经费所占比例甚低。政府应该营造更加有利的环境，高校应该付出更大的努力，扩大经费来源渠道，改善经费来源结构，增加经费收入，为高等教育发展提供更加坚强的物质基础。

参考文献

[1]刘晓彤.浅谈高校新政府会计制度带来的挑战及实施策略[J].中国管理信息化，2019，22（22）：37-38.

[2]刘奕孜.浅析新形势下提高高校财务管理水平的策略[J].现代营销（经营版），2019（12）：175.

[3]罗丽丽.政府会计改革背景下高校财务管理创新思考[J].现代营销（经营版），2019（12）：180.

[4]许崇建.高校财务管理信息化研究[J].时代经贸，2018，No.442（17）：41-42.

[5]吴珍.大数据背景下高校财务管理信息化建设研究[J].财会学习，2018，000（001）：47-48.

[6]李雄平，邢彪，朱家位，等.大数据时代下高校财务管理信息化建设探讨[J].教育财会研究，2018，v.29；No.164（03）：77-80.

[7]张晨燕.疫情防控背景下高校财务管控流程优化研究[J].会计之友，2020(08)：142-144.

[8]朱春琴.基于投资项目在线审批监管平台跨部门并联审批的设计与实现[J].中国信息化，2018(10)：50-52.

[9]张利民.内控视域下的高校教育基金会筹资与投资管理研究[J].商业会计，2019（08）：102-105.

[10]何爱群，李洋.基于内部控制的高校财务报账网上审批研究[J].经济师，2019，362（08）：121-122.

[11]孙念，张友棠．理工类高校科研经费绩效评价研究—基于灰色关联的实证分析[J]．财会月刊，2016(33)：92-9.

[12]李新荣．高校科研项目绩效管理：产出与评估[J]．科技管理研究，2009，浙江省哲学社会科学规划课题成果(8)：230-233.

[13]李洋．高校科研经费绩效评价指标体系设计[J]．中国集体经济，2010(33)：172-173.

[14]刘多，王大为，刘海波．浅论高校科研项目绩效管理[J]．中国高校科技，2014(12)：20-21.

[15]吴伟．绩效评估—高校科研管理工作的重要手段[J]．东南大学学报(哲学社会科学版)，2008，10(3)：114-117.

[16]王书爱．高校财务管理体制创新研究[J]．中国经贸，2014(3)：130-131.

[17]童慧，黎大志．地方高校科研项目绩效管理研究[J]．学园，2014(4)：29-30.

[15]傅玮伟．关于建立高校科研专项经费绩效评价体系的思考[J]．发展研究，2013(7)：102-104.[19]贺天伟，张景林．研绩效定量评价指标体系的初步设计[J]．科技管理研究，2001(6)：58-61.

[18]田景仁．高校项目支出绩效目标及其评审的指标体系构建[J]．会计之友，2012(24)：58-61.

[19]张超豪，闫青．高校科研经费模糊综合绩效评价研究[J]．会计之友，2013(28)：

116-120.

[20]李佳．项目全过程预算绩效管理探析[J]．现代商贸工业，2015，36(11)：106-107．

[21]付强．高校科研项目经费绩效评价方法与应用[J]．财会月刊，2015(7)：84-87．

[22]蔡烨路．GC大学科研经费管理与控制研究[J]．西安石油大学．2016(05)．

[23]李建芳，郭宇，高校科研经费绩效评价指标体系研究[J]．黑龙江畜牧兽医，2016(8)：38-40．

[24]李娜．新会计制度对高校财务管理的影响[J].人力资源管理，2018(05)：152.

[25]刘倩倩.新会计制度对高校财务管理的影响[J].合作经济与科技，2018(08)：120-121.

[26]孙夕.基于新会计制度下高校财务管理工作的创新分析[J].普洱学院学报，2018，34(01)：33-34.

[27]朱晶晶.基于新会计制度分析高校财务报账的优化策略[J].经贸实践，2018(02)：28

[28]何爱群，薛亚琴，印巧云，李冬.新形势下我国高校会计信息的披露[J].会计之友(中旬刊)，2010(7)：105-107.

[29]苏立恒.新制度下高校财务信息公开路径选择[J].财务与金融，2014(1)：51-54.

[30]马海群，吕红.高校财务信息公开的范围界定与工作体系构建[J].情报资料工作，2015(1)：93-96.

[31]孙红霞.我国高校财务年报编制与公开的几点思考[J].教育财会研究，2016(5)：68-72.

[32]王雪.我国高校会计信息披露质量评价研究[J].会计之友，2017(4)：100-103.

[33]李双辰，李雪云.我国高校信息公开的问题及对策研究[J].北京教育(高教)，2014(6)：18-21.

[34]李晓冬，王丽.高校纵向科研经费预决算和核算衔接问题研究[J].会计之友旬刊，2014(35)：111-115.

[35]朱臻，孙颖颖，张琳.高校资金结构特征及其优化—教育部直属高校为例[J].财务与金融，2015(2)：35-40.

[36]都基辉，胡智林.信息公开对于高校依法治校的促进作用探究[J].中国高等教育，2015(11)：42-44.

[37]高曼玉，吴国萍.高校会计信息披露意义的经济学分析[J].现代教育科学：高教研究，2015(3)：82-84.

[38]臧秀清，李慧颖.利益相关者的博弈行为对会计信息质量的影响[J].会计之友旬刊，2015(4)：62-66.

[39]杜驰.高校公认财务报告编制及披露的制度建构[J].教育财会研究，2015(5)：75-78.

[40]宫富，伍小龙.加强信息公开提高办学透明度[J].中国高等教育，2016(1)：60-62.

[41]来茂德.信息透明化时代高校的依法治校[J].中国高等教育，2016(2)：25-28.

[42]樊风，王腊银.高校财务信息披露保障机制研究[J].教育财会研究，2016(4)：63-67.

[43]邱高松.治理视角下高校内部审计的创新定位与实现路径[J].中国内部审计，2017(2)：36-39.

[44]何健.高校治理体系现代化构建：原则、目标与路径[J].国家教育行政学院学报，2017(3)：35-40.

[45]余蓝.美国大学捐赠基金的信息披露机制研究[J].北京教育(高教)，2017(2)：14-17.